이 책은 역대 위너에게 과학적 데이터에 (   ) 는으로 보여준다. 개인적인 감이나 경험에 의존하던 기존 선거 컨설팅 분야를 과학의 영역으로 끌어올린 저자들의 탁월함에 박수를 보낸다. 대선 전략을 고민하는 각 후보 캠프 진영은 물론이고, 대선 결과가 궁금한 일반 유권자에게도 권하고 싶은 책이다.
_박승열 • ㈜케이스탯리서치 회장, 前 한국조사협회 회장

한국의 정치 수준을 한 단계 업그레이드시켜줄 수 있는 교본이자, 다가오는 대선과 지방선거를 전망하는 데 도움이 되는 예언서라고 할 수 있다. 특히 과학적 데이터를 기반으로 저자들의 컨설팅 경륜과 통찰이 어우러져 정치 지망생은 물론이고 투표권을 행사할 일반 유권자 그리고 지도자를 꿈꾸는 학생들에게도 권하고 싶은 정치사회 분야 필독서다. _이택수 • ㈜리얼미터 대표, 한국정치조사협회 회장

선거 때만 되면 자신의 이익과 욕망을 감感이라 포장하고, 그 감에 과학이라는 상표를 붙여 팔고 다니는 '정치 낭인'이 판을 친다. 그러나 두 전문가는 가치를 지향하되 현실 진단에는 냉정함을 잃지 않는다. "옳고 그름이 아닌, 대중의 인식과 투쟁하는 것이 정치다"라는 책 속의 표현에 그 숱한 낭인들 사이로 유독 두 사람이 돋보이는 이유를 알게 된다. _정준희 • MBC〈100분 토론〉진행자, 시사평론가

바야흐로 선거의 계절이다. 수많은 정치 보도가 쏟아진다. 하지만 그 핵심에는 선거의 주인공인 대중의 의견이 빠져 있다. 보도엔 그저 '정치 공학'이나 '교과서적 원칙'만 나부낀다. 이 책은 그런 이분법에서 탈피해 정치가 대중과 함께 움직인다는 점을 강조하고 '좋은 정치'란 무엇인지 함께 찾아보자고 권한다. 두 저자의 날카로운 정세 분석과 민심을 읽는 법을 따라가다 보면 무엇이 좋은 정치인지 어느새 깨닫게 된다.
_민동기 • 前〈미디어오늘〉편집국장, 시사평론가

두 전문가는 단순히 여론조사의 지표만 읽고 평면적으로 예측, 판단하는 것이 아니라 그 구조적 의미와 나비효과의 궁극적 결과까지 예측해낸다. 나아가 달라진 세상이 필요로 하는 지도자상을 제시하고, 과학적 데이터를 기반으로 설득력을 더한다. 의심하지 말고 읽을 것을 권한다. _노영희 • TBS〈더룸〉진행자, 대한변호사협회 수석대변인

2022년 마스크를 벗고 국민 앞에 나설 대한민국의 얼굴은 누구일까? 코로나19는 사회, 경제 나아가 정치의 모습마저 바꾸었다. 이 책은 선택의 기로에 있는 대중에게 누구를 어떻게 선택할 것인지, 어떤 리더에게 나의 삶을 맡길 것인지 묻는다. 그리고 그 선택의 주도권이 대중에게 있으며 대중의 마음, 즉 '민심'이 세상을 바꾸는 '총의'임을 강조한다. 흥미로운 유력 대선 후보 분석은 덤이다. 무엇이 정치이고, 어떻게 정치를 대해야 할지 모르겠다면 일독하기를 권한다. _양지열 • 변호사, 시사평론가

★위너는 어떻게 결정되는가

이기고 싶은 사람들의 이기는 전략

이기고 싶은 사람들의 이기는 전략

위너는 어떻게 결정되는가

1판 1쇄 발행 2021. 8. 10.
1판 3쇄 발행 2021. 8. 26.

지은이 박시영 · 김계환

발행인 고세규
편집 김민경 디자인 지은혜 마케팅 김새로미 홍보 박은경
발행처 김영사

등록 1979년 5월 17일 (제406-2003-036호)
주소 경기도 파주시 문발로 197(문발동) 우편번호 10881
전화 마케팅부 031)955-3100, 편집부 031)955-3200 | 팩스 031)955-3111

값은 뒤표지에 있습니다.
ISBN   978-89-349-74918 03340

홈페이지 www.gimmyoung.com   블로그 blog.naver.com/gybook
인스타그램 instagram.com/gimmyoung   이메일 bestbook@gimmyoung.com

좋은 독자가 좋은 책을 만듭니다.
김영사는 독자 여러분의 의견에 항상 귀 기울이고 있습니다.

위너는
어떻게 결정되는가

박시영
×
김계환

이기고 싶은 사람들의 이기는 전략

김영사

일러두기 __ 이 책에 나오는 공표용 여론조사는 중앙선거여론조사심의위원회 홈페이지 내 「여론조사결과 현황」과 여론조사 기관의 홈페이지에 게재되어 있으며, 등장하는 정치인들은 시기에 따라 직책 등이 달라져 편의상 존칭과 직함을 생략했다.

——————— 정치 전쟁의 서막이 올랐다. 선거는 총성 없는 전쟁이고, 대선은 정치 전쟁의 최정점이다. 정치의 시대다. 정치의 계절이고 정치의 시간이다. 정치는 우리의 삶과 직결되며 우리의 모든 것을 좌우한다. 정치가 좋든 싫든, 정치를 믿든 믿지 않든 정치는 이미 우리의 삶 속 깊숙이 들어와 있다.

우리는 정치 없이 단 하루도 살아갈 수 없을지도 모른다. TV를 켜거나 핸드폰을 켜면 정치 뉴스가 끊임없이 쏟아진다. 정치인의 말과 동향은 그대로 이슈가 된다. 지지자와 반대자가 극명하게 갈린다. "인간은 정치적 동물이기 때문에 국가 없이 살 수 있는 자는 인간 이상의 존재이거나 인간 이하의 존재다"라고 한

아리스토텔레스의 성찰과 "정치에 참여하길 거부했을 때 얻는 불이익 중 하나는, 당신보다 열등한 존재에게 지배당하는 것이다"라고 한 플라톤의 통찰은 수천 년이 지난 오늘날에도 여전히 유효하다.

정치에 개인의 운명이 걸려 있고, 국민의 안위가 결정되며, 국가의 명운이 달려 있기 때문이다. 정치는 이미 우리의 일상에서 함께 호흡하는 삶의 동반자가 됐다.

인간은 정치적 동물

1987년 6월 항쟁으로 명실상부 직접선거를 쟁취한 이래 2016년 12월 국민의 힘으로 대통령을 탄핵하기까지 우리 정치는 수많은 영욕과 부침을 거듭해왔다. 수평적 정권 교체를 이뤄냈고, 여야與野를 바꾸기도 했다. 1당과 2당을 역전시키는 역사도 만들었다. 예측하지 못했던 인물들이 반전의 드라마를 만들며 대통령, 시장, 도지사, 국회의원이 되어 축배를 들기도 했고, 대중적 지지가 높던 엘리트 정치인들이 낙선의 고배를 마시고 하루아침에 정계 은퇴를 선언하며 은막의 뒤로 사라지는 일도 비일비재했다.

정치의 세계에서는 축배가 고배로, 고배가 축배로, 축배가 다시 독배로 바뀌는 것이 한순간이다. 정치의 바다는 침몰하는 배를 다시 멋지게 띄우기도 하지만 순항하던 배를 돌연 뒤집어버리기도 한다. 격랑의 파도가 한번 휘몰아치고 지나가면 바다의 주인은 어느새 뒤바뀌어 있다. 그래서 정치의 역정을 드라마나 영화, 스포츠나 게임, 나아가 거친 삶과 인생에 비유하기도 한다.

정치의 과잉화 혹은 정치의 과다 대표화를 우려하는 목소리도 높지만, 정치가 확실히 우리 사회의 그 어떤 분야보다 중요한 위치를 점하고 있는 것만큼은 분명하다. 정치의 힘에 근거하거나 의지하지 않고서는 우리 사회의 어떤 문제도 해결하기 어렵다. "정치는 세계를 책임지고자 하는 개인의 도덕에 근거한다"고 한 전체코 대통령 바츨라프 하벨Vaclav Havel은 정치를 "불가능의 예술"이라고도 표현했다. 정치만이 이 시대의 나와 우리, 공동체의 삶 그리고 세계를 향상할 수 있는 힘, 즉 불가능을 가능하게 하는 위력을 갖는다는 것이다. 정치는 대중을 나락으로 떨어뜨리기도 하지만 새로운 시대의 주역으로 올려놓기도 한다. 그만큼 정치의 힘은 강력하다.

정치는 선거로 이루어지고 선거는 승부를 결정짓는 싸움판이다. 경쟁 구도에서 승자는 모든 것을 얻지만 패자는 모든 것을 잃는다. 당선과 낙선의 차이는 승자독식勝者獨食, 패자전몰敗者戰歿이라는 말이 있을 만큼 괴리가 크다. 시장에서의 승부는 기업의 상품이 가치를 인정받고 고객이 그 상품을 구매함으로써 결정되지만, 정치에서의 승부는 대중이 당과 후보의 가치를 판단해 투표로 결정한다. 누가 우리 동네의 대표가 되고, 누가 우리 사회의 리더가 되느냐, 또 어느 당이 다수당이 되고, 어느 당이 집권하느냐에 따라 대중의 삶도 달라진다. 선거와 투표가 우리 삶에 매우 중요한 이유이다. 내 돈으로 가치있는 값비싼 상품을 구매하는 것, 그 이상의 가치가 선거와 투표에 부여되어 있다.

정치는 타이밍이다. '결정의 시간'과 '결정력'이 관건이다. 정치에서는 기회, 즉 결정의 시간이 왔을 때 결정지을 수 있는 판단력과 힘이 중요하다. 대중이 원하는 것을 어떻게, 언제 내놓을 것인가를 판단하는 때와 시점에 대한 감각을 갖추었느냐 못 갖추었느냐가 좋은 정치인을 가리는 바로미터가 된다. 원님 지나간 뒤에 나발 불거나 사후약방문死後藥方文식 처방을 하는 행태는 정치의 세계에서 독으로 작용한다. 실기失機를 만회하는 것은 실점을 만회하는 것만큼 어렵다. 득기得機 혹은 실기失機를 가늠하는 것은 바로 타이밍에 달려 있다. 정치인의 최고 자질은 대중이 가장 갈망하는 것을 가장 필요한 때에 가장 적절한 방식으로 메시지를 던지고 행동에 옮길 줄 아는 결정력에 있다. 무릇 훌륭한 정치인이 되려면 때를 알고 때에 맞춰 처신할 줄 아는 시중時中의 감을 필히 갖추어야 한다. 정치에서는 실기, 즉 타이밍을 놓치면 시작도 하기 전에 이미 패배한 것이나 다름없다.

정치는 대중 인식과의 싸움, 대중을 아는 사람이 이긴다

"정치의 핵심은 전략"이라는 미국 정치학의 거목 샤츠슈나이더 E. E. Schattschneider의 지적처럼 전략은 전쟁, 스포츠, 게임, 비즈니스 세계에서뿐만 아니라 정치 세계에서도 핵심적인 역할을 한다. 전략은 정치의 머리이자 심장이다. 정치에서의 전략은 일종의 '큰 그림big picture'이다. 큰 그림은 작은 그림small picture을 전술적으로 배치하면서 재구성한다. 전략은 목표에 도달하기 위해 보유한 자원과 수단을 시의적절하게 투입하고, 조직화하는 과정을 거친다. 전략은 끊임없이 변화하고 진화한다. 타인과 같거나, 익숙하고 식상한 전략으로는 대중의 마음을 움직일 수 없고, 결국 승리도 쟁취할 수 없다. 김영삼의 3당 합당, 김대중의 DJP연합, 노무현의 국민경선과 단일화, 이명박의 성공 신화 스토리와 747 공약, 박근혜의 박정희 향수와 중도화 전략, 문재인의 적폐청산과 준비된 후보 전략은 결코 반복되거나 벤치마킹한 전략이 아니었다. 시대와 상황, 인물이 달랐고, 대중의 요구가 달랐다. 각 인물이 가진 특성과 리더십, 정치적 환경과 시대정신이 전략화되어 대중의 마음을 움직인 결과였다. 과거에 인용된 전략을 그대로 재탕하는 리더는 결코 새로운 리더가 될 수 없다. 대중은 늘 새로운 스토리와 새로운 방식, 새로운 리더십에 감동 받는다.

정치의 중심에는 대중이 있다. 대중의 힘이 정치를 좌우한다. 지지와 심판을 동시에 받을 수 있는 유일한 영역이 정치다. 지지와 심판의 힘은 오직 대중만이 갖고 있다. 2012년 박근혜를 대통령으로 당선시킨 것도 대중이었고, 2017년 박근혜를 대통령에서 끌어내린 것도 대중이었다. 대중은 때때로 '나'와 같은 생각을 하는 존재이기도 하지만, 때때로 '나'와 생각이 다른 존재이기도

하다. 내가 선택한 것을 다른 사람도 똑같이 선택할 것이라고 믿는 보편적 인식이 오류를 만든다. 그래서 '나'와 같은 대중, 혹은 '나'와 다른 대중의 속성을 파악하고 대중의 니즈를 읽고 함께 호흡하는 정치가 승리하고 오래 살아남는다.

정치는 대중과 함께 움직인다. 승리하는 정치는 대중의 마음을 훔칠 수 있어야 한다. 대중의 마음을 읽고, 대중의 마음을 얻고, 대중의 마음을 움직일 수 있는 정치와 정치인이 성공한다. 정치는 어떤 사안에 대해 옳고 그르냐를 가리는 일이 아니라, 대중이 요구하는 것을 파악하고 실행해나가는 일이다. 한마디로 정치는 대중 인식과의 싸움이다. 그래서 나의 인식이나, 도덕적 기준이 중요하지 않게 된다. 내가 옳다고 생각하는 것을 대중은 그르다고 여길 수 있고, 내가 그르다고 생각하는 것을 대중은 옳다고 인식할 수 있기 때문이다. 이 때문에 대중의 마음, 민심은 정치적 행위의 중요한 지표가 된다.

링컨은 "민심을 얻으면 천하를 얻고, 민심을 잃으면 천하를 잃는다", "투표는 총알보다 강하다"고 했다. 투표는 민심의 총의다. 정치는 첫째도 민심, 둘째도 민심, 셋째도 민심임을, 곧 대중 인식의 문제임을 잊어서는 안 된다. 좋은 정치란 무엇일까. 좋은 정치란 단순하다. 대중, 즉 국민이 원하는 것이 무엇인지 정확히 알고 풀어주는 것이 좋은 정치다. 좋은 정치인은 대중이 원하는 것, 민심이 무엇인지 잘 안다. 그것을 풀어주기 위해 무엇을 해야 하는지도 잘 안다. 좋은 정치인은 대중의 삶을 변화시키고 보다 나은 세계로 개선할 수 있다는 낙관적 믿음을 가지고 뛰어든다. 사회의 공공선과 역사의 발전은 이렇게 좋은 정치와 좋은 정치인을 통해 이뤄진다.

선택 2022, 대중의 마음은 어디에 있는가

2022년은 정치적으로 중요한 해다. 대한민국의 향방을 가늠할 수 있는 척도가 되는 해다. 나라를 이끌어갈 대통령 선거와 도시를 이끌어갈 지방선거가 있는 해다. 교육감과 지방의원들도 선출된다. 나라와 도시, 동네와 교육의 미래까지 모든 것이 걸려 있는 해다. 2022년의 선택에 우리의 미래와 명운이 달려 있다고 해도 과언이 아니다. 지금 한국은 시계 제로의 망망대해에 떠 있는 배와 같은 처지다. 코로나19 팬데믹으로 예측 불가능해진 인류의 미래와 새로운 삶의 방식이 될 뉴노멀의 갑작스러운 도래, 인간과 인공지능AI이 함께 공존할 4차 산업혁명, 기후변화에 따른 생태 위기와 산업의 변화, 저출산·고령화로 인한 인구의 변동 등 다양한 변혁과 과제를 마주하고 있다. 과연 누가 이 과업을 짊어지게 될 것인가?

제1부 '달라진 시대, 새로운 정치'에서는 2022년 대선의 시대정신을 살펴보고 코로나19 및 포스트 코로나 시대의 달라진 대중의 인식과 새로운 정책, 정치를 다룬다. 포스트 코로나 시대는 새로운 미래로 나아가는 거대한 변화의 전환기다. 시대가 변화한

만큼 대중의 달라진 정치 인식과 가치체계 등의 의식구조를 분석하고, 새로운 미래와 새로운 리더의 기준과 요건을 살펴본다. 또한 전문가 심층면접조사IDI, in-depth interview인 정성평가와 정량 여론조사를 통해 코로나19 시대를 관통하면서 달라진 대중의 인식과 트렌드를 공유한다.

제2부 '**민심을 움직이는 과학, 선거**'와 제3부 '**이기는 선거, 이기는 캠페인**'에서는 선거에서 승리하기 위한 캠페인의 원칙과 방식, 조사와 전략, 정책과 홍보, 메시지와 슬로건과 같은 전반적인 선거 전략과 캠페인을 기획하는 방법, 승리 스토리 등을 담았다. 특히 선거의 승리와 패배의 기록, 해석을 통해 승자와 패자가 어떻게 판가름 나는지 살펴본다.

제4부 '**제20대 대통령**'에서는 2022년 대선에서 부각될 이슈와 승부처를 살펴보고 누가 새로운 리더로 등극할지 분석하고 예측한다. 여론조사가 말해주는 2022년의 시대정신과 이슈, 대중이 원하는 리더십은 무엇일까? 각 당의 대선 전략과 대선 후보들에 대한 평가를 통해 누가 어떻게 2022년의 승자로 등극할지 예측해보았다. 특히 인물평은 TV 시사프로그램 〈더 라이브〉의 '박씨 도사' 편과 유튜브 〈박시영TV〉에서 언급된 내용을 종합하였다. 다각도로 분석해 제안한 과제와 비전을 잘 풀어가는 인물에게 미래가 있을 것이라는 첨언도 해본다.

이 책은 정치로 세상을 바꾸고 싶은 사람들, 대중의 심리와 인식을 읽고 변화하는 트렌드를 미리 파악하려는 사람들, 인생의 승자가 되고 싶은 사람들에게 작은 도움이라도 되었으면 하는 바람에서 쓰였다. 인간의 모든 행위는 정치 행위다. 인간관계, 사업, 직장, 학교, 가정 등 인간이 존재하는 모든 곳에서 정치 행위가 이뤄진다. 그래서 우리는 각자의 인생에서 알게 모르게 정치적 전략을 세우며 살아간다. 그 도정에서 승리와 패배, 영광과 좌절이 뒤엉킨 삶을 살아가고 있다. 때로는 자신의 전략을 수정하거나 폐기하고, 때로는 새롭게 재설정하면서 더 나은 인생과 미래를 준비한다. 삶에서의 승자, 일상의 순간에서 승리를 꿈꾸면서 말이다.

'존경하고 사랑하는 국민 여러분'이라는 말을 늘 입에 달고 살았던 정치인 김대중. 한국 정치사에서 보기 드문 핍박의 인생 스토리를 가지고 있으면서 이를 극복하고 대통령에 오른 인물. 대한민국의 민주주의 발전과 정치개혁을 이끌었던 영원한 정치인 김대중이 살아생전에 남긴 일기의 한 구절로 이 책을 시작한다.

"인생은 아름답고 역사는 발전한다."

2021년 8월 여의도에서
박시영, 김계환

winner

살아간다는 것은 견디는 일이다.

잘 견뎌낸 이들
잘 살아낸 이들

세상의 모든 살아 있는 것에 경의를 표한다.

★

①

달라진 시대, 새로운 정치

01

시대
정신

──────── 위기의 시대다. 전대미문이라 불린다. 그 중심에
코로나19가 있다. 코로나19는 이미 세계사적 위기가 됐다. 백신
과 치료제가 개발됐지만 세계는 여전히 코로나19와 분투 중이
다. 위기는 변화를 불러온다. 변화는 파괴와 창조의 모태다. 기후
변화와 전쟁과 전염병은 인류를 파괴했지만 동시에 인류를 발전
시켰다. 새로운 과학을 낳았고, 문명을 전파했다. 세계사는 언제
나 위기 이전과 이후의 역사였다. 지금도 예외가 아니다. 코로나
19는 새로운 역사를 쓰고 있고, 새로운 미래를 요구하고 있다.

코로나19는 뉴노멀new normal의 탄생을 요구하며 변화를 부르
고 있다. 그 부름에 인류는 어떻게 응답할 것인가? 변화는 변화

를 받아들이는 자세에 따라 다른 결과를 만들어낸다. 수용의 양태와 자세에 따라 결과는 천양지차다. 이끌어갈 것인가, 이끌려갈 것인가? 코로나19가 정복되거나 종식되더라도 코로나19가 일으킨 파고는 쉽게 가라앉지 않을 것이다. 포스트 코로나 시대는 정치·경제·사회·문화 등 인류의 모든 영역에서의 대변혁과 대전환을 의미한다. 어떤 변혁과 어떤 전환을 이끌어갈 것인가?

코로나19는 미래를 앞당겼다. 이것은 어떤 미래인가? 기다리지 않아도 오는 미래인가, 간절히 기다려온 미래인가? 어떤 미래를 맞이할 것인지는 준비하는 자세에 달렸다. 준비된 자는 미래를 두려워하지 않는다. 오히려 도래할 미래가 속히 다가오길 고대한다. 4차 산업혁명은 언젠가 도래할 미래였다. "미래는 이미 우리 곁에 와 있다. 다만 고르게 퍼져 있지 않을 뿐이다"라고 했던 공상과학 소설가 윌리엄 깁슨William Gibson의 말처럼 코로나19는 그동안 멀게만 느껴졌던 4차 산업혁명의 비전을 눈앞에 던져주었다. 재택근무, 화상회의, 온라인수업 등이 실현되면서 디지털경제와 스마트산업은 한 시대 더 빨리 미래로부터 우리에게 다가왔다. 덕분에 실감형 VR 기술, AI 빅데이터 기반 맞춤형 학습, 자율주행 배송로봇, 드론 기반의 GIS 구축 등 4차 산업혁명 시대를 이끌 주요 주자들은 코로나19와 함께 부상했다.

시대정신이 명확한 새로운 리더에 대한 갈망

새로운 시대는 새로운 정치, 새로운 리더를 원한다. 위기의 시대에 위기의 강을 건너 평온의 초원으로 이끌어줄 리더십을 원한다. 어려운 시기일수록 위기를 극복하고 난제를 풀어나갈 불세출의 영웅이나 메시아가 등장하길 바라는 것은 예나 지금이나 같다. 대중은 위기가 장기화될수록 관리형 리더십보다는 돌파형 리더십을 더 선호한다. 순수한 리더십보다는 능수능란한 리더십을, 치밀함보다는 과감함을, 따뜻함보다는 냉철함을, 감성적이기보다는 이성적이며 대중을 설득하고 함께 나아갈 공감의 리더십을 선호한다.

위기의 시대에 등장할 리더가 갖춰야 할 리더십의 제1덕목은 단연 카리스마charisma다. 카리스마는 본래 그리스어에서 유래된 말로 기독교에서 사용되었다. '신의 은총gift of grace'이란 뜻으로 사람을 끌어당기는 특별한 능력이나 자질을 일컫는다. 독일의 사회학자 막스 베버는 카리스마를 사회정치학적으로 재정의했다. "카리스마란 어느 특정인을 다른 사람들과 구분되게 하는 특징으로, 초자연적이거나 초인간적인 또는 비상한 힘과 능력을 가졌다고 사람들이 믿음으로써 생기는 것"이라고 했다. 카리스마는 선천적이기도 하지만 후천적으로 만들어지기도 한다. 미국 툴레인대학 정치학 교수 로버트 로빈스Robert S. Robins와 조지워싱턴대학 심리학 교수 제럴드 포스트Jerrold M. Post가 공저한《정치적 편집증Political Paranoia》에는 이런 말이 나온다. "국민은 상처를 입었을 때 자신을 고통에서 구해줄 카리스마적 지도자를 찾는다. 아니면 만들어낼 것이다."

위기를 맞이한 국민은 국가에게 적극적인 역할을 기대한다. 국가가 나서서 국민을 보호해주길 원한다. 한국은 IMF사태를 겪은 이후 신자유주의의 등장으로 국가의 역할이 축소됐다. '큰 정부'인가 '작은 정부'인가의 문제는 대통령 선거를 앞둔 진보정당과 보수정당이 벌이는 주요 레퍼토리였다. 그러나 코로나19가 상황을 반전시켰다. 코로나19 이후, 국가의 역할과 정부의 적극적 개입을 요구하는 목소리가 커졌기 때문이다. 방역시스템에서의 역할, 위기 상황에서의 역할, 적극적 재정지출에서의 역할, 복지사회로 나아가는 길에서의 역할 등 국가의 존재 이유에 대한 갖가지 물음이 이어지고 있다.

위기 상황에 따른 재난의 불평등, 빈부격차와 사회 불평등의 야기는 국가의 역할 강화를 용인하는 쪽으로 방향 추를 돌린다. 여론조사에 의하면 코로나19로 말미암아 한국인 10명 중 7명은 자신의 자산이 줄어들었다고 인식하는 것으로 나타났다. 경제적인 어려움을 크게 겪는 사람도 30%에 달하는 것으로 나타났다. 한국인의 절반 이상이 향후 경제 상황을 우려하며 미래에 대해 불안감을 느끼는 것으로 파악됐다.

상당 기간 국가경제가 위기에 봉착할 것이라는 암울한 생각도 깔려 있다. 국가의 적극적 역할을 바라는 이들이 늘고 있는 까닭이다. 그러나 이러한 경우에도 재난지원금이나 기본소득과 같은 금전적인 지원 부문에서 논쟁을 벌인다. 국가의 역할을 어느 선까지 끌어올릴지 그 기준을 정하기가 쉽지 않기 때문이다. 국가의 적극적 개입인가, 소극적 개입인가를 두고도 대중은 갈린다. 그러나 코로나19 이전과 비교하면 국가의 역할을 강화하자는 쪽에 지지를 보내는 대중이 많아진 것은 확실하다. 민심을 읽어보면 중앙정부의 역할과 권한 강화를 찬성하는 쪽이 60%에 가깝다. 중앙정부의 역할과 권한 강화를 반대하는 쪽은 보수나 중도보수를 지지하는 대중이다. 그러나 그들도 지방분권을 강화하고 공공의료를 강화하자는 의견에는 전체의 80%가 지지를 보낸다. 진보 지향이든 보수 지향이든 공공성의 강화에는 대체로 찬성하는 것이다. 따라서 포스트 코로나 시대에는 국가와 공공의 역할이 증대되고 중앙정부와 지방정부의 권한이 강화될 것이다. 정부의 적극적 역할을 대중이 원하고 있기 때문이다.

2022년 3월 9일은 대한민국의 새로운 대통령이 선출되는 날이다. 대통령은 시대정신의 산물이다. 시대가 찾고 원하는 인물이 대통령이 된다. 독일 철학자 헤겔G. W. F. Hegel은 나폴레옹을 프랑스 혁명정신을 전파하는 해방자로, 자유를 향해 나아가는 영웅으로 보았고 '말을 탄 세계정신'으로 칭송했다. 나아가 '살아 있는 시대정신'이라고까지 묘사했다. 헤겔은 "나폴레옹은 자신의 힘으로 시대를 이끈 것이 아니라 시대가 스스로의 발전을 위해 나폴레옹을 선택했다"라고 주장했다. 역사나 시대는 시대정신을 실현할 누군가를 갈망한다.

대통령 선거는 시대정신이 응집된 결과다. 1987년의 시대정신은 노태우를 대통령으로 만들었다. 직선제 개헌 이후, 혼란보다는 안정에 기반을 둔 정권의 연속성을 바랐던 것이다. 1993년의 시대정신은 김영삼을 대통령으로 만들었다. 군정을 종식하고 문민정부의 시대가 열리길 원했던 것이다. 1997년의 시대정신은 김대중을 대통령으로 만들었다. 시대는 최초의 수평적 정권 교체와 함께 IMF를 극복할 경륜의 지도자를 찾았다. 2002년의 시대정신은 노무현을 대통령으로 만들었다. 3김 시대의 낡은 정치 청산을 비롯해 특권과 반칙 없는 사람 사는 세상을 원했던 것이 시대의 흐름이었다.

2007년의 시대정신은 이명박을 대통령으로 만들었다. 대중은 경제적 부와 함께 선진국으로의 도약을 원했고 성공 신화를 보여준 이명박이 그것을 가능하게 할 것이라고 믿었다. 2012년의 시대정신은 박근혜를 대통령으로 만들었다. 경제민주화를 요구하던 시대였고, 박근혜가 박정희의 후광으로 사회 병폐를 개혁할 수 있다고 믿었다. 2017년의 시대정신은 문재인을 대통령으로 만들었다. 최초의 대통령 탄핵사태를 맞아 낡은 구습과 적폐를 청산하고 정의로운 나라, 나라다운 나라를 실현할 적임자로 문재인을 선택했던 것이다.

2022년의 시대정신은 무엇인가? 시대의 어떤 힘이 누구를 대통령으로 만들어낼 것인가? 2020년 연말과 2021년 초에 치러진 각종 여론조사를 종합해보면 대중이 인식하는 시대의 과제를 읽을 수 있다. 코로나19는 대중의 인식을 전반적으로 바꾸어놓았다. 언제 코로나19에 감염될지 모른다는 불확실성이 증폭되다보니 불안, 우울, 두려움이 늘고, 걱정과 우울이 내면화됐다. 자신의 감염도 두렵지만 자신으로 인해 가족이나 주변 사람이 감염될까 두려운 감정이 더 커졌다. 대인관계가 원만하지 못해 스트레스가 쌓이고, 일자리를 잃어서, 장사가 잘되지 않아서 두렵고 불안하다. 불확실한 현실도 힘들지만 미래에 대한 전망이 불투명해서 더 힘들다.

여론조사를 통해 본 대중은 코로나19를 공포 상황으로 인식하고 있었다. 코로나19로 인해 가치관이 바뀌었고 삶의 우선순위도 바뀌었다. 직업관도 바뀌었다. 코로나19를 거치면서 대중은 일자리 문제 외에 이 시대가 해결해나가야 할 최우선 과제로 세 가지를 꼽았다. '안전', '격차 해소(자산 불평등 해소)', '공정(정의)'이 그것이다.

'안전, 격차 해소, 공정' 3대 시대정신, '해결사'의 등장 고대

대중은 코로나19 극복을 이 시대가 헤쳐나가야 할 가장 시급한 과제로 꼽고 있다. 코로나19로 인해 그 어느 때보다 안전에 대한 경각심과 안전 의식이 높아졌다. 코로나19의 학습효과는 안전을 상시적이고 일상적인 수준으로 올려놓았다. 대중은 코로나19가치유된다 하더라도 안전을 위협하는 또 다른 위기가 계속해서 닥칠 것이라고 전망했다. 기후변화에 따른 환경위기, 식량위기, 인구감소, 풍토병, 전염병 등 새로운 난제들의 일상화를 예견하기 때문이다. 안전은 행복과도 직결되는 문제다. 자신의 생명과 건강을 지키는 안위, 가족의 안전 없이는 행복도 존재할 수 없다.

"이제는 공장 하나 더 짓겠다는 이야기보다는 어떻게 하면 나의 삶을 안전하고 행복하게 해줄 수 있느냐에 대한 대중의 관심이 높아지고 있어요. 어떤 성장이냐가 중요한 것이죠. 단순히 공장 하나 더 짓고, 일자리 하나 더 늘리는 성장이 아니라 일자리와 생활에서의 안전과 행복이 보장되어야 한다는 것이죠." 전문가 심층면접조사에서 나온 어느 전문가의 의미심장한 말이다. 그만큼 안전은 이 시대의 가장 중요한 가치가 됐다. 기후변화와 태풍, 장마, 폭염, 지진 등의 천재지변은 물론이고 대형 사고인 원전사고나 성범죄(아동성범죄), 학교폭력, 아동학대 등 일상생활 속에서의 안전까지도 중요한 시대가 됐다.

대중은 격차 해소를 안전 다음으로 이 시대가 풀어야 할 과제로 꼽고 있다. 한국 사회는 이른바 조국사태 이후 진보, 보수 진영 간 정치적 대립이 격화됐다. 코로나19를 거치면서도 '질병의 정치화'를 거론할 정도로 정치는 양극화됐다. 지역갈등과 세대갈등, 젠더갈등은 빈부격차에 비하면 인식이 다소 낮게 나타난다. 이런 인식에 기초해 '격차 해소'를 '경제 활력 제고'보다 더 시급한 현안이라고 대중은 바라보고 있다. 이는 부동산값 폭등, 주가

지수 3,000선 돌파, 가상자산 급등을 거치며 양극화가 심화됐고, 소득격차에서 자산격차로 불평등의 초점이 옮겨졌기 때문이다. 진보적 대중은 물론이고 중도층도 격차 해소를 시급한 해결 과제로 여기고 있다는 점은 눈여겨봐야 한다.

전염병은 불평등을 낳는다. 코로나19는 취약계층과 사회적 약자에게 더 가혹했다. 코로나19 이후 경제구조 변화에 따라 소득 불평등은 더 심화될 것이라는 통계와 보고서가 잇따르고 있다.

YTN과 박병석 국회의장 비서실의 의뢰로 리얼미터가 2021년 2월 7~8일에 실시한 조사를 보면 10명 중 절반 정도가 코로나19 이후 경제 상황이 '더 나빠졌다'고 응답했다. 양극화에 대해서는 10명 중 약 8명에 해당하는 82.7%가 '심해졌다'라는 평가를 내렸고, '매우 심해졌다'라는 의견도 52.8%로 전체 응답자의 절반이 넘었다. 양극화의 가장 큰 원인으로는 '부동산 등 자산의 가격 상승'을 꼽는 의견이 34.1%로 가장 높게 나타났고, 자영업자의 매출 감소와 일자리 감소가 뒤를 이었다. 이러한 이유로 10명 중 6명 정도인 57.4%가 양극화 완화를 위한 고소득층 증세 주장에 동의했다. 조사에서 드러난 것처럼 대중은 코로나19 이후의 양극화 심화를 심각하게 받아들이고 있다. 특히 자영업자, 소상공인, 특수 고용노동자 등 코로나19로 인해 생존에 위협을 받는 사람들이 크게 늘어나면서 사회적 약자를 보호하는 일이 시급하고, 중요하다고 인식하고 있었다.

사회통합의 과제는 이제 좌우의 이념 통합보다 부유층과 빈곤층 간에 더 크게 벌어진 격차 해소 또는 격차 완화를 추구하는 상하 격차 통합 쪽으로 균형추가 이동하는 모습이다. 대중의 보편적 복지를 선호하는 현상도 과거보다 훨씬 뚜렷해졌고, 적극적으로 재정을 지출하는 큰 정부에 대한 기대감도 커지고 있다. 정부가 재난지원금을 푸는 것에 대해서도 불평이나 불만을 토로하는 대중은 거의 없다. 다만 어떤 방식으로, 누구에게 먼저 풀 것인가를 놓고 인식의 차이를 드러낼 뿐이다.

코로나19는 '함께 잘살아보자'는 메시지를 시대정신으로 부상시켰다. 2022년을 향해 달리는 열차에 올라탄 대권 주자들은 그 어느 때보다 격차 해소와 복지국가에 대해 대중이 목소리를 높이고 있다는 점을 잊지 말아야 한다. 따라서 복지국가의 기치를 높이 들어야 한다. 코로나19 재난이 낳은 격차가 사회 분열을 조장할 것이라는 대중의 인식에 눈을 맞추고, 그에 걸맞은 가치와 비전, 정책을 내놓아야 한다.

마지막으로 대중은 공정(정의)을 들었다. 공정은 2022년의 시대정신 가운데서도 가장 핵심을 차지한다. '안전'과 '격차 해소' 뿐만 아니라 4차 산업혁명과 디지털경제, 저출산·고령화, 부동산, 청년 빈곤, 수도권 과밀화와 지방 소멸 등 이 시대 앞에 놓인 수많은 난제는 대개가 '공정'의 범주에 포괄된다. 가치로서의 공정과 제도적 실현으로서의 공정 모두 중요한 과제다. 공정의 문제가 해결되면 저절로 해결될 난제도 많다. 조국사태를 비롯해 전직 대통령에 대한 사면 논란, 공기업 직원들의 부동산 투기로 촉발된 'LH사태' 등도 공정 논란의 한 축을 이루었다. LH사태는 공직사회 전체로 파장이 확산되어 4.7 서울시장·부산시장 재보궐선거를 강타했다. 나아가 문재인 정부 임기 후반 최대 과제로 등극하는 등 공정과 정의의 문제가 재점화됐다. 문제는 공정에 대한 인식이다. 공정을 바라보는 진보, 보수 진영과 세대별 관점의 차이도 크다. 인천국제공항사태*는 공정에 대한 기준을 서로 다르게 인식하고 있다는 것을 확인해준 사건이었다. 공정이 자신의 잣대에 맞추어 재단해버리는 '프로크루스테스Procrustes의 침대'가 되어 '내로남불'의 선택적 정의로 변질된 것이다. 과연 어떤 공정이 공정한 것인가? 누구의 공정이 대중을 더 설득시킬 수 있을 것인가? 대중이 어느 쪽 공정에 손을 더 들어주느냐에 따라 공정의 가치와 기준도 바뀔 가능성이 커진다.

최근 여론조사의 추이를 보면 대중의 인식에 반영된 시대정신을 읽을 수 있는데 코로나19로 인해 공정, 평등, 복지, 개인의 행복과 안전이 상위에 랭크되고 평화의 문제는 하위로 밀려났다.

이제 포스트 코로나를 준비해야 한다. 코로나19가 낳은 불안, 불공정, 불평등의 '3불 시대'를 넘어서야 한다. 대전환의 시대가 임박했다. 변혁의 시대에는 변혁의 시대정신을 담지할 리더십이

● 2020년 6월 인천국제공항공사가 2,143명의 비정규직 근로자를 정규직으로 직접 고용하는 계획을 내놓아 취준생과 정규직 노조의 거센 반발을 샀다. 이 사태로 기회, 경쟁의 불공정 논란이 일었다.

요구된다. 대중은 과거보다 한층 더 '비전 제시' 능력을 꼼꼼하게 따질 것이다. 특히 중도층, 스윙보터swing voter들의 선택지는 정책과 대안 제시 능력이 탁월한 쪽으로 기울어질 가능성이 높아졌다. 누가 위기의 파고를 넘어 기회의 나라를 이끌어갈 리더가 될 것인가? 누가 포스트 코로나의 시대정신이 될 것인가?

02 포스트 코로나, 준비된 미래가 이긴다

———————— 코로나19 팬데믹은 불확실성을 일상화했다. 어느 누구도 코로나19 이후 세계가 어떻게 변할지 확실한 대답을 내놓지 못하고 있다. 그저 코로나19가 낳은 불확실성의 시대를 어떻게 극복하고 앞으로 다가올 미래를 어떻게 준비해야 할지 다양한 예견과 전망만이 난무하고 있을 뿐이다. 포스트 코로나 시대, 넥스트 노멀 시대는 과연 어떤 얼굴과 모습으로 우리 앞에 다가올까. 진화론자인 찰스 다윈은 "가장 강한 자가 살아남는 것이 아니라, 가장 잘 적응하는 자가 살아남는다"고 말했다. 변화를 어떻게 받아들이고, 어떤 자세로 미래를 대비해야 할지 고찰하고 준비하는 자가 이긴다.

포스트 코로나와 넥스트 시대를 준비하고 싶다면, 포스트 코로나에 대한 대중의 인식부터 파악해야 한다. 그래야 대중이 원하는 새로운 사회의 가치와 비전을 제시할 수 있다. 정치도 경제도 사회도 문화도 마찬가지다. 미래는 준비된 자의 몫이다. 미래를 준비한 이만이 포스트 코로나 시대 뉴노멀의 주인공으로 등극할 수 있다. 그렇다면 한국인은 코로나19를 어떻게 인식하고 있을까? 코로나19 시대 이후의 포스트 코로나 시대를 어떻게 바라보고 있고, 어떤 기대감을 가지고 있을까?

한국인은 코로나19를 한국전쟁에 버금가는 공포 상황으로 인식하고 있는 것으로 조사되었다. 정치연구소가 조사한 국제 서베이 자료를 보면, 코로나19에 대한 한국인의 인식은 유럽 6개국과 비교해볼 때 '위험하다'고 인식하는 정도가 압도적으로 높은 것으로 나타났다. 공포와 불안은 심리적 변화를 불러온다. 심리적 변화는 가치관과 행동의 변화를 불러온다. 삶에서 받은 깊은 충격은 '삶과 죽음'을 대하는 관점을 바꾸고 자신의 인생관, 가족관, 직업관도 바꾼다. 그만큼 코로나19는 깊은 상흔을 남겼다.

그러나 코로나19가 상처만 남긴 것은 아니다. 새로운 기회와 성장의 가능성도 열어놓았다. 드라이브스루drive-through 검사방식 등은 한국의 선진적 방역시스템을 일컫는 K-방역 신드롬을 일으키며 세계의 모범이 됐다.

잠시 '멈춤'의 시간을 가진 것도 새롭게 얻은 기회라고 할 수 있다. 그동안 한국 사회는 앞만 보고 정신없이 달려왔다. 사회관계와 대인관계에서의 '거리두기'와 '멈춤'은 성장의 시간에 대한 성찰과 전망의 시간을 만들어주었다. 미래에 대한 대안과 비전만 제시된다면 사회적 합의와 통합은 과거보다 더 쉽게 이뤄질 가능성이 크다. 전염병이 만든 사회적 긴장감이 사회적 연대의 고리를 키워주었기 때문이다. 코로나19의 '비대면'과 '사회적 거리두기'는 비록 각자도생의 인식을 높이며 개인주의 경향을 강화했지만 동시에 공동체주의에 대한 연대의 결속력도 다졌다.

나의 안전이 최우선, 내가 즐길 문화와 가족의 재발견

코로나19가 바꾼 가치관의 가장 큰 변화는 '나의 안전'을 삶의 최우선 가치로 둔다는 점이다. 일상화된 전염병은 언제든 나와 내 가족, 공동체의 안녕을 위협할 것이라는 공포감을 조성해 삶에서의 안전을 가장 최우선의 가치로 올려놓았다. 안전은 이제 정치와 행정이 지향해야 할 우월적 지위를 획득했다. 삶의 방식에도 변화가 찾아왔다. 코로나19로 말미암아 대중은 시간이 많아졌다. 타인과 어울리는 시간보다 혼자 보내는 시간이 늘어나면서 상대적으로 개인의 시간이 많아졌다. 타인과 함께 즐길 거리를 찾으며 바쁘게 보냈던 과거와 달리 혼자 오롯이 즐길 거리를 찾기 시작했다. 이는 물질적 가치에 치중하는 경향에서 문화적 가치를 중시하는 경향으로의 변화 가능성을 보여주는 것이다. 과거의 대중은 열심히 일하고, 많은 돈을 모으는 삶을 제일의 가치로 여겼다. 정부도 경제와 산업을 융성시키며 돈을 벌게 해주고 싼값에 집을 공급해주는 정책을 펼쳤다.

그러나 코로나19 이후의 대중은 변화의 시간을 가졌다. 아등바등 살아가는 것에 대한 제동이 걸렸고, 무엇보다 자신의 삶과 시간이 중요해졌다. 대중은 줄어든 사회관계와 대인관계로부터 느끼는 소외감을 문화를 통해 충족하고자 하는 경향을 보인다. 앞으로 대중의 문화적 욕망에 대한 갈증은 더욱 커질 것이다. 중앙정부든 지방정부든 문화정책과 문화적 인프라 구축에 한층 더 적극적으로 나설 필요가 있는 이유다.

코로나19는 가족중심주의와 개인주의 경향을 증폭시켰다. 재택근무가 늘어나면서 가족과 함께 보내는 시간이 많아진 것이다. 특히 남성들의 가족관 변화가 두드러졌다. 5060세대 남성들의 가족에 대한 재발견은 과거에는 쉽게 찾기 어려웠던, 눈에 띄는 변화다. 한국 사회에서 5060세대 남성은 추격경제의 선봉대로서 추격자의 삶을 살아온 이들이다. 사회와 직장에서 경쟁자들과 앞다퉈 경쟁하며 앞만 보고 달려온 그들이다. 그런 그들이 집에서 근무하게 되면서 가족과 보내는 시간이 많아졌다. 예상하지 못했던 시간이다. "처음에는 정말 어색했는데, 집에서 일하니까 좋은 점이 많은 것 같아요. 가족과 같이 밥도 먹고 대화도 하면서 함께 지내는 게 좋아졌어요. 한마디로 가족의 재발견입니다." 집단심층면접조사에서 나온 어느 50대 남성의 말은 코로나19가 던진 '가족의 재발견'이라는 의미를 곱씹어 생각하게 한다. 3040세대 남성의 육아 참여나 가사 참여 시간도 늘어났다. 코로나19 이후 바뀌게 될 근무형태의 다변화, 노동시간 단축, 4차 산업혁명으로 인한 산업의 변화, 인공지능의 등장 등 예견된 변화는 '가족의 재발견'에 가속 페달을 밟을 것이다. 이에 맞춰 가족 관련 산업과 정책도 다양해져야 할 것이다.

불확실성의 시대, 스마트시티 시대로

코로나19는 예측이 가능한 '확실성의 시대'에서 예측이 불가능한 '불확실성의 시대'로 패러다임의 전환을 끌어냈다. 코로나19는 과거 어느 때보다 불확실성을 키워놓았다. 경제와 산업 분야에서 포스트 코로나를 준비하고 있다면 빠르게 적응하고 변화를 주도해야 살아남을 수 있다. 제너럴 일렉트릭의 최고경영자였던 잭 웰치Jack Welch는 "빠르게 변화하는 시장의 속도로 움직이지 않는다면 그 기업은 이미 죽은 것이나 다름없다"라고 말했다.

포스트 코로나 시대의 가장 큰 특징은 디지털 시대로의 전환이다. 디지털 트랜스포메이션digital transformation의 가속화가 이뤄질 것이라는 전망은 이미 누구도 부정할 수 없는 상황이다. 코로나19 이전 우리는 우리 사회의 급격한 변화를 추동할 중요 동인으로 디지털 트랜스포메이션을 꼽아왔다. 다만 피부로 체감하지 못하고 있었을 뿐 디지털화로의 혁신은 예견된 것이나 다름없었다. 2016년 초, 다보스포럼에서 제시된 4차 산업혁명은 코로나19로 인해 눈앞의 현실이 될 가능성이 높아졌다. 어떤 현상이 서서히 진행되다가 갑자기 뒤집히는 지점이 생기면서 엄청난 변화가 폭발적으로 시작되는 것을 '티핑포인트tipping point'라고 하는데, 코로나19가 바로 이 티핑포인트를 만든 셈이다.

디지털화는 이미 브레이크가 풀린 상태다. 비대면이 강제되는 상황에서 O2Oonline to offline 산업이 비약적으로 발전하고 있고, 관광산업 등 오프라인 산업은 상대적으로 내리막길을 걷는 모습을 보인다. 재택근무가 일반화되면서 화상회의는 일상화됐고, 직장 내에서도 오프라인회의가 온라인회의로 대체되고 있다. 초중고 수업은 물론이고 대학 수업까지 온라인으로 이뤄지고 있다. 디지털화의 일상화는 네트워크 방식에도 변화를 끌어냈다. 전통적인 인간관계의 양상과 형태, 밀도 등을 뛰어넘는 새로운 방식의 연결이 이뤄지고 있다.

'뭉치면 살고 흩어지면 죽는다'에서 '뭉치면 죽고 흩어져야 산다'로 변화된 코로나19 시대에는 새로운 연결이 필요하다. 어떻게 연결하고 연결될 것인가의 문제는 관계를 이어나가야 하는 인간의 숙명이다. 앞으로 새로운 연결이나 융합의 중요성은 더 확대될 것이다. 공간의 폐쇄성과 초연결성 등 네트워크 방식의 변화는 자명한 미래다. 네트워크 방식의 변화는 통신을 통한 초연결을 일상화한다. 온라인쇼핑, 온라인강의, 재택근무뿐만 아니라 재택여가, 재택휴가까지 보편화할 것이다. 언택트 생활이 강화되면 모바일 디바이스가 우리 삶의 중심에 자리 잡게 된다. 열린 광장 문화에서 폐쇄된 밀실 문화로의 전향은 초연결성으로 연결되는 삶으로의 전환을 끌어낸다.

도시나 국가도 바뀐다. 감염병과 풍토병의 일상화는 새로운 도시로의 진화를 요구한다. 도시의 디지털화와 스마트시티화는 거부할 수 없는 현실이 된다. 국제빈민구제기구 플래닛 파이낸스 Planet Finance의 회장이자 세계적인 석학 자크 아탈리Jacques Attali 는 서울이 나아갈 길에 대해 "디지털시티로서의 역량을 갖추고 소상공인과 신생기업을 수용할 수 있는 기술이 탑재된 스마트시티로 거듭나야 하며, 30년 후의 일자리를 준비하는 선구적인 도시가 되어야 한다"고 강조했다. 그는 스마트시티에 대해 "스마트시티는 이타적인 도시를 의미한다. '이타적인 도시'는 다양한 계층, 연령, 집단, 동물, 식물 등이 서로에게 유익한 영향을 끼치며 서울을 방문하는 이들에게도 AI를 활용한 유용한 기술을 제공한다"고 주장했다. 디지털화되고 스마트시티화된 도시가 기술을 발전시키는 과정에서 미래의 선구자가 될 수 있다고 보았다.

이는 도시와 국가의 미래가 디지털화와 스마트화의 발전 정도에 달려 있다는 것을 시사한다. 중국은 일찌감치 디지털경제로의 전면 전환을 국가경제 전략으로 삼고 달려가고 있고, 인도는 국가적 차원에서 스마트시티 구축을 위한 시동을 걸고 있다.

첨단 IT기술로 인프라를 효율적으로 관리하고 공공데이터를 활용해 교통·에너지·환경 문제를 해결하며, AI·사물인터넷·빅데이터 기술을 이용해 당면한 문제를 해결하는 도시가 30년 후의 일자리와 새로운 경제를 창출하는 선도 도시와 국가가 될 것임이 자명해졌다.

워라밸, 나를 위한 시간, 주4일~4.5일제

글로벌 컨설팅 회사인 맥킨지 앤드 컴퍼니McKinsey & Company 사가 2021년 2월에 〈코로나19 이후 일자리의 미래〉라는 보고서를 내놓았다. 미국·독일·영국·프랑스·일본 등을 포함한 8개국의 800개의 직업과 2,000개의 직무를 분석한 이 보고서는 10년 안에 노동자 10명 중 1명꼴로 일자리를 잃을 것이라고 보고했다. 또한 코로나19의 영향으로 고용 구조와 일자리 성격이 바뀌면서 '직업 전환'의 상황에 놓인 근로자는 25%에 달하며, 도소매·숙박 등 고객 서비스업, 요식업 등 저임금 일자리부터 사라질 것으로 예측했다. 반면 고임금 일자리인 STEM(과학·기술·공학·수학) 관련 분야와 헬스케어 업종의 일자리는 더 늘어날 것으로 예측했다.

노동자가 근무하는 방식도 달라진다. 선진국 노동자의 20~25%는 주 3~5일 재택근무를 하고 원격·화상 회의로 출장이 20% 정도 줄어들어 도심의 사무실을 30%가량 감소시킨다고 했다. 도심의 사무실 감소는 도심 인구의 변화를 초래해 도심의 상점과 호텔, 식당 등의 일자리를 감소시킬 것으로 전망했다. 맥킨지 앤드 컴퍼니의 보고서는 2030년 도시의 일자리 풍경을 이렇게 그리고 있다.

삶의 패턴이 바뀌면 일의 패턴도 바뀐다. 일은 삶에서 떼어놓을 수 없는 영역이다. 코로나19가 끼친 영향은 라이프 스타일을 바꿔놓기에 충분했다. 코로나19를 겪으며 바뀐 라이프 스타일은 직업관의 변화를 불러왔다. 코로나19로 말미암아 대중은 직업 안정성job security과 함께 워라밸work and life balance을 선호하는 경향이 뚜렷해진 것으로 조사됐다. 해고에 대한 사회적 불안감 증가로 직업 안정성에 대한 선호는 과거보다 강화되는 추세다.

"돈은 많이 안 벌어도 좋아요. 먹고살 수 있으니까요. 다만 안정적으로 일을 하면서 내 삶도 함께 즐기고 싶어요." FGI(focus group interview, 집단심층면접조사)*에 참석한 어느 30대 여성의 말이다. 최근 여론조사를 보면 가장 우선적으로 고려하고 있는 것이 워라밸이다. 구인구직 매칭플랫폼 '사람인'이 성인남녀 1,828명을 대상으로 실시한 2021년 2월 조사를 보면 71.8%가 '연봉이 적어도 워라밸이 좋은 기업'을 선호했다. 일보다는 내 삶이, '나를 위한 시간'이 중요해진 것이다.

사회적 거리두기에 따른 재택근무는 워라밸 추구의 시발점이 됐다. 재택근무 확대는 워라밸의 만족감을 높인다. 일과 삶의 균

●   소수의 응답자가 모여 사회자의 진행에 따라 정해진 주제에 대해 이야기를 나누고 이를 통해 자료를 수집하는 마케팅 조사 기법

형은 지금까지 한국 사회가 가장 바라던 근로형태였다. '저녁이 있는 삶'은 일과 삶 모두를 즐기며 행복해보자는 의미를 담고 있다. 그동안 한국은 OECD 회원국 중 멕시코 다음으로 노동시간이 긴 나라였다. 장시간의 노동은 개인의 피로도는 물론 사회의 피로도를 높여 개인의 수명을 줄이고 사회의 수명을 단축시켰다.

인간의 시간은 '8-8-8'로 나눌 수 있다. 8시간 자고, 8시간 일하며 8시간 쉬어야 삶에서 행복을 느낄 수 있다. 주 52시간 근무제는 일과 삶의 균형을 찾기 위한 시도였다. 일도 즐기고, 여가도 즐기고, 삶도 즐기자는 것. 그래서 행복해보자는 시도였다. 삶이 행복해야 일도 행복하다. 일의 만족도가 높아지면 창의성과 효율성도 높아진다. 역설적으로 코로나19로 시행하게 된 재택근무는 워라밸 실현의 가능성을 입증해줬다. 주5일제 이후 주4.5일제, 주4일제 도입 주장이 나오고 있는 이유다.

하지만 코로나19로 말미암은 재택근무의 확대는 일자리 감소 가능성을 높였다. 재택근무로 인해 비대면 근로자의 워라밸 만족감은 상승했지만, 정규직 일자리 감소 추세는 강화될 것으로 보인다. 또한 경영자의 입장에서는 직접 고용에 대한 의문을 품게 됐다. 재택근무로 인해 직원의 업무량과 처리 속도 등 근로 측정이 계량화되면서 업무 모듈화가 가능해지고 사무실 유지비 등 부대비용에 대한 고려도 계산에 넣게 된 것이다. 한편, 비대면 업종의 경우 정규직 근로자를 비정규직 시간제 근로자로 대체할 가능성이 높아질 것이다. 경험과 업무 능력을 갖춘 은퇴자들에게는 새로운 일자리가 주어질 기회가 높아지는 반면 정규직을 원하는 청년들의 구직은 더 어려워질 수 있다. 이에 계약·고용에 대한 체계를 정비해 일자리 피해를 받는 사람을 줄여야 한다는 목소리가 나오고 있다. 프리랜서·자영업자의 경우도 제도적 정비와 변화가 불가피해졌다.

직업 간 갈등구도도 변화의 양상을 보인다. 과거에는 정규직과 비정규직의 직업갈등이 가장 큰 축이었다면, 코로나19는 대면 업종과 비대면 업종의 갈등, 즉 직종 간 갈등을 유발할 가능성을 높였다. 비대면·사무직 근로자와 대비해 대면·현장 근로자가 가진 상대적 박탈감은 잠재적 갈등 요인으로 작용하고 있다. 또한 대면 업종의 축소도 관련 업종 근로자들의 타격을 가속화할 것이다. 모바일 앱이나 IT시스템 서비스가 대면 업종을 대체하고 있기 때문이다. 스마트 무인슈퍼가 대표적이다. 코로나19 방역을 이유로 무인가게를 도입한다는 명분도 생겼다. 대면 업종의 비대면·모바일 시스템으로의 대체는 앞으로 지속적으로 트렌드화될 것이다.

노동시장의 변화도 주목할 부분이다. 연공서열이 지배하던 노동시장은 능력 중심으로 재편될 개연성이 커졌다. 대면 업무의 축소와 인적 네트워크의 약화는 연공서열 문화의 골격을 흔들었다. 코로나19 이후 포스트 코로나 시대 미래의 노동은 어떻게 변화할 것인가. 대면 업종의 종말을 앞당길 것인가. 노동의 궁극적인 종말로 치달을 것인가. 아니면 노동으로부터의 완전한 해방을 불러울 것인가. 코로나19가 앞당긴 인간의 노동력 대체 혹은 상실이 유토피아를 가져다줄지 디스토피아를 가져다줄지는 누구도 장담하기 어렵다. 노동은 인간의 생존 조건 1순위였다. 인간을 인간답게 한 중요 요소 중 하나였다. 이러한 노동이 포스트 코로나 시대를 맞아 변곡점에 서 있다. 분명한 건 이제 노동은 4차 산업혁명 시대와 맞물려 더 이상 인간만의 고유 영역이 아니라는 사실이다. 포스트 코로나 시대의 노동은 인간과 기계, AI 간의 일자리 투쟁으로 전개될 가능성이 높아졌다.

코로나19를 거치면서 우리 사회는 원하든 원하지 않든 하나의 거대한 실험실이 됐다. 그동안 차일피일 미뤄왔던 미래의 과제들을 더 이상은 묵혀둘 수 없게 됐다. 출근하지 않고 집에서 일할 수 있는 삶이 가능한지, 학교에 가지 않고도 수업이 가능한지, 얼굴을 마주 보지 않고도 회의가 가능한지, 콘서트홀에 가지 않고도 콘서트를 즐기는 삶이 가능한지…. 우리는 한 편의 실험극에 참가한 배우가 됐다. 이 실험극이 실험극으로 끝날 것인지 현실이 될 것인지는 아직 단정할 수 없다. 하지만 실험극으로만 끝날 것 같지는 않다는 것이 여론이자 중론이다. 그러므로 정치가 비전을 가지고 장기적인 관점에서 미래 가능성을 열어두어야 한다. 정치가 앞장서 준비해나가야 한다. 준비된 정치가 이긴다.

03

포스트 코로나,
급진적 정책의 등장

———————— 코로나19의 시대는 전환기다. 포스트 코로나와
4차 산업혁명 시대로 나아가기 위한 길목의 뒤 물결이다. 장강
의 뒤 물결은 앞 물결을 밀어내며 흘러간다. 시대는 그렇게 앞으
로 흘러왔다. 어느 시대건 시대의 전환기에는 격랑과 혼돈을 겪
는다. 이탈리아의 정치인이자 철학자인 안토리오 그람시Antonio
Gramsci는 "위기란 옛것은 죽어가는데 새로운 것은 아직 태어나
지 않은 상태"라고 인식했다. 코로나19는 새로움을 부르고 있다.
새롭게 태어나지 않으면 코로나19와 포스트 코로나 시대를 살아
내기 어렵다. 새로운 시대에는 새로운 사회계약이 필요하다. 새
로운 정책에는 새로운 상상력이 필요하다. 전환기에는 전환의 리

더십이 필요하다. 전환의 리더십으로 새로운 사회의 '뉴노멀'을 끌어내야 한다. 대중이 2022년에 등장할 새로운 리더에게 거는 기대와 바람이다.

코로나19는 우리 사회에 수많은 과제를 던져놓았다. 그 과제들은 기존의 방식을 뒤집어보아야 이해할 수 있는 것들이다. 우선 관계의 지형도를 바꿔놓았다. 가까운 거리에 있는 사람들로부터는 멀어지게 하고 먼 거리에 있는 사람들과는 가까워지게 했다. 지구환경의 지형도도 바꿔나가고 있다. 기후위기를 무시한 대가로 코로나19가 발생했다는 게 정설이다. 감염의 여파로 도시가 봉쇄되고 멈춤이 장기화되면서 지구의 환경이 조금씩 개선되고 있다. 코로나19의 역설이다.

시간과 장소에 구애받지 않고 일할 수 있는 새로운 노동 환경이 등장하고, 고용의 형태와 방식에도 변화가 다가오고 있다. 과거의 근로계약서는 찢고 새로운 근로계약서에 서명할 날이 머지않았다. 사회보험의 강화도 불가피하다. 일자리 불안과 축소로 전국민고용보험의 확대·재편 등의 의제도 중요해졌다. 실험해볼 기회조차 갖지 못한 채 논쟁만으로 사장될 것 같았던 기본소득 등 각종 복지제도도 이뤄질 가능성이 커졌다. 과거에는 상상하기 힘든 급진적인 정책도 정부정책으로 채택됐다. 역사상 최초로 전국민재난지원금이 전 국민에게 지급됐고 대중의 반응도 좋았다.

시대는 전환기마다 새로운 유형의 정책을 등장시킨다. 코로나

19를 거쳐 포스트 코로나와 4차 산업혁명 시대로의 전환 길목에서 있는 지금 새로운 정책과 이슈의 등장은 새로울 것도, 놀라울 것도 없다. 대중은 이미 새로움을 받아들일 준비가 되어 있고 새로움을 받아들이지 않을 수 없는 현실에 직면해 있다. 확실히 '이후'는 '이전'과 달라야 한다. 새로운 비전과 정책은 이후의 시대를 준비하는 이들이 내놓아야 할 필수 상품이다.

엄마에게도 엄마가 필요하다, '국민 누구나 돌봄' 시대
전 국민 돌봄국가 시대로

돌봄은 코로나19를 관통하면서 전 국민의 절대 관심 사항으로 떠올랐다. 가족과 함께 보내는 시간이 많아지고 재택근무가 늘어나면서 '가족의 재발견'은 돌봄에 대한 인식의 지평을 확장했다. 그동안 돌봄이라고 하면 대개 요양보호사가 필요한 노인이나 환자, 장애인, 아동 등을 포함한 사회적 약자나 통상적으로 '돌봄'이 필요한 사람들의 영역으로 인식됐다. 또 돌봄은 국가나 사회의 책임보다는 궁극적으로는 가족의 책임으로 여겼다. 가족 가운데서도 특히 여성에게 대부분의 역할을 지우는 경향이 강했다. 그런데 3040세대 남성과 5060세대 남성의 재택근무가 늘어나면서 가사와 돌봄의 영역이 꼭 여성의 역할로만 국한되는 것은 아니며, 돌봄의 대상이 사회적 약자로 한정되어서는 안 된다는 인식이 생겨나기 시작했다.

2040세대 여성의 경우 초중고 자녀들의 등교 중단에 따른 돌봄 스트레스가 높아졌고, 자녀 돌봄으로 인해 지친 2040세대 여성에게도 돌봄이 필요하다는 인식이 생겨났다. 돌봄은 이제 그 대상을 '돌봄'을 요하는 대상만으로 국한하던 과거의 인식을 넘어섰고, 그 책임도 가족의 영역이 아닌 국가와 사회가 져야 한다고 보고 있다. 코로나19를 거치며 돌봄에 대한 인식이 바뀌고 있는 것이다. 엄마에게도 돌봄이 필요하다는 인식, 요양보호사에게도 돌봄이 필요하다는 인식, 나아가 단순한 돌봄 차원을 넘어서 전 국민의 보편적 복지 관점에서 돌봄이라는 개념이 재정립되기를 대중은 원하고 있다.

　　'엄마에게도 엄마가 필요하다'라는 말이 있다. 코로나19는 새로운 돌봄을 원한다. 돌봄의 새로운 상상력을 요구한다. 취약계층이나 사회적 약자들에게 집중되던 돌봄 개념을 의료, 휴가나 휴직, 안식년, 육아, 방과 후 학생 지원 등을 아우르는 종합적 복지 차원의 돌봄으로 확대할 필요가 있다. '국민 누구나 돌봄'을 받을 수 있는 체계로의 전진이 필요하다. 대중은 모든 국민의 엄마가 되어주는 나라를 원한다. 국가와 사회의 역할이 강화되기를 바란다. 전 국민 돌봄 시대를 준비해야 하는 이유다. 전 국민 맞춤형 돌봄체계와 시스템의 도입으로 전 국민에게 보편적 돌봄 서비스를 선사해야 한다.

　　지역사회를 기반으로 한 돌봄체계로의 개편도 적극적으로 고려해야 한다. 중앙정부는 돌봄체계 확대로 사회적 일자리를 창출하면서 복지체계를 다시 세울 수 있고, 지방정부는 지역 특색에 걸맞은 다양한 돌봄의 형태를 만들어내고 지원할 수 있다. 전 국민 돌봄국가의 비전은 새로운 복지체계 및 서비스의 확대와 제공이라는 측면을 넘어 일자리 창출이나 지역사회 공동체의 활성화 등에도 선한 영향력을 끼칠 수 있다.

'세컨드잡, 세컨드라이프'의 시대로

코로나19는 라이프 스타일의 변화를 불러왔다. 라이프 스타일은 당대의 생활상을 반영한다. 일과 노동의 변화는 라이프 스타일의 변화를 불러오는 가장 큰 동인이다. 사람에게 일과 노동은 단순히 먹고사는 생계 수단을 넘어 삶에서 자신의 가치를 발견하고 실현해나가는 가장 중요한 요소이기 때문이다. 포스트 코로나와 4차 산업혁명 시대에서 주4일제가 실현될 날은 머지않았다. 이와 더불어 새로운 노동형태와 노동시간은 새로운 직업과 삶으로 이어질 것이다.

코로나19를 거치며 늘어난 유연·재택근무는 앞으로 더 확대될 가능성이 높다. 기업은 유연근무와 재택근무를 실시하면서 운영에 큰 문제가 없다는 결론을 내린 분위기다. 한국경영자총협회가 매출 100대 기업의 재택근무 현황을 조사한 결과, 응답 기업의 절반이 넘는 53.2%가 '코로나19 위기 상황이 해소된 후에도 재택근무 추세가 확산될 것'이라고 전망했다. 한국은행이 조사한 보고서에서도 장기적으로는 재택근무가 생산성을 향상하는 긍정적인 효과를 나타낼 수 있다고 내다보고 있다. 업무와 개인의 특성을 살려 선택적 재택근무를 할 경우 오히려 일의 효율성이 높아진다는 것이다.

이제 유연·재택근무의 확대는 일시적 현상에서 일상의 풍경이 될 확률이 높아졌다. 유연·재택근무의 증가는 출근과 퇴근 시간의 변화를 수반한다. 코로나19 이전에도 유연근무와 재택근무는 존재했지만 일상화나 일반화의 모습은 아니었다. 출퇴근 시간에 변화를 주지도 못했다. 코로나19 이전의 대중은 직장, 학교, 강습 등 주어진 시간표에 따라 움직여왔다. 9시 출근과 6시 퇴근, 9시 등교와 3시 하교, 일정한 강의·강습 시간표에 따라 자신의 일상을 맞춰왔다. 그러나 코로나19 시대는 유연근무, 재택근무, 온라인수업·강습 등으로 시간의 규제가 완화되면서 그만큼 규격화된 시간에서 자유로워졌다. 사회맞춤형 시간표를 개인맞춤형 시간표로 바꿔나갈 수 있는 유연성이 확보된 것이다.

포스트 코로나 시대에는 출퇴근의 완전 자율제가 고려되어야 한다. 전형적인 '나인투식스 시간제'의 노동형태는 비효율적인 측면이 많기 때문이다. 완전 자율 출퇴근제는 나인투식스 시간제로 인한 교통체증과 그에 따른 사회적 비용의 절감 효과도 얻을 수 있다. 업무의 특성과 IT기반의 인프라를 바탕으로 한 유연한 근로시간제의 실시는 업무 효율성을 제고할 뿐만 아니라 개인의 라이프 스타일에도 영향을 끼친다.

직업, 직장, 시간의 풍경이 바뀜에 따라 제도도 바꿔나가야 한다. 「근로기준법」의 전향적인 변화는 2022년 대선의 큰 변수가 될 것이다. 고용과 근로의 유연화를 수용하되 불안감을 줄이도록 '근로'와 '고용'의 의미를 재정의해야 한다. 제2의 직업, 세컨드잡 second job의 시대도 열어나가야 한다. 코로나19와 포스트 코로나 시대에 대한 국민인식조사를 실시해보면 일자리 불안정과 함께 세컨드잡에 대한 수요와 욕구가 높게 나타난다. 특히 코로나19와 함께 4차 산업혁명의 시대가 열릴 것이라는 관측은 이미 코로나 19 이전 시대에 직업을 가지고 있던 장년층의 위기감과 긴장감을 심화하는 요인으로 작용하고 있다. 이들의 '직업 전환'은 곧 도래할 미래가 됐다. 그동안 50대 이후의 삶은 온전히 개인이 책임져야 할 몫이었다. 그러나 코로나19의 위기를 거치면서 이제는 국가가 50대 이후 국민의 삶에 비전을 제시해야 한다는 목소리가 커지고 있다. 포스트 코로나와 4차 산업혁명, 저출산·고령화 시대가 맞물리면서 50대의 고민은 이제 개인적 차원을 넘어 국가와 사회가 함께 풀어야 하는 고민으로 자리매김하고 있다.

코로나19로 말미암은 직종 간의 엇갈린 희비 또한 세컨드잡에 대한 관심을 높였다. 항공업, 호텔업, 여행업 등은 하루아침에 심각한 타격을 입었다. 실직한 중장년과 청년층이 늘었다. 이는 제2의 직업, 세컨드잡에 대한 욕구를 그 어느 때보다 강하게 만들었다. 누구나 새로운 직업, 제2의 직업에 대한 준비를 해야 한다.

우리 사회는 산업화 사회에서 정보화 사회로 넘어가던 30여년 전부터 이미 평생직장이라는 개념이 사라지기 시작했다. 평생직업이 아닌 일job과 취미hobby의 전환이 보편화된 사회로 나아가고 있었다. 다만 코로나19가 이를 앞당겼을 뿐이다. 포스트 코로나 시대에는 시대의 감각과 자신의 행복을 위해서라도 워라밸을 추구해야 하지만, 변화하는 시대에 대비하기 위해서라도 제2의 직업, 즉 세컨드잡을 준비해야 한다. 은퇴 이후의 삶을 일과 분리하지 않을 것이라면 세컨드잡은 필수다. 앞으로 중앙정부나 지방정부는 세컨드잡을 활성화하고 세컨드잡의 공급과 수요를 위해 적극적인 직업훈련에 나서야 한다. 일부 지자체에서는 이미 신중년 은퇴자를 중심으로 사회적 경험과 능력을 재활용하고 있다. 앞으로 더더욱 평생교육을 활성화하고 인생이모작정책 지원 프로그램을 내실화해야 한다. 제2의 인생을 꿈꾸며 새로운 일자리와 삶을 준비하는 재취업자, 경력단절여성, 은퇴자, 노인 등을 위한 세컨드라이프, 세컨드잡 정책을 세우고 비전을 준비해나가는 것이 진정 새로운 미래를 여는 길이다.

국가경제 전략의 대전환, 디지털경제의 시대로

코로나19는 국가경제 전략의 대전환을 요구한다. 핵심은 디지털경제로의 전환이다. 코로나19는 이미 우리 사회를 디지털사회로 진화시켰다. 교육, 문화, 소비, 업무 등 대부분의 일상생활에서 비대면과 비접촉의 언택트 문화를 경험하고 있다. 기반은 디지털

기술이다. 코로나19의 영향에서 벗어나더라도 디지털기술에 의존한 지난 삶을 코로나19 이전의 삶으로 돌릴 수는 없다. 돌아간다면 또 다른 위기와 침체에 빠질 것이다. 디지털기술은 이제 기존 산업의 근간을 흔들며 디지털경제로의 진입을 요구하고 있다.

세계 각국도 디지털경제에 명운을 걸고 재빠른 대응에 나섰다. 디지털경제를 선점하고 선도하는 길에 미래 먹거리가 달려 있다고 판단한 것이다. 미래의 성장모델로 디지털경제는 이제 선택이 아니라 대세가 되었다. '세계의 공장' 역할을 해온 중국이 굴뚝산업과 공업경제에서 디지털경제로의 전환에 가장 빠른 속도를 내고 있다. 2020년 7월, 중국 공산당 산업발전전략과 정보통신기술을 담당하는 부서인 공업정보화부의 싱크탱크인 중국정보통신연구원CAICT이 발표한 〈수치로 보는 중국경제발전백서〉를 보면 중국의 미래발전 전략이 어디로 향하고 있는지 가늠할 수 있다. 백서에 따르면 중국의 디지털경제 규모는 2019년에 35조 8,000억 위안(6,122조 8,740억 원)에 이른다고 보고하고 있다. 이는 중국 전체 국내총생산GDP의 36.2%를 차지한다. 중국의 디지털경제는 2014년부터 2019년까지 중국 전체 GDP의 50% 이상을 증가시키는 데 기여했다. 코로나19를 맞기 전부터 이미 디지털경제로의 진입을 준비하고 있었던 것이다. 준비된 계획과 시도에 코로나19가 불을 붙인 모양새다. 중국이 코로나19 대응 전략으로 광범위하게 추진 중인 신형 디지털 인프라 투자프로젝트 7대 분야로는 5G, AI, 빅데이터, 산업인터넷 등 디지털경제에 필수적인 인프라가 포함되어 있다. 중국은 디지털경제 인프라를 대륙 전역에 깔아 본격적인 디지털경제 시대에 앞서 달려 나가겠다는 국가경제 전략을 세우고 박차에 박차를 가하고 있다.

상하이 사회과학원이 '디지털산업', '디지털혁신', '종합' 등 세 가지로 구분해 디지털 경쟁력 지수를 산출한 〈2018년 주요국 디지털경제 경쟁력〉 자료를 보면 중국이 71.3%로 가장 선두를 달리고 있고 미국이 56.1%, 싱가포르가 38.4%, 독일이 30.6%, 일본이 21.3%, 한국이 20.8%로 뒤를 잇고 있다. 중국은 2위 미국과 큰 격차를 보이고 있지만, 한국과 비교하면 50% 이상 앞서고 있다. 한국이 디지털경제 분야에서 후발국으로 밀려난다면 포스트 코로나 시대에도 과거처럼 선진국들을 쫓아가기 바쁜 추격경제의 틀에서 벗어나지 못할 것이다.

이제 디지털사회가 시대의 흐름이 됐음은 누구도 부정할 수 없다. 기존 전통산업의 디지털화는 새로운 시대를 열어가는 데 필수불가결한 요소가 됐다. 중소대기업은 물론이고, 소상공인 자영업도 디지털경제로의 진입을 서둘러야 한다. 디지털전통시장, 디지털공방, 스마트상점, 스마트슈퍼 등 전통산업의 디지털화를 이루는 생태계 구축은 이제 미룰 수 없는 과제가 됐다.

포스트 코로나 시대에는 국가경제 전략의 대전환이 이뤄져야 한다. 대전환의 길목은 늘 혼란으로 가득 차 있다. 그렇다고 과거의 길로 다시 돌아갈 수는 없다. 혁신과 창조는 버림과 파괴에서 나온다. 과거의 것을 깨부수는 혁파에서 새로움이 나온다는 것을 잊어서는 안 된다. 2022년 새롭게 세우는 국가경제 전략이 앞으로 한국 경제의 100년을 이끌 새로운 성장모델이 될 것이다.

위태로운 대학교육, 교육혁명의 시대로

국가의 백년대계는 교육에 달려 있다. 교육은 한 국가의 정치와 경제, 문화의 싹을 틔우고 성장시킨다. 현재의 교육이 미래 국가 비전의 바로미터가 되는 이유다. 계층 이동의 사다리는 교육의 힘에 달려 있다. 부모 세대들이 자녀들을 좋은 대학에 보내기 위해 모든 것을 거는 모습이 이상하게 보이지 않는 것은 이 때문이다. 우리 교육정책의 가장 핵심은 대학으로 가는 길이다. 한국 사회의 교육은 어떻게 하면 자녀를 좋은 대학에 들어가게 할 수 있을 것인가에 초점이 맞춰져 있다.

그런데 교육전문가들은 코로나19를 거치면서 그동안 대학 사회를 지탱해왔던 둑이 무너지고 있다고 말한다. 코로나19가 대학 및 대학 교육에 대한 전반적인 성찰을 불러왔다는 것이다. 그도 그럴 것이 초중고의 비대면 수업을 두고 초중고의 존립 기반이 위태로울 지경이라고 말하는 이들은 없다. 반면 대학의 비대면 수업의 경우에는 한국 대학의 위기와 함께 대학 교육에 대한 근본적 질문을 던져야 할 만큼 붕괴의 조짐을 보이고 있다고 지적한다. 이는 코로나19 이전의 교육정책에 대한 과감한 수술이 필요함을 시사한다. 과거와의 봉합이 아닌 미래로부터의 이식이 필요한 것이다.

대학교육의 현장에 있는 교수들은 코로나19가 한국 대학교육에 전반적인 각성의 계기를 주고 있다고 말한다. 특히 비대면 수업이 초래한 대학 내 교육격차의 현실화와 연구 활동의 제약을 각성의 주요 이유로 꼽았다. 실험이 중요한 비중을 차지하는 자연과학계열 대학의 경우 연구는 어려워지고 있고, 동료 효과도 실종됐다. 학생회, 동아리 등 학생들의 공동체마저 해체 지경에 이름으로써 대학은 존립 기반마저 흔들리고 있다.

비대면 활동이 장기화되고, 비대면 활동으로도 대학 수업과 학점을 받을 수 있다고 인식하는 대학생이 늘어나면서 대학의 존립 자체에 대한 전면적인 성찰이 일어날 수 있다. 코로나19 이후의 시대에는 대학이 지식 전달 기능만 하게 될 가능성도 배제할 수 없게 됐다. 그것도 대면이 아닌 비대면으로 말이다. 코로나19 이후 미국의 대학이 3,000여 개에서 2,700여 개로 감소했다는 소식은 한국 대학의 현실에도 먹구름을 드리운다.

코로나19와 함께 도입된 대학 내 비대면 학습의 강화로 대학 서열과 무관하게 휴학·자퇴자 수가 늘고 있다. 20학번 대학 신입생의 경우 제대로 대학 생활을 경험해보지도 못하고 반수를 택하거나 휴학을 선택하는 학생들도 나오고 있다. 이에 따라 정부 차원에서 시급한 조사와 대안 및 대책을 마련해야 한다는 주장이 힘을 얻고 있다. 학령인구 급감으로 지방대학은 존폐 위기에 처해 있고 교수들의 불안감도 커졌다.

대학 구성원들도 '고등교육'에 대한 정부 지원과 관심이 절실하다고 호소하고 있다. 넘어진 김에 쉬어간다는 말처럼 코로나19가 낳은 비대면 수업과 대학 교육의 잠시 멈춤은 새로운 교육 혁명의 길로 이어질 수 있다. 포스트 코로나가 기왕의 4차 산업혁명과 맞물린다면 교육 패러다임은 저출산·고령화에 따른 인구 사회학적 변화와 학생들의 정치적 성숙, 디지털 산업화, 비대면 수업 기능의 발달 등을 고려하여 대전환을 모색해야 할 것이다. 코로나19 이전의 학습방식을 고집하는 교육은 이제 생존할 수 없게 됐다.

현대 경영학의 창시자이자 지식경제론의 석학인 피터 드러커 Peter Ferdinand Drucker는 "지식 패러다임의 변화가 역사 발전의 원동력이다"라고 했다. 4차 산업혁명과 디지털산업 시대로의 전환은 기존의 지식 패러다임을 혁신적으로 변화시키고 있다. 단순한 암기 위주의 학습법이나 주입식 교육은 이미 시효가 만료된 지 오래다. 이제 용도 폐기를 위한 출구 전략이 마련되어야 한다. 2022년은 대선이 있는 해이기도 하지만 '2022년 교육과정 개정'이 있는 해이기도 하다. 2022년에는 수능 위주의 대입제도 완전 폐지, 대학 서열화 폐지, 국공립대학의 통폐합, 대학등록금 폐지 등 교육의 전면적인 대수술과 혁신이 필요하다. 4차 산업혁명 시대와 지식 정보화 시대를 이끌어갈 인재를 키우고, 스스로 생각하며 자기 삶의 주인으로 일어서게 하는 교육으로의 전환이 이뤄져야 한다.

코로나19는 아직 멀리 있는 것만 같던 미래를 바로 우리 눈앞으로 가져다주었다. 돌봄, 재택근무, 세컨드잡, 디지털경제, 원격수업 등 이미 존재해 있었지만 일상적이지 않았던 것들이 코로나19로 말미암아 현실화되었다. 시계는 더 빨라질 것이다. 코로나19 이후에도 지금의 변화는 계속 이어질 것이다. 익숙한 과거로 돌아가는 것보다 낯선 미래로 나아가는 것이 더 빠른 길이다. 역사는 그렇게 발전해왔다.

04 포스트 코로나, 새로운 정치의 시대

────── 영국의 작가 윌리엄 서머싯 몸William Somerset Maugham의 소설《달과 6펜스》는 프랑스 인상주의 화가 폴 고갱 Paul Gauguin을 모티프로 쓴 작품으로 유명하다. 주인공인 찰스 스트릭랜드는 증권사 간부다. 어느 날 그는 높은 급여를 받으며 안정적으로 다니던 직장을 홀연히 그만두고 집을 나온다. 가슴 속에 타오르던 예술을 향한 열망이 무딘 일상으로부터의 탈주를 재촉한 것이다. 그림을 그리기 위해 파리의 뒷골목을 헤매는 그에게 사람들은 무모하다고 힐난한다. 그에게 직장을 그만두고 집을 뛰쳐나온 이유를 묻자 "물에 빠진 사람은 헤엄을 칠 수밖에 없다"라고 대답한다.

코로나19는 세계인의 일상을 바꾸어놓았다. 마스크를 쓰지 않고서는 외출이 불가능하다. 하루에도 몇 차례씩 손 소독제를 사용한다. 건물에 들어갈 때마다 체온을 측정하는 일은 의무가 됐다. 마스크 착용이 일상화되면서 사람들의 표정을 알아보기도 쉽지 않다. 악수와 포옹 같은 접촉 인사는 사라졌다. 허리를 숙이는 인사나 간단한 목례 정도만 하는 비접촉 인사가 일반화 됐고, 식당에서는 가림막을 사이에 둔 채 식사를 하는 일이 예사가 됐다. 코로나19 팬데믹이 가져온 변화는 전례 없는 변화다.

정치에서의 변화도 마찬가지다. 정치는 기본적으로 사람을 만나는 게 일이다. 실제로 인간적 대면 '스킨십'을 얼마나 잘하고, 민원을 얼마나 잘 해결하느냐에 따라 정치인의 명운이 갈리기도 한다. 대면 접촉이야말로 정치인이 얻고자 하는 '표'와 직접 연결되는 가장 빠른 통로다. 선거 캠페인 방식도 예외가 아니다. 선거 캠페인은 사람을 만나는 일이다. 사람을 만나 접촉하고 대화하면서 '스킨십'을 가지고 지지를 호소하는 것이 캠페인의 전부라 해도 과언이 아니다. 그런데 코로나19가 이 모든 것을 가로막았다. 2020년 4월 15일에 치러진 21대 총선은 한마디로 역사상 전례가 없는 선거였다.

물에 빠진 사람은 헤엄을 칠 수밖에 없다. 살아남기 위해서는 자신이 처한 환경이 요구하는 상황에서 최적 혹은 최선의 선택과 행위를 해야 한다. 21대 총선에서는 코로나19 팬데믹 선거에 맞춤화된 캠페인이 연출됐다. 대면 접촉 유세는 사라지고 악수나

'프리허그' 유세도 종적을 감췄다. 침 튀며 호소하던 웅변투 연설의 자기 홍보도 자취를 찾을 수 없었다. 마스크를 쓰고 반쯤 얼굴을 가린 채 자신을 알려야 하는 홍보전에서 살길을 모색했다. 기호와 이름, 당명이 크게 적힌 유세복을 입고 슬로건이나 공약이 적힌 피켓을 든 채 유동 인구가 많은 곳에서 사회적 거리두기 캠페인을 펼쳤다. 소독통을 어깨에 둘러메고 방역 유세전으로 자신을 홍보하는 후보도 많았다. 비대면 유세전에 유리한 유튜브나 페이스북 등을 과거 그 어느 때보다 더 적극적으로 활용했다. 온라인 개소식, 언택트 의정보고회, 페이스북 기자회견, 유튜브 출마선언, 토론회 등이 그 예다.

21대 총선은 새로운 정치 문화를 여는 길목이었다. 전례가 없는 180석의 초거대 여당 탄생의 배경에는 코로나19가 있었다. K-방역으로 불리는 방역 활동과 성과를 두고 벌인 공방, 전국민 재난지원금 지급을 둘러싼 논쟁, 코로나19와 그 이후의 민생 경제 대책을 놓고 벌인 설전 등 21대 총선은 코로나19가 낳은 선거였다.

국가 위기 상황이라고 할 수 있는 전쟁이나 재난 상황 등에 처했을 때는 이른바 애국결집효과라는 것이 작동한다. 애국결집효과는 현직 대통령과 집권여당을 중심으로 뭉쳐야 한다는 애국심리가 기저에 깔리면서 결집과 지지로 이어진다. 대중은 대통령이나 여당이 위기 상황에 처한 자신들을 보호해줄 것이라고 믿는다. 공동체에 대한 배려와 사회연대 의식도 높아진다. 21대 총선에서 투표율이 높아진 것은 바로 K-방역에 대한 긍정적 평가와 결집 심리가 작동한 결과다. 코로나19 상황인데도 사전투표율을 비롯한 총투표율이 높게 나타나고, 투표장에 사람들이 몰렸다는 것은 애국결집효과가 힘을 받은 결과라고 볼 수 있다.

미국의 정치인 프랭클린 애덤스Franklin Pierce Adams는 "선거는 특정 후보를 뽑기 위해서가 아니라 특정 후보를 뽑지 않기 위해 투표하는 것이다"라고 했다. 21대 총선은 정권 중간평가 및 심판선거 프레임으로 출발할 수 있었다. 그런데 오히려 제1야당 심판선거 프레임으로 바뀌었다. 캠페인 기간에 펼쳐진 미래통합당의 K-방역 폄하, 막말, 대안 제시 부재, 리더십 실종 등의 과거 정치행태가 역으로 대중의 심판을 받은 것이다. 코로나19 상황에서 위기를 직감한 대중은 새로운 정치가 등장하길 원했다. 위기에 공감하고 함께 대응하면서 위기를 극복하는 데 협력하는 정치의 모습을 바랐다. 만약 민생정책에 대해서 정부정책과 다른 대안을 내놓았더라면 미래통합당이 참패에 몰리지 않았을 것이다. 위기 상황에서 대중이 원하는 정치와 정치적 리더십의 이미지는 남다른 용기와 헌신으로 소통과 비전, 통찰, 결단을 보여주는 위기 돌파에 강한 정치다.

'디맨딩 시티즌'에 응답하는 '큰 국가'가 뜬다

코로나19의 위기를 거치며 대중이 원하는 정치에 응답하지 않는다면 정치는 곧 대중의 외면과 환멸에 직면하게 될 것이다. '정치의 죽음'이 현실화될지도 모른다. 코로나19가 낳은 환경을 지배하고 뛰어넘는 정치만이 살아남을 것이고, 자신의 소명을 다할 것이며, 대중의 사랑을 받게 될 것이다.

인천대학교 정치외교학과 박선경 교수는 한국인이 코로나19 시대를 관통하면서 '디맨딩 시티즌demanding citizen'의 특성이 강화되고 있다고 분석했다. '요구하다'라는 뜻을 가진 '디맨딩'은 요구사항이 많으면서 쉽게 만족하지 않는, 키우기 힘든 아이를 가리킬 때도 흔히 쓰인다. 박선경 교수는 한국인의 특성이 본래 '디맨딩' 성향의 DNA를 갖추고 있다고 보고 있다. 조선시대 '신문고' 등을 통해 왕에게 자신의 억울함이나 민원을 호소했듯이 국가의 역할에 대한 기대가 크고, 그 기대만큼 정부나 대통령이 나서서 문제를 풀어주고 해결해주길 바란다는 것이다. 청와대 국민청원 게시판이 대표적인 사례다. '디맨딩 시티즌'은 사법부 혹은 입법부가 해야 할 일들을 청와대 게시판에 올리고 대통령에게 직접 청원을 한다.

이제 정치가 디맨딩 시티즌의 요구에 응답해야 한다. 디맨딩 시티즌의 등장은 대중이 정치에서 효능감을 느끼지 못한 것이 주요 원인이다. 정치가 문제와 갈등을 해결해주지 못하면서 정치적 효능감의 저하를 불러왔고, 저하된 정치적 효능감은 대중의 불안감으로 이어졌다. 코로나19에 따른 불안 심리도 디맨딩을 부추기는 요소다. 사실 민주주의는 디맨딩이 당연시되는 체제다.

코로나19를 거치면서 대중은 국가가 개인의 문제와 함께해주길 바란다. 국민이 국가를 위해 무엇을 할 것인지 생각하고 행동하는 시대는 가고, 국가가 국민을 위해 무엇을 할 것인지 생각하고 행동해야 하는 시대가 왔다. 대중이 요구하는 목소리에 적극적으로 응대, 응답하면서 개입하고 중재에 나서는 큰 국가를 원하는 시대가 도래한 것이다. 큰 국가는 적극적인 국가다. 위기 상황은 더 큰 권력과 책임을 부른다. 통행금지, 봉쇄령, 행정명령 등 방역에서 시작된 국가의 권력은 시장 개입과 재정 확대로까지 이어졌다. 국가는 시장과의 권력 관계를 재편성했다. 포스트 코로나 시대에도 큰 국가의 역할은 쉽게 사그라지지 않을 것이다. 코로나19가 낳은 불평등, 빈곤, 불안감 등 삶의 격차를 해소하고 위기를 해결하려면 큰 국가의 역할이 필요하다는 것을 대중은 이미 경험으로 체득했다.

대중은 코로나19로 '강력한' 지방정부를 재발견했고, 지방정부가 왜 필요한지 여실히 알게 됐다. 코로나19 국면에서 지방정부의 역할이 재조명되면서 자치분권에 대한 요구도 높아졌다. 디맨딩 시티즌에서 디맨딩이 가지는 효능은 중앙정부보다 지방정부가 더 많다. 중앙정부가 하지 못하는 직접적인 일들을 지방정부는 할 수 있다. 코로나19를 거치면서 중앙정부의 대응은 큰 정책 중심으로, 지방정부의 대응은 직접적인 행정명령으로 다가왔다. 코로나19 시기에 서울시나 경기도, 대구시 등 지방정부의 역할과 책임이 훨씬 더 와 닿고 직접적이었다.

디맨딩 시티즌은 응답형 정부를 원한다. 다음 정부는 출범과 함께 대중이 삶의 어떤 부분에서 만족하고 만족하지 못하는지 체계적으로 조사하고 대응해나가야 한다. 신속하고 투명한 정보 공개와 적확한 정책 추진으로 발 빠르게 대중의 요구에 반응해야 한다. 디맨딩 시티즌은 국가의 역할에 대한 기대가 크고 국가가 많은 걸 해줘야 한다고 생각하기 때문이다. 그런 만큼 국가가 응대와 응답을 내보이지 못하고 행정력도 뒤따르지 못한다면 곧 지지를 철회하고 심판의 화살을 쏠 것이다.

보편복지 vs. 선별복지, 한국형 복지 시스템이 뜬다

코로나19의 쓰나미는 복지론에도 불을 지폈다. 전국민재난지원금의 지급 방식과 대상을 놓고 뜨거운 논쟁이 벌어지기도 했다. 경기도 이재명 지사는 기본소득과 기본주택, 기본대출 등 '기본 시리즈'를 내놓았다. 경기도 재난기본소득도 지급했다. 기본소득은 국가나 지자체가 모든 구성원에게 조건 없이 정기적으로 소득을 지급한다는 것이 골자다. 애초에 보편복지 철학에서 출발했지만 경제정책의 성격도 띠고 있다. 이낙연은 더불어민주당 대표 시절 '신복지론'을 주창했다. 신복지론은 삶의 모든 영역에서 국민생활의 최저기준을 보장하고 나아가 중산층까지 아울러 계층별 맞춤 복지를 제공한다는 것이 골자다. 이재명과 차별화되는 복지 전략이다.

코로나19 이후 포스트 코로나 시대에는 사회 안전망을 더 강화해야 한다는 목소리가 커지고 있다. 2022년 대선에서 복지정책이 주요 의제가 될 가능성이 높아진 것이다. 한겨레경제사회연구원의 의뢰로 글로벌리서치가 2020년 6월 6~11일에 만 18세 이상 남녀 1,000명을 대상으로 실시한 조사를 보면 복지 확대와 증세에 대해 대중의 인식 차이를 확인할 수 있었다. 정부의 경제적 지원에 대해 84.7%가 '필요하다'고 응답했고 이 가운데 '매우 필요하다'는 응답도 29.7%에 달했다. 보편복지에 대한 지지는 절반에 가까운 49.5%로 나타나 선별 복지에 대한 45.3% 지지보다 오차범위 내에서 앞선 것으로 조사됐다. 기업의 해고 방지와 고용 유지를 위한 적극적인 정부 지원에 대해서는 51.3%가 찬성 의사를 표명했다. 또한 기본소득 도입에 대해서도 58.5%가 찬성했다. 복지 확대와 복지국가로의 지향에 대해서는 상당수의 대중이 지지하고 있음을 알 수 있다.

그러나 세금 인상, 즉 증세에 대해서는 입장이 달랐다. 59.8%가 증세에 반대했고, 복지 확대의 전제조건이라 할 수 있는 재정 확대에 대한 반대 의견도 55.6%로 나타났다. 자신이 '진보'라고 답한 이들 중에서도 증세 반대가 49.5%로 증세 불가피 45.8%보다 높았다. 복지 확대에는 찬성하지만 증세에는 반대하는 이중성, 즉 이율배반 성향을 보인 것이다. 부자 증세나 낭비성 예산을 줄여 복지를 늘려달라는 주문이다.

포스트 코로나 시대는 복지를 두고 보편이냐 선별이냐의 논쟁을 넘어 복지시스템을 구축해 지속 가능한 복지국가로 나아갈 것을 요구하고 있다. 2022년 대선에서는 이러한 시스템을 바탕으로 지속 가능한 복지국가로 나아가기 위한 사회적 합의가 이루어져야 한다. 정치권은 코로나19라는 위기 상황을 통해 드러난 한국의 복지시스템을 전반적으로 점검해볼 필요가 있다. 가장 취약한 사람, 잠재적 취약층 등이 누구인지 세밀하게 분석해 '한국형 복지시스템'을 만들어나가야 한다. 보편복지라는 대전제 속에서 취약계층, 소외계층에 대한 핀셋 지원도 강화해야 한다. 세수 확대가 필요하지만 증세에는 신중하게 접근할 필요가 있다는 대중의 인식도 고려해야 한다. 재정 확대를 위한 '묻지마', '무조건' 증세는 대중의 저항을 불러올 수 있기 때문이다.

코로나19 이후 재정적인 측면에서 국가의 역할이 늘어난 것은 주지의 사실이다. 전국민재난지원금, 재난기본소득 등의 마중물을 맛본 대중이 국가를 바라보는 시각도 변화를 겪고 있다. 늘어난 재정 부담만큼 세수의 확대가 불가피한데 과연 누가 재정을 댈 것인가 하는 문제에 대해 대중의 반응은 민감하다. 따라서 세수 확대와 증세 논의는 사회 전반에 도움을 줄 수 있는 형태와 방향으로 나아가야 한다. 사회의 전반적인 합의와 공감대 형성이 무엇보다 중요하기 때문이다. 만약 이러한 과정이 생략되거나 축소된다면 또 다른 갈등과 분열로 확산될 가능성이 크다.

복지체계의 체계적 개편은 건너뛸 수 없는 중차대한 의제다. 코로나19가 휩쓸어간 소상공인의 생계 문제와 더불어 청년실업자, 실직자, 비정규직 노동자, 대면 노동자 등 사회보장체계의 전환을 기다리는 대중이 부지기수다. 전국민기본소득 지급이 더이상 '급진적'으로 들리지 않을 만큼 한국 사회는 변화하고 있다. 바뀌어가는 시대를 맞아 대중의 새로운 '삶의 질'을 보장하는 한국형 복지시스템 모델을 설계해나가는 데 2022년의 시대정신이 걸려 있다.

대중 교감형, 문제를 해결하는 소통형·결단형 리더십이 뜬다

코로나19는 이념, 계층, 세대 간의 갈등을 심화하는 데도 한몫을 했다. 일종의 '질병의 정치화'로 정치적 공방이 된 코로나19는 이념 갈등을 증폭시켰다. 야당은 정부여당의 K-방역을 정치화했고 여당은 야당의 비판을 정치화했다. 이념과 정치의 양극화는 코로나19와 K-방역을 바라보는 관점도 양극화했다. 2020년 8.15 광복절 집회는 그 일단을 보여줬다. 코로나19가 낳은 재난의 불평등도 계층 간, 세대 간 갈등의 요인으로 작용했다. 갈등이 폭발하면 사회적 분열을 야기한다. 갈등과 분열에 소요되는 사회적 비용만 해도 한 해 수십조 원에 달한다. 정치가 갈등과 분열을 완화하는 데 적극적이어야 한다. 정치의 효능감을 높여야 하는 이유이다.

코로나19는 대중과 교감하면서 헌신과 희생의 리더십을 보여주는 리더를 선호한다. 헌신과 희생의 리더십은 신뢰를 부른다.

신뢰는 모든 계약의 출발이다. 사회적 계약이든 비사회적 계약이든 사랑의 계약이든 모든 계약의 바탕은 신뢰다. 신뢰가 무너지면 계약이 성립되기 어렵다. 코로나19 팬데믹 국면에서 보건당국과 방역 필수노동자, 의료진이 보여준 헌신과 희생의 모습은 대중의 신뢰와 존경을 받았다. 타인에 대한 배려, 상대에 대한 이해, 공동체의 안녕을 위한 헌신과 희생은 K-방역 성공의 모티브였다.

코로나19 팬데믹상황에서 보여준 정은경의 리더십은 대중의 신뢰와 존경, 사랑을 한 몸에 받기에 충분했다. 질병관리본부장과 질병관리청장의 자리를 지키면서 그가 보여준 헌신과 희생은 정치권에서는 보기 어려운 모습이었다. 그의 리더십은 위기 상황에서의 리더십이 어떤 모습이어야 하는지 유감없이 보여주었다.

정은경은 늘 단호하지만 강경하지 않은 낮은 어조로 상황의 심각성을 전달해 귀 기울이게 했으며, 다양한 전문가들의 의견과 과학적인 근거를 들어 설득력 있는 호소를 내놓았다. 소설가 김훈은 한 칼럼에서 "나는 날마다 정은경 청장이 하라는 대로 하고 있다"고 한 바 있는데, 현대 민주주의 사회에서 이렇게 리더십을 인정받기란 봉건시대에 왕좌에 오르는 것만큼이나 어려운 일이다. 그 리더십의 바탕에는 무한 신뢰가 깔려 있다. 무한 신뢰의 근원은 헌신과 희생이다. 투명성이며 교감이고 소통이면서 포용이다.

새로운 정치 리더십은 정치의 세계에 갇혀 있어서는 안 된다. 새로운 정치 리더십은 정치적 차원에서의 리더십을 뛰어넘어 일상적 차원 혹은 대중의 인식이 바라는 사회적 차원에서의 리더십을 보여주어야 한다. 포스트 코로나가 요구하는 리더십은 대중과 교감하면서 문제를 함께 풀어나가는 문제 해결 능력과 함께 위기를 돌파해나가는 리더십이다. 여론의 흐름을 읽고 대중의 감정을 읽어나가면서 소통하는 리더십, 상황을 통찰하고 방향을 제시하며 이성적 안정감을 주는 리더십이다. 문제를 해결해나가는 능수능란한 리더십과 위기 돌파를 위해 필요한 과감한 결단력, 실천력을 갖춘 리더십이 각광받는 시대다. 코로나19 이전에는 경제 돌파형 리더십이 요구됐다면 지금은 불안 요소를 줄이고 문제를 해결하는 리더십을 기대하고 있는 것이다. 그것이 다소 포퓰리즘적이더라도 대중과 교감하며 문제를 풀어나갈 능력을 갖춘 리더십이라면 받아들일 수 있다는 것이 대중의 인식이다. "정은경 청장을 보면 신뢰가 가요. 여론의 흐름, 감정의 흐름 같은 것을 잘 캐치해서 거기에 맞게 그 감정으로 대화를 나누는 사람인 것 같아요. 믿음직스럽죠." FGI에 참가한 한 40대 여성의 말이다.

상대에 대한 이해가 결여된 소통은 다름을 확인하면서 갈등을 증폭시킨다. 대중은 코로나19로 지친 마음을 위로해주면서 희생과 헌신, 포용과 결단, 실천의 리더십을 발휘해줄 리더를 기다리고 있다. 그것은 위기를 극복하면서 새로운 미래를 열어갈 엄중한 책임과 권한을 가지고 비전을 보여주면서 사회적 합의를 끌어낼 유능한 리더십이어야 할 것이다.

언택트 정치의 시대, 스마트 리더가 뜬다

코로나19가 만들어낸 언택트 문화의 직격탄은 정치권도 예외가 아니었다. 사람을 만나고 대중 집회를 통해 지지와 결집을 끌어 내야 할 정치인들에게 비대면 문화는 설 곳과 갈 곳이 사라진 것 과 마찬가지였다. 정치인들이 선호하던 대중과의 '악수 정치'와 '박수 정치'는 이제 종말을 고하고 있다. 손을 잡고 표를 달라고 호소하던 시대는 이제 자취를 감추고 있다. 돈과 조직, 줄 세우기 등으로 동원 정치를 펼쳤던 과거 시대의 낡은 방식은 저물어가 고 온라인 의정보고서, 유튜브 의정보고회 등 새로운 언택트 정 치시대가 열리고 있다.

디지털 환경에 익숙한 1980년대 이후 태생의 밀레니얼 세대 가 새로운 유권자층으로 구축됐다는 점을 고려할 때 언택트 정 치가 꼭 코로나19의 영향 때문이라고는 볼 수 없다. 언택트 정치 는 거스를 수 없는 물결이라고 해야 옳을 것이다. 이준석의 등장 은 언택트 정치와 변화의 상징이 됐다. 조직 없이 국민의힘 대표 직을 거머쥔 이준석의 승리는 조직이 더 이상 선거에 결정적 요 인이 될 수 없다는 것을 의미한다. 조직으로 선거를 치르는 시대 는 사실상 종언을 선언한 셈이다.

이제 정치는 새로운 '방식'과 '장소'를 찾아야 한다. 새로운 만 남의 광장을 물색해야 한다. 비대면 캠페인은 인지도가 높고 능 력이 뛰어난 인물에게 절대적으로 유리한 구도로 흐르고 있다. TV, 유튜브, 휴대폰, SNS, 온라인 캠페인 등에서의 이성, 감성 마케팅을 모두 동원해야 하고, 셀럽(celebrity의 줄임말)이나 인플루언서를 통한 후광효과도 노려야 한다. 공간적 제약과 한계를 없애기 위해 대중과의 줌Zoom이나 슬랙Slack 등 온라인 협업과 화상회의 툴을 이용한 캠페인도 적극 전개해야 한다.

'개천에서 용 난다'라는 속담이 있다. 그러나 이제 용은 더 이상 개천에서 나오지 않는다. 이제 용은 TV나 유튜브 등 디지털 온라인세계에서 나온다. 포스트 코로나 시대에는 '언택트에서 용난다'라는 말이 새로운 속담으로 자리 잡을지도 모른다. 그렇기에 TV, 유튜브, 모든 SNS를 열고 적극적으로 소통하며 자신을 알려야 한다. 이름을 알리고 얼굴을 알리고 정견을 알리고 정책을 알려야 한다. 언택트 캠페인을 통해 지속적으로 알리고 또 알려야 이길 수 있다.

언택트 캠페인은 기발한 아이디어나 재미있는 홍보, 다양한 콘텐츠가 관건이다. 비대면 접촉을 대면 접촉에 버금가는 소통과 재미로 치환할 수 있다면 언택트 캠페인이 오히려 새로운 정치캠페인으로 각광받을 수 있다. 온라인 정치가 소수정당과 소수파 정치인에게 새로운 기회를 줄 가능성도 높다. 이준석이 이를 증명했다. 청년세대와의 스마트폰 관계 맺기에 집중해 온라인 창당에 성공했다고 밝힌 기본소득당 용혜인 대표도 "거대정당이든 소수정당이든 온라인상의 문법과 소통 방식을 누가 더 잘 이해하느냐에 따라 향후 10년, 20년의 경쟁력이 결정될 것"이라고 말했다.

포스트 코로나 시대 언택트 정치로 대중의 마음을 얻고자 한다면, 온라인 문법과 소통에 눈을 떠야 한다. 이는 새로운 정치의 성패를 가늠하는 중요한 요인이 될 것이다. 포스트 코로나 시대의 정치인들은 어떤 방식으로 온라인 스킨십을 강화해나갈 것인지 지속적으로 고민해야 한다. 여세추이與世推移라고 했다. 세상의 변화에 맞추어 함께 변화해야 살아남을 수 있고 승리의 길을 도모할 수 있다. "우리는 답을 찾을 것이다. 늘 그랬듯이." 미래를 다룬 영화 〈인터스텔라〉에 나오는 대사다. 물에 빠진 사람은 헤엄을 칠 수밖에 없다.

05 달라진 정치지형, 20대 대선의 특징

———————— 날이 저물어가는 시간을 해 질 녘이라고 한다. 해 질 녘은 낮과 저녁의 시간이 바뀌는 타이밍이다. 프랑스에서는 해 질 녘을 '개와 늑대의 시간'이라고 부른다. 해 질 녘은 황혼이 깔리면서 모든 사물이 검붉고 검푸르게 물들어가는 어스름한 시간이다. 낮의 짙은 붉은색과 밤의 짙은 푸른색이 만나 존재의 실루엣을 분명하게 가늠하기 어려운 시간대다. 저 언덕 너머로 한 발 한 발 다가오는 어스름 속의 동물이 개인지 늑대인지 분간하기 어렵다. 과연 나를 반기러 오는 개일까, 나를 해치러 오는 늑대일까?

코로나19에서 포스트 코로나로 넘어가는 시간은 개와 늑대의 시간이다. 불가시성invisibility의 시간이다. 눈 앞이 가려진 것처럼 앞이 잘 보이지 않는 시간은 낯선 것을 마주하는 것처럼 두려움으로 다가온다. 2022년 대선도 낯선 시간들과 함께 시시각각 다가오고 있다. 앞이 잘 보이지 않는다. 누가 다음 정부와 국민을 이끌어갈 대통령이 될 것인가? 누가 여당과 야당의 후보가 될 것인가? 지금까지 거론되던 인물인가, 아니면 제3후보 제3당의 인물인가? 각 진영과 정파를 대표할 후보가 될 인물들이 나의 편인 개가 될 것인가, 나의 적인 늑대가 될 것인가?

다음 대선은 역대 대선에서 볼 수 없었던 낯선 풍경들과 마주하는 시간이 될 것이다. 코로나19가 불러온 일상적 삶의 변화 때문이다. 상황은 바뀌었다. 대전환의 시대가 코앞이다. 지난 대선 때와 같은 적폐청산의 개혁 카드는 이제 코로나19와 포스트 코로나로 인해 앞 물결이 됐다. 개혁의제나 진영 논리를 놓고 진부한 싸움을 벌이는 모습을 대중은 원하지 않는다. 대신 안전과 생존의 문제, 바뀐 삶과 라이프 스타일의 제도적 혁신을 준비하고 미래비전을 중요한 의제로 삼는 인물에게 열광할 것이다. 대선을 향해 뛰는 주자들은 코로나19가 던진 질문에 응답하고, 코로나19가 요구하는 시대적 과제에 답을 내놓아야 한다.

달라진 정치의제만큼 정치지형도 달라질 전망이다. 우선 더불어민주당은 4.7 재보궐선거 패배를 반면교사 삼아 심기일전의 자세로 정권 재창출을 통한 '20년 집권론' 실현을 목표로 뛸 것이다. 국민의힘은 전국 선거에서 내리 4연패라는 수모를 겪은 후

4.7 재보궐선거에서 반전을 일구고, 30대 당대표 이준석을 선출하는 파란을 일으킨 만큼 그 여세를 몰아 '정권심판론'으로 진군할 것이다. 스윙보터로 바뀐 2030세대 붙잡기에 총력을 기울일 것이다. 이 기세를 몰아 대선 승리와 정권 탈환에 사활을 걸 태세이다. 정권 재창출과 정권심판론의 역학 구도에 따라 '현재권력'과 '미래권력' 간의 원심력은 정계 구도와 정치지형의 변화를 불가피하게 할 것이다. 1987년 이후 진보·보수 진영이 총결집해 양자구도로 치러진 대선은 역대 두 번뿐이다. 2002년 이회창과 노무현이 대결한 16대 대선과 2012년 박근혜와 문재인이 맞붙은 18대 대선이다. 13대 대선은 4자 대결구도, 14대 대선과 15대 대선, 17대 대선은 3자 대결구도, 19대 대선은 다자 대결구도로 펼쳐졌다.

'정치는 생물'이라는 말이 있다. 살아 움직이는 것이어서 언제 어디서 어디로 무엇이 어떻게 될지 쉽게 예측하기 어렵다. 마음대로 되지 않는 것이 정치의 속성이다. 1년 사이에도 완승과 완패를 기록하는 것이 정치의 세계다. 2020년 4월에 치러진 21대 총선에서 180석이라는 완승을 거둔 더불어민주당은 2021년 4월에 치러진 4.7 재보궐선거에서 완패를 맛봤다. 천국과 지옥 사이의 시간적 간격은 1년도 채 되지 않았다. 불가능이 가능으로, 가능이 불가능으로 변화무쌍한 것이 정치의 세계다. 그럼에도 불구하고 여론의 흐름에서 보면 2022년의 대선은 몇 가지 특징을 가지고 있다. 대중은 2022년 대선으로 가는 길목에서 대략 다섯 가지 특징과 조우할 것이다.

레임덕 없는 첫 번째 대통령

첫째, 레임덕 없는 첫 번째 대통령을 두고 치러질 선거가 될 가능성이 높다. 1987년 대통령 직선제 도입 이후 역대 대통령들은 모두 집권 4년 차에 예외 없이 레임덕, 즉 권력누수현상을 겪었다. 김영삼 대통령부터 박근혜 대통령까지 모두 집권 4년 차에 이르러 지지율이 급락했다. 한국갤럽이 조사한 지지율 추이를 보면 임기 초반에는 최소 40%대에서 최대 80%대의 지지율을 기록했으나 4년 차에 들어서면서 30%대에서 20%대까지 급락했다. 임기 마지막에는 김영삼 6%, 김대중 24%, 노무현 27%, 이명박 24%, 박근혜 12%(4년 차 4/4분기)라는 초라한 성적표를 받아들었다.

그러나 문재인 대통령은 집권 5년 차에 벌어진 각종 악재에도 불구하고 전직 대통령들에 비해 상대적으로 높은 지지율을 유지하고 있다. 물론 위기도 있었다. 윤석열 검찰총장과 추미애 법무부장관의 갈등이 이슈화되던 2020년 12월에는 40%대의 지지율이 붕괴됐고, 2021년 3월 조사에서는 LH직원들의 땅 투기 의혹과 부동산정책에 대한 여론 악화로 38%를 기록했다.

4.7 재보궐선거 참패 이후에 실시된 한국갤럽 조사에서는 국정 직무평가가 29%까지 떨어지기도 했다. 2점 척도여서 '대체로 긍정' 등의 문항이 없고 '중간 척도'(어느 쪽도 아니다)가 있는 점도 있지만 취임 이후 최저치를 기록한 것은 사실이었다. 그러나 TBS의 의뢰로 한국사회여론연구소KSOI가 2021년 4월 30일 ~5월 1일에 실시한 조사에서는 대통령 국정수행에 대한 긍정적

평가가 39.6%로 나왔으며, 아시아경제의 의뢰로 4월 24~25일에 윈지코리아컨설팅이 실시한 조사에서도 대통령에 대한 정치적 지지도가 46%로 상승한 것으로 조사됐다.

대개 대통령 직무수행에 대한 평가와는 별개로 대통령에 대한 정치적 지지 여부를 묻는 정치적 지지도는 국정운영 긍정평가보다 5~7%p 높게 나오는 경우가 많다. 이는 대통령이 하는 일에는 다소 불만이나 이견이 있지만 정치적으로는 여전히 지지하는 사람들이 존재한다는 이야기다. 대선 풍향 예측에는 대통령 국정운영 평가보다 정치적 지지도가 더 상관관계가 높다. 정권심판론의 강도를 가늠해보는 잣대이기 때문이다. 2021년 6월 14~16일에 한국리서치 등 여론조사 기관 4곳이 실시한 전국지표조사에서는 대통령의 국정운영에 대한 긍정적 평가가 43%를 기록했다.

이처럼 집권 후반기에 문재인 대통령 국정운영 긍정평가가 30%대 후반에서 40%대 중반 사이에 형성되고 있다. 같은 기간 더불어민주당의 지지율은 대략 30% 수준으로 대통령의 지지율을 밑돌았다. 집권 4~5년 차 기준으로 보면 역대 대통령 가운데 가장 높은 지지율을 기록하고 있는 것이다. 그간의 전례로 본다면 이 시기에는 레임덕으로 인해 집권여당과 청와대와의 관계 단절, 미래권력과 현재권력과의 차별화 및 충돌, 권력형 비리, 집권여당 지지율보다 낮은 대통령의 지지율, 공직사회의 복지부동 등이 나타나야 한다. 하지만 문재인 대통령 집권 5년 차에 그런 조짐은 보이지 않는다.

레임덕의 전조나 기인은 악재의 누적이다. 강한 원투 펀치를 두들겨 맞거나 연속적인 잽을 허용하면 대통령도 버텨낼 재간이 없다. 친인척 비리나 측근 비리, 공직자의 부정부패, 인사 실패, 경제 위기, 정책 실패, 선거 참패, 당·청 간의 갈등과 충돌은 레임덕을 가속화한다. 레임덕의 반대라고 할 수 있는 '마이티덕 mighty duck'(힘센 오리, 레임덕이 없는 대통령을 의미)도 있지만 마이티덕을 잘못 행사할 경우 오히려 역효과가 나타나기도 한다. 임기가 정해진 현재권력이 막바지에 과도한 정책이나 권한을 행사할 경우 미래권력의 부담은 커진다.

노태우 대통령은 3당 합당으로 레임덕을 불렀다. 3당 합당은 미래권력의 상징이었던 김영삼에게 당을 장악할 수 있는 빌미를 주었고, 이는 당 내분으로 이어졌다. 이 밖에도 수서지구 특혜 사건과 같은 비리로 국정 장악력과 리더십을 상실해 레임덕을 맞았다. 임기 마지막에는 15%의 지지율로 대통령직에서 하차했다. 김영삼 대통령은 고위공직자 재산공개, 금융실명제와 '역사 바로세우기' 등으로 임기 초기에는 80%대의 높은 지지율로 출발했으나 한보사태와 차남 김현철의 비리로 인한 구속, IMF 외환위기까지 겪으며 지지율이 급락하다 결국 6%로 마무리하면서 사실상 식물 대통령으로 임기를 마쳤다. 김대중 대통령은 사상 최초로 남북정상회담을 성사시켰고, IMF 조기 졸업이라는 성과를 달성했지만 집권 4년 차에 이용호·최규선 게이트 등이 터졌고, 아들들이 비리 혐의로 구속되면서 지지율이 급전직하해 24%의 저조한 지지율로 국정을 마무리할 수밖에 없었다.

노무현 대통령은 2006년 지방선거와 재보궐선거에서 참패하고, 친형인 노건평의 땅 투기 의혹으로 레임덕에서 벗어나지 못했다. '대연정' 제안 등으로 당·청 간의 갈등도 한몫했다. 임기 막바지에는 27%의 지지율을 기록했다. 이명박 대통령은 저축은행 비리사태로 친형 이상득 전 국회부의장이 구속되고 이명박 정부의 실세로 '왕차관'으로 불린 박영준 전 지식경제부 차관의 구속, 최측근이었던 최시중 전 방송통신위원장 등이 비리에 연루되면서 급격한 레임덕으로 내몰렸다. 마지막엔 24%의 지지율로 국정 동력을 상실했다. 박근혜 대통령은 최순실 국정농단사태로 헌정 사상 최초로 임기를 채우지 못하고 탄핵당하는 사태를 겪으며 국정운영 권한을 황교안 당시 국무총리에게 넘겨야 했다. 대통령 재직 시 마지막 지지율은 12%였다.

현재권력이 쥐고 있던 권력의 힘이 빠지면 권력의 추는 급격히 미래권력으로 이동한다. 미래권력의 예비주자들은 권력을 잡기 위해 레임덕에 빠진 현재권력과 차별화에 나선다. 노태우에서 김영삼·김대중으로, 김영삼에서 김대중·이회창으로, 김대중에서 노무현·이회창으로, 노무현에서 이명박·정동영으로, 이명박에서 박근혜·문재인으로, 박근혜에서 문재인·안철수·홍준표로 힘이 이동하는 현상과 이들이 차별화를 내세우는 전략은 오히려 자연스러운 현상이었다.

성공한 미래권력은 현재권력과는 완전히 다른 지점에 자신을 포지셔닝했다. 다른 당으로의 정권 교체는 말할 것도 없지만, 같은 당으로의 정권 재창출도 내용적으로는 사실상 '정권 교체'와 다를 바 없는 성격을 띠었다. 여당 내의 '야당'이 되어야 레임덕에 빠진 현재권력과 차별화가 생긴다. 노태우에서 김영삼, 김대중에서 노무현, 이명박에서 박근혜로의 권력 이동은 정권 재창출이었지만 오히려 정권 교체에 가깝다는 평가를 받았다. 김영삼, 노무현, 박근혜는 당명도 바꿨다. 현재권력 혹은 미래권력 앞에 붙는 '진眞', '친親', '비非', '반反' 등의 접두사는 동질화 내지는 차별화를 외형화한다.

그렇다면 역대 대통령들과 비교하여 상대적으로 문재인 대통령이 임기 후반까지 안정적인 지지율을 유지하는 비결은 무엇일까? 단연 코로나19의 영향에 따른 국민적 위기의식과 여타 국가에 비해 비교 우위로 평가받고 있는 K-방역, K-접종의 효과라고 할 수 있다. 코로나19의 장기화와 K-방역은 위기감에 휩싸인 대중의 애국결집효과를 불러왔고, 정부에 대한 신뢰와 역할이 커지면서 문재인 대통령을 지지하는 팬덤까지 만들었다. 여기에 언제든 다시 위기 상황이 재연될 수 있다는 긴장감이 여전해 어지간해서는 지지율이 빠지지 않는 것이다.

2021년 6월 14~16일에 실시된 전국지표조사에 따르면 정부의 코로나19 방역에 대한 긍정적 시각이 70%를 넘어섰다. 하지만 7월 코로나19 4차 대유행이 번지면서 정부의 방역대응에 대한 긍정평가가 떨어지고 있다. 또 한 번의 위기를 맞은 것이다.

그럼에도 불구하고 대통령에 대한 지지도는 높은 수준으로 유지되고 있으며, 백신 접종이 마무리되면 정부의 방역대응 평가 역시 다시 개선될 것으로 보인다. 대통령 퇴임 때까지 코로나19 이슈는 지속되는 사안인 데다, 재난지원금, 손실보상제 등 다양한 지원책에 대한 카드도 쥐고 있어 정부정책에 대한 관심이 높게 형성될 수밖에 없는 것이다.

현재권력은 미래권력의 지지에 영향을 끼친다. 역대 대통령들이 겪은 경험에 비춰볼 때 집권 5년 차는 미래권력의 시간이다. 미래권력이 내세우는 정견, 정책, 비전이 현재권력의 주목을 뛰어넘는다. 그런데 이번은 다르다. 일시적 지지율 하락은 있을 수 있겠지만 코로나19 대응과 민생 대처를 잘한다면 지지율은 재반등할 확률이 높다. 청와대 인사가 연루된 비리의혹 수사가 일부 남아 있지만 명확하게 드러난 권력형 비리도 아직 없다. 상대적으로 역대 정권에 비해 깨끗한 정부였다고 평가받을 수 있는 대목이다.

레임덕과 지지율은 반비례 관계다. 현재권력의 지지 강도가 유지될수록 미래권력은 차별화에 나서기 어렵다. 따라서 미래권력은 현재권력에 대립각을 세우기보다는 미래비전에 포지셔닝을 하고 포스트 코로나 시대를 대비한 정책과 비전 제시에 방점을 두는 것이 유리할 것이다.

대세론 없는 선거

둘째, 대세론 없는 선거가 될 전망이다. 대세론은 말 그대로 큰 기세나 형세를 형성했다는 말이다. 정치에서 대세론의 위력은 막강하다. 대세론이 힘을 얻으면 상대는 힘이 빠진다. 대중의 심리는 대세론에 영향을 받는다. 대세론에 올라타려는 쏠림 현상이 나타나고 편승효과로 불리는 밴드왜건효과band-wagon effect도 따른다. 선거일이 가까워질수록 마음을 정하지 못한 대중은 이길 것으로 예상되는 후보 편에 서는 경향이 있다. 인간은 다수의 의견에 휩쓸리면서 이기는 편에 서고 싶은 본능이 있다. 이기는 집단의 일원이 되어 그 집단의 표준에 자기를 맞추고 싶은 군중본능(群衆本能, herd instinct)이 발동하기 때문이다. 정치에서 대세론은 대개 상대에게 뒤집힐 가능성이 거의 없다는 조사 결과가 장기간 나타날 경우에 등장한다. 보통 2위 주자와 더블스코어 혹은 30% 이상의 지지율이 6개월 이상 지속될 경우 대세가 굳어졌다고 말한다.

그런데 역대 대통령 선거 사례를 살펴보면 대선 1년여를 앞두고 대세론을 형성했던 인물이 대통령에 당선된 경우는 드물었다. 대세론이 대세로 이어지지 않은 것이다. 대세론의 실체가 없다는 이야기가 나오는 이유다. 1987년 직선제 이후 대세론의 주역이었던 동시에 대통령에도 당선된 경우는 14대 대선에서의 김영삼과 18대 대선에서의 박근혜 정도다. 17대 대선에서 이명박이 압도적인 표 차로 대통령에 당선됐지만 대세론을 형성하지는 못했다. 같은 당의 박근혜와 막상막하의 경쟁을 벌였기 때문이다.

1997년과 2002년 15대 및 16대 대선에서 이회창은 줄곧 대세론의 주인공이었다. 그러나 아들의 병역 비리가 터지면서 대세론을 대통령직으로까지 이어가지 못했다. 2007년의 고건, 2017년의 반기문도 한때 지지율 1위를 달렸지만 얼마 가지 못하고 중도 포기하기에 이르렀다. 실제로 2002년 16대 대선을 1년여 앞둔 2001년 12월의 한국갤럽 조사를 보면 이회창 31.6%, 이인제 7.3%, 노무현 1.6%로 나타났다. 당시 대세는 이회창이었다. 그러나 한 달 뒤 노무현은 새천년민주당 국민참여경선에서 바람을 일으키며 이인제, 정몽준, 이회창을 차례로 누르고 대통령에 당선됐다.

　　대선 전 지지율 1위는 거품과도 같은 것일 수 있다. 대세론에 취해 있거나 지지율 1위 성적표에 빠져 방심하는 일은 삼가야 한다. 끝까지 알 수 없는 것이 선거다. 가까운 사례를 보면 문재인이 19대 대통령으로 당선될 때도 마찬가지였다. 대선 1년 전에 이뤄진 2016년 5월 갤럽조사에서는 안철수 20%, 문재인 18%, 오세훈 9%로 나타났다. 6월 갤럽조사에서는 반기문 26%, 문재인 16%, 안철수 10%로 나타났다. 그러나 결국 대선에서는 문재인이 승리하고 대통령에 취임했다.

　　2020년 초만 하더라도 이낙연은 각종 여론조사에서 지지율 30%대를 넘나들며 대세론을 형성하고 있었다. 2020년 7월 둘째 주 갤럽조사를 보면 이낙연 24%, 이재명 13%, 윤석열이 7%를 얻었다. 8월 더불어민주당 당대표 경선을 앞두고 '어대낙'이라는 말이 떠돌았다. '어차피 대표는 이낙연'이라는 말의 줄임말이다. 그런데 그 말이 무색하게도 이낙연은 당대표에 당선되면서 지지율이 빠지기 시작했다. 게다가 2021년 연초에 두 전직 대통령 사면론을 꺼냈다가 역풍을 맞았다. 결국 이재명에게 역전당하면서 이낙연의 지지율은 당대표 취임 6개월 만에 반토막 수준에 이르렀다. 이후 이재명의 독주가 시작됐지만, 윤석열의 검찰총장 사퇴라는 새로운 변수가 등장했고, 2021년 3월 12~13일에 TBS 의뢰로 한국사회여론연구소가 실시한 차기 대권 주자 적합도 조사에서 윤석열 37.2%, 이재명 24.2%, 이낙연 13.3%를 기록하며 윤석열이 단숨에 1위로 뛰어올라 이재명 독주 체제에도 균열이 생겼다. 4.7 재보궐선거 이후 한국갤럽이 5월 4~6일에 실시한 조사에서는 이재명이 25%, 윤석열이 22%의 지지율을 보이며 이재명-윤석열 양강구도가 형성됐다. 그러다 7월 이후 윤석열의 일련의 실책들, 더불어민주당 예비 경선 과정 등을 거치면서 윤석열이 하락했고, 이낙연은 상승 흐름을 보였다. 일부 조사에서는 이재명, 윤석열, 이낙연 삼강구도가 나타날 정도로 혼전 양상을 보이고 있다.

정치는 '흐름의 싸움'이라는 말이 있다. 지금의 여론조사 1위는 언제 뒤집힐지 모른다. 밤하늘의 혜성처럼 등장했다가 별똥별처럼 사라지는 인물도 많다. 이재명은 한동안 지지율 1위를 달리고 있는 것에 대해 "지지율은 바람 같은 것이어서 언제 또 떠나갈지 모른다"라고 했다. 지금 부는 바람에 올라타서 순풍에 돛을 단 듯 쭉쭉 나간다고 하더라도 언제 어디서 역풍을 맞고 쓰러질지 모른다. 지금의 레이스가 끝까지 유지될 것이라는 보장도 없다. 과거를 돌아봐도 6개월 이상 2위 주자와 더블스코어를 유지했거나 30% 이상의 지지율을 장기간 확보한 주자는 아직까지 없었다. 유력 주자는 있지만 대세 주자는 없다는 얘기다. 아직 대세론이 형성되지 않았다는 것은 언제든 누구에게라도 대권의 가능성이 열려 있다는 이야기다.

셋째, 짧은 경선 기간과 비대면 캠페인이 펼쳐질 전망이다. 4월 초까지는 대선보다 서울시장과 부산시장 재보궐선거에 대중의 관심이 쏠려 있었다. 4.7 재보궐선거 이후 더불어민주당과 국민의힘 지도부가 교체되고 대선을 향한 당 정비와 진로가 언론의 집중을 받으면서 대중의 이목도 자연스럽게 4.7 재보궐선거 이후 양당의 진로에 쏠렸다. 그러다 보니 대선 후보들은 자신을 알리고 출마를 홍보할 시간을 갖지 못했고, 대중도 이들을 바라보고 본격적인 검증에 들어갈 여유가 없었다.

이제 시계는 대선을 향해 빠르게 나아가고 있다. 대선 시간표로 보면 남은 시간이 절대적으로 부족하다. 인지도가 낮고 지지율이 미미한 후보의 경우 자신을 적극적으로 알릴 캠페인을 한층 더 활기차게 전개해나가야 한다. 코로나19로 인한 사회적 거리두기와 집합금지, 비대면 상황을 고려할 때 과거와 같은 조직활동이나 몸으로 뛰고 현장으로 돌아다니면서 수많은 대중을 직접 만나 홍보하기란 현실적으로 불가능하다. 대규모 체육관 유세와 대면 운동밖에 없었던 과거에는 대중들을 직접 만나 눈을 맞추고 손을 맞잡는 '악수의 정치'가 가장 막강한 힘을 발휘했다. 그러나 룰이 바뀌었다. 룰이 바뀌면 바뀐 룰에 따라 열심히 뛰어야 하는 것이 선수다.

2020년 코로나19 팬데믹 상황에서 치러진 미국 대선에서의 캠페인을 벤치마킹할 필요도 있다. 세기의 대결을 펼쳤던 공화당의 도널드 트럼프Donald Trump와 민주당의 조 바이든Joe Biden 후보가 맞붙은 미국 대선전은 주로 온라인에서 이뤄졌다. 트위터, 페이스북, 유튜브 등 SNS가 캠페인의 주요 수단이었다. 미국 정치의 꽃이자 축제의 장이라고 불리는 전당대회도 초유의 언택트 화상 전당대회로 펼쳐졌다. 귀를 찢는 음악, 풍선, 응원도구 등 전당대회를 수놓았던 수많은 도구도 자취를 감췄다. 수천, 수만 명의 당원과 지지자가 모여 떠들썩한 잔치 분위기 속에서 이루어졌던 연설과 박수, 환호, 연호도 사라졌다. 어쩔 수 없이 선택한 유튜브나 페이스북을 통한 원격 생중계나 화상 시스템으로는 당원 간의 뜨거운 가슴을 공유하기에 역부족이었다. 미국 전역에서 몇 시간에 걸쳐 비행기를 타고 오거나 자동차를 몰고 온 열성 지지자들의 마음을 연결하고 메시지를 나누기에는 한계가 있었다.

그러나 팬데믹 상황에서도 정치 마케팅의 새로운 모델을 열어갈 수 있음을 미국 대선에서 확인했다. 민주당 전당대회 첫날 TV 시청률은 코로나19 발생 이전인 2016년 전당대회 시청률보다 25% 정도 줄어들어 대략 1,970만 명이 지켜본 것으로 집계됐다.

반면 SNS 등 디지털 시청자는 크게 늘어 TV와 디지털 매체를 합치면 모두 2,890만 명이 전당대회를 지켜봤다는 결과가 나왔다. 시청자 수는 오히려 늘어난 것이다. 뜨거운 감정을 함께 공유하고 즐기는 대면 접촉 캠페인의 만족감은 느끼지 못해도 더 많은 수의 대중이 온라인에서 연결되어 있었던 것이다.

한국의 경우 2020년 8월에 치러진 더불어민주당 당대표 선출 전당대회가 언택트로 개최됐다. 유튜브를 통한 실시간 유세 중계와 모바일 투표 시스템을 활용해 눈길 끌기에 노력했지만 대중의 뜨거운 관심을 받지는 못했다. 앞으로 치러질 대선 후보 선출 전당대회도 온라인을 통해 이뤄질 것이다. 이제 악수와 박수 속에서, 사자후와 환호가 터지는 환경에서의 유세를 기대하기 어렵게 됐다. 대선 후보를 배출해야 할 정당들은 과거 오프라인에서의 대중 동원 방식을 온라인에 적합한 방식으로 전환할 콘텐츠 개발에 집중할 것이다. 흥행을 고려하여 정당들은 TV토론회 횟수를 크게 늘리고, 국민이 참여하는 검증 방식을 채택하려고 할 것이다. 또한 그와 별개로 후보는 스스로 온라인에서의 새로운 바람을 만들어야 한다.

2002년 첫 국민참여경선을 치른 새천년민주당 전당대회는 모두의 예상을 깨고 노무현이 바람을 일으켰다. 노무현은 국민참여경선이 만들어낸 스타라고 해도 과언이 아니었다. 대선출마를 선언하기 전에는 1~2%대의 지지율을 얻었던 그가 국민참여경선을 통해 마지막에 1위로 등극한 것이다. 2002년의 첫 국민참여

경선은 이전에는 존재하지 않던 새로운 방식이었다. 제주도부터 시작해서 서울까지 올라오는 방식, 후보들의 모든 연설과 그날의 결과가 바로 집계되어 TV를 통해 즉각 발표되고 생중계되는 방식은 지금은 익숙한 모습이지만 당시에는 그야말로 생경한 장면이었다. 전국 순회 경선이 TV를 통해 송출됐고 후보들은 각자 자신의 스타일로 정견과 연설을 대중 앞에 선보였다. 국민참여경선은 TV 앞으로 대중을 끌어들이는 데 성공했다. 생경함은 대중의 흥미를 유발한다. 흥미는 대중의 관심을 끌고, 관심은 지지로 이어진다. 2002년 새로운 전당대회 방식에서 이변을 연출한 노무현은 새천년민주당의 대선 후보를 거머쥐고 마침내 대통령에도 당선된다.

온라인 언택트 정치는 세勢가 약한 언더독underdog 후보를 새로운 강자로 띄울 수 있다. 과거에는 정당, 조직, 자금 등 오프라인에서의 세를 과시할 수 있는 인물이 부상할 수 있었다. 그러나 언택트 캠페인은 과거의 '세'에 구속받지 않는다. 자신의 스토리와 메시지, 정책, 정견, 비전, 감성 등을 가지고 온라인에서 얼마든지 승부를 볼 수 있다. 과거 노무현이 그랬던 것처럼 새로운 환경에서의 메시지 전달력, 연설 능력과 유세 능력, 흡인력, 대중성 등 독보적인 폭발력을 가진다면 새로운 강자로 부상할 수 있다. 이제 온라인 선거, TV토론회, 언택트 캠페인에 사활을 걸어야 한다.

제3지대 딜레마, 특정 정파의 연속 집권 거부 정서

넷째, 윤석열과 제3지대 딜레마가 대선판을 달굴 이슈가 될 것이다. 검찰총장직을 사퇴하고 대선 레이스에 뛰어든 윤석열의 등장으로 정치권은 지각변동을 겪고 있다. 윤석열은 '살아 있는 권력과 싸운 자'로 각인되면서 존재감을 키웠고 중간층에 있는 대중과 정권심판에 동조하는 대중에게 인기를 끌고 있다. 뚜렷한 대선 후보가 없는 보수 진영에서는 윤석열의 등장이 반가울 수밖에 없다. 문재인 대통령을 흔들어놓아야 정권을 잡을 기회가 올 것이라고 판단하기 때문이다. 윤석열은 문재인 정부가 내세우는 공정과 정의의 가치에 맞서 자신의 공정과 정의의 가치를 내세우며 존재감과 지지도를 올렸다.

윤석열의 등장은 정치권에 '제3지대론'의 불도 다시 지피고 있다. 제3지대란 거대 양당이 선점한 공간 밖의 지대를 일컫는다. 이를테면 더불어민주당과 국민의힘을 지지하다가 튀어나온 비판적 대중이나 애초에 두 당을 지지하지 않고 중간지대에서 머물며 대안을 찾던 대중들이 남아 있는 정치 공간을 일컫는다. 한국 정치사에서 제3지대론은 끊임없이 거론되어 왔다. 그러나 실제 정치사에서의 성적표는 좋지 않았다. 특히 대통령 선거에 나선 제3지대 후보는 성공한 사례가 없다.

1992년의 14대 대선에서 제3세력으로 나선 통일국민당의 정주영은 김영삼과 김대중을 위협할 존재로 부각됐지만 실제 득표율은 16.3%로 388만 표를 얻는 데 그쳤다. 김영삼 42%와 김대중 33.8%에 비하면 절반에도 못 미치는 수준이다. 대선에서 패한 이후 정주영의 통일국민당은 대중의 시야에서 사라졌다. 1997년의 제3세력은 이인제가 이끄는 국민신당이었다. 당시 여당이었던 신한국당의 대선 후보 경선에서 패배한 이인제는 독자 후보로 나서면서 큰 반향을 불러일으켰다. 그러나 대선에서 19.2%로 492만 표를 얻어 40.3%을 얻은 김대중과 38.7%를 얻은 이회창을 뛰어넘기에는 역부족이었다. 국민신당은 대선 이후 김대중의 새정치국민회의에 흡수됐다.

2012년 18대 대선에 나선 안철수는 당을 만들지 않고 제3지대에서 힘을 모았다. 안철수는 한때 여론조사에서 새누리당 박근혜와 민주통합당 문재인을 앞서며 1위를 달리기도 했다. 그러나 당시 민주통합당 문재인과 단일화를 앞두고 대선 후보를 사퇴했다. 이후 민주통합당과 합당하면서 새정치민주연합을 탄생시켰고, 당대표까지 역임했지만 20대 총선을 앞두고 탈당해 국민의당을 만들었다. 국민의당은 20대 총선에서 호남과 정당 투표에서 돌풍을 일으켜 38석을 확보했지만, 19대 대선에 나선 안철수는 득표율 21.4%로 문재인 41.1%, 홍준표 24%에 미치지는 못했다.

양당 체제에서 벗어난 제3지대에서 대통령을 노린 정주영, 이인제, 안철수는 정당을 만들어 직접 도전한 경우다. 반면 고건, 반기문 등의 인물은 한때 여론조사 1위를 달리기도 했지만 결국 대선 도전에는 나서지도 못하고 낙마한 경우다. 무소속으로 대선출마를 선언한 윤석열의 앞에 어떤 길이 펼쳐져 있는지는 섣 불리 장담하기 어렵다. 윤석열이 험난한 정치의 길에서 독자적으로 살아남는다면 윤석열은 대선 막바지까지 제3지대에서 국민의힘과 샅바싸움을 펼칠 가능성이 높다. 국민의힘으로부터는 '우리 사람'으로, 더불어민주당으로부터는 '배신자'로 인식되는 윤석열이 과연 마지막까지 양당구도를 흔들 수 있을지가 관건이다. 제3지대가 성공하기 위해서는 약화된 지역주의 구도와 함께 더불어민주당과 국민의힘 양당의 비토층을 최대한 끌어오고 중간층을 흡수해야 한다. 윤석열은 과연 그런 힘을 지속할 수 있을까?

윤석열이 검찰총장직을 사퇴하고 난 후 있었던 리얼미터 여론조사를 살펴보면 흥미로운 지점이 있다. 오마이뉴스 의뢰로 리얼미터가 2021년 3월 9~10일에 실시한 조사에서 윤석열 전 검찰총장이 '제3세력 후보'와 '국민의힘 후보'로 출마했을 때의 투표 의향을 물었다. 결과는 큰 차이가 없었다. '제3세력 후보' 윤석열에 투표하겠다는 응답은 45.3%, 투표하지 않겠다는 응답은 46.1%로 나타났다. 또한 '국민의힘 후보'로 출마했을 때 투표하겠다는 응답은 45.2%, 투표하지 않겠다는 응답은 47.1%로 조사됐다. 윤석열이 제3세력 후보로 출마하든, 국민의힘 후보로 출마하든 지지도에는 영향이 없는 것으로 나타난 것이다. 어느 한쪽으로 힘이 쏠리지 않는 결과는 어느 쪽으로든 가능성의 길이 열려 있다는 것을 의미한다. 동시에 밤잠을 설치는 숙고의 시간도 길어질 것이다. 제3지대에서 새로운 정치지형을 개척할 것인지,

국민의힘에서 차려놓은 밥상에 숟가락을 올리면서 꽃가마를 탈지 선택은 그의 몫이 됐다.

윤석열의 제3지대론 성공 여부는 높은 지지율 유지와 그가 얼마만큼의 정치 리더십을 발휘할 수 있는가에 달렸다. 임명직 검찰총장으로서의 리더십과 스스로 만들고 개척해나가야 하는 정치 리더십은 다르다. 상명하복의 일사불란한 지휘체계를 갖춘 검찰을 이끌었던 경험은 사실상 정치뿐만 아니라 정치, 경제, 사회, 교육, 외교, 안보 등 한 나라를 이끌어갈 식견과 비전을 갖추어야 하는 정치 리더십과는 차원이 다르다. 대중이 묻고 싶은 질문도 다르다. 검찰총장에게 묻는 질문과 차기 대선 후보에게 묻는 질문은 비교도 할 수 없다. 차기 대선 후보에게 묻는 질문에 윤석열이 얼마만큼 답할 수 있는가에 따라 대중의 평가도 달라질 것이다.

넘어야 할 산이 많다. 장모의 구속과 배우자의 과거 행적이 논란이 되었고, 조범동 재판으로 조국의 사모펀드가 권력형 비리가 아닌 것으로 드러나면서 고비가 하나둘 생겨나기 시작했다. 또한 정치 초년생이 겪는 정무적, 정책적 미숙함도 드러나고 있다. 과거 대중적 지지를 받던 고건과 반기문이 중도에서 낙마했던 이유는 시간이 흐를수록 드러나는 정치 경험의 부재와 미숙한 모습에 대중이 지속적인 지지를 보낼 수 없었기 때문이다. 만약 윤석열이 국민의힘에 입당한다면 20대 대선의 제3지대 시장의 문은 더 좁아질 수밖에 없다.

다섯째, 특정 당 정파의 연속 집권 거부 정서가 끼칠 영향이다. 1987년 5년 단임 직선제 이후 한국 대선에서 정권 재창출과 정권 교체는 모두 세 차례 있었다. 10년 주기로 정권 재창출과 정권 교체가 이뤄져 '10년 정권'과 '10년 정권 교체설'이 정치권의 정설로 자리매김했다. 13·14대의 노태우·김영삼, 15·16대의 김대중·노무현, 17·18대의 이명박·박근혜, 19대의 문재인으로 이뤄지는 정권 창출 과정이 10년 주기설과 10년 교체설로 설명될 수 있기 때문이다. 그런데 재미있는 현상은 정권 교체는 당연하지만 정권 재창출도 같은 당내에서 이뤄졌음에도 모두 정권 교체와 같은 느낌을 줬다는 것이다. 노태우에서 김영삼으로, 김대중에서 노무현으로, 이명박에서 박근혜로 이어지는 정권 재창출이 현재권력의 리더십을 잇는 후계자의 모습이라기보다는 현재권력의 리더십과 상반된 이질적 존재로 여겨진 것이다.

같은 정파나 계보에서 정권 재창출로 이어진 경우가 없었다. 군사정권의 상징이었던 노태우에서 민주화운동의 상징인 김영삼으로의 정권 재창출, 호남과 역시 민주화운동의 상징이었던 김대중에서 경남의 변호사 출신의 소수파 노무현으로의 정권 재창출, 서울시장을 거치며 소위 MB계의 수장이었던 이명박에서 박정희의 딸로 보수의 상징이었던 박근혜로 이어지는 과정은 한마디로 동일 정파 혹은 비슷한 성격의 리더십을 갖춘 후계자가 아니었다. 당시의 현재권력과 일정 부분 이상 긴장 관계를 유지한 채 대척점에서 각을 세우고 존재감을 과시했던 이단아에 가까웠다.

당내에서 이단아를 받쳐줄 만한 리더십이 형성되면 정권 재창출로 이어졌고 그렇지 못한 경우는 정권 교체를 맞았다.

2022년 대선도 10년 주기설의 경로를 밟을 것인가? 10년 주기설이 2022년 20대 대통령 선거에도 적용된다면 그 후보는 더불어민주당에서, '친노·친문' 적자가 아닌 다른 후보가 선출될 가능성이 높다. 더불어민주당 내에서는 '친노·친문'의 연속 집권에 거부감을 표시하는 정서가 적잖게 존재한다. 이른바 묻지마식 '친노·친문' 정서는 통하지 않는 분위기다. 적어도 역량과 본선 경쟁력이 뒷받침되어야 한다는 것이다. 더불어민주당 내 가장 큰 지분을 갖고 있는 '친노'가 다시 '친노' 후보를 배출하기 위해서는 정서의 벽을 뛰어넘어야 한다.

2002년 노무현의 당선 이후 2012년과 2017년 대선에서도 친노 적자라고 할 수 있는 문재인이 후보로 선출됐다. 2012년에는 당내에서 비노의 상징이었던 손학규를 꺾었고, 2017년에는 친노 안희정과 비노 이재명을 넘었다. 2022년 대선에서 친노 적자가 나선다면 세 번째 연속 도전인 셈이다. 김경수, 유시민, 이광재, 김두관 등이 친노 적자로 거론되지만 사실상 친노, 친문의 적자는 유시민, 김경수 정도다. 그러나 김경수는 출마를 할 수 없게 되었고 유시민은 정치와 거리를 두고 있어 정계 복귀 가능성이 낮은 상태다.

차기 대선 후보로 친노 적자를 대표할 만한 확실한 선수가 없다는 것이 더불어민주당 내의 중론이다. 범친노 지지층이 이낙

연, 정세균 등 제3후보를 지지하거나 아니면 각자 지지 후보를
선택해 각개전투로 나갈 공산이 더 커 보인다. 결선투표에서 연
대를 통해 역전을 준비하는 시나리오도 가능하다. 더불어민주당
경선에서 친노의 영향력은 여전히 존재한다. 직접 후보를 배출하
거나 혹은 후보를 배출하지 못하더라도 연대나 제휴를 통해 그
들이 지지하는 인물이 이재명과 대등한 수준에서 경쟁할 능력은
갖추고 있다고 봐야 한다. 더불어민주당의 존립 가치와 지분을
가장 많이 공유하는 정파가 바로 친노 그룹이기 때문이다.

하지만 친노도 분화하고 있다. 친노 중에서도 이재명을 지지
하는 이들이 늘어나고 있어 친노 세력이 단일대오를 형성할 가
능성은 매우 적다. 특히 이해찬 지지 세력이 '민주평화광장'이라
는 조직을 통해 이재명 캠프로 대거 합류했다. 친노 좌장인 이해
찬이 이낙연, 정세균, 이광재가 아닌 이재명을 선택한 것이다. 이
는 차기 대선 과정에서 친노·친문의 분화를 상징한다. 이해찬의
이재명 지지는 경선 후 당내갈등을 봉합하고 단일팀으로 본선을
뛰기 위한 사전 포석으로 보인다. 노무현 정부와 문재인 정부의
청와대 출신 장관 인사들이 이재명, 이낙연, 정세균 캠프로 각각
흩어졌다. 이번 더불어민주당 대선 경선에서 노무현, 문재인 마
케팅은 위력을 발휘하기 쉽지 않을 전망이다.

2022년 3월 대선 가도를 향한 주사위는 이미 던져졌다. "주사
위는 던져졌다"라는 말은 기원전 49년 율리우스 카이사르Gaius
Julius Caesar가 군대를 이끌고 루비콘강을 건너 로마로 진격하면

서 했던 말이다. 카이사르는 루비콘강을 건너면 로마의 국법을 어기고 다시는 되돌릴 수 없는 내전으로 치닫게 될 것을 알았다. 그럼에도 불구하고 모든 것을 걸고 루비콘강을 건넜고 결국 승리했다. 카이사르는 "왔노라, 보았노라, 이겼노라"며 승리의 감격을 표현하기도 했다. 2022년 3월 대선 가도를 향해 달리는 주자들도 다시 돌아올 수 없는 길, 루비콘강을 건너겠다는 각오로 임해야 한다. 한국 정치는 승자독식, 패자전몰의 구조다. 한 번의 승리로 모든 것을 얻고, 한 번의 패배로 모든 것을 잃을 수 있음을 잊지 말아야 한다.

★

②

민심을 움직이는 과학, 선거

06 예측 가능한 선거는 과학이다

———————— "나에게 충격적인 것이란 없소. 난 과학자니까."

과학에 관한 명언을 찾아보다가 발견한 흥미로운 말이다. 이 말은 과학자가 아닌 영화배우 해리슨 포드Harrison Ford가 출연한 영화 속 대사로 과학에 대한 정의와 이해, 신뢰를 촌철살인으로 표현한 말로 꼽힌다. 검증된 보편적 원리나 법칙을 중요시하는 과학의 세계에서 충격은 드물다. 과학은 예측이 가능하기 때문이다. 과학의 세계에서 예측 불가능한 우연이란 없다. 과학은 우연을 발견하는 학문이 아니라 필연을 도출해내는 학문이다. 연구실이나 실험실에서 이뤄진 수많은 연구와 실험의 데이터는 필연을 만들어낸다.

선거도 과학이다. 정치컨설팅계의 선구자로 불리는 미국의 정치컨설턴트 조지프 나폴리탄Joseph Napolitan도 일찍이 "선거는 과학"이라고 확언했다. 그는 나라마다 정치, 문화적 특성이 다르고 언어의 차이도 있지만 선거 캠페인의 목적은 오직 하나, "유권자가 상대 후보가 아닌 우리 후보에게 투표하도록 설득하는 것"이라고 했다.

선거는 우연이 아니라 필연이다. 선거 결과는 하루아침에 만들어지는 것이 아니다. 승리도 마찬가지다. 대통령은 무당의 점괘로 만들어지지 않고, 운명의 신화로 당선되지 않는다. 인물, 조사, 전략, 정책, 홍보, 조직 등 선거를 이루는 여러 요소가 합리적으로 잘 맞아떨어지고 인과 관계가 성립되어야 이길 수 있다. 선거 결과를 두고 흔히 '민심이 무섭다', '민심은 알 수 없다'라고 하지만 이는 민심을 잘 몰라서 하는 말이다. 민심을 깊이를 알 수 없는 심연 같은 존재로 보기 때문에 민심이 무서운 것이다. 깊이를 알면 무섭지 않고 충격적이지 않다.

민심은 알 수 있다. 데이터가 그것을 증명한다. 민심과 표심의 향방은 일정한 흐름을 띤다. 추세가 있는 것이다. 여러 사람이 모인 대중의 마음도 마찬가지다. 대중의 마음은 한순간에 이리저리 움직일 만큼 가볍지 않다. 한 군데 꽂히면 잘 변하지 않는다. 쉽게 변심하지도 돌변하지도 않는다. 그래서 사람의 마음, 대중의 심리를 알면 선거를 예측하는 것은 어렵지 않다. 대중의 마음은 투표지에 고스란히 투영되기 때문이다.

정성과 정량이 결합된 과학적 조사와 예측 시스템

2020년 4월 15일에 치러진 21대 총선은 한 편의 드라마 같은 선거였다. 선거 캠페인의 과학적 진일보와 새로운 플랫폼의 등장을 예고하는 선거였다. 더불어민주당의 180석 압승은 그래서 전혀 충격적이지 않았다. 180이라는 숫자는 충분히 예측 가능했고, 기대 범주 안에 있던 수치였기 때문이다. 주기적인 여론조사를 통해 투표 의향층이 분석되었고 어떤 정당, 어느 후보에게 투표할지 꾸준한 조사를 통한 데이터가 구축되었으며, 이러한 결과는 낱낱이 발표됐다. 각 언론사들은 여러 여론조사 기관에 의뢰한 조사 결과와 데이터를 공표했다. 여론조사 공표 금지 기간을 말하는 이른바 '깜깜이' 때도 공표만 하지 못했을 뿐 조사는 계속됐고 데이터는 속속 만들어졌다.

더불어민주당과 미래통합당 등 각 당의 전략을 담당하는 부서나 소속 연구원에서도 여론조사 기관에 의뢰해 자체 조사를 지속적으로 진행했다. 정당 지지율과 예상 득표율, 지역 의석수와 비례정당 지지 여부를 포함한 전국 의석수 예측도 시시각각 이뤄졌다. 판세 분석을 통해 우세 지역과 열세 지역, 접전 지역이 분류되고 대응 전략도 마련됐다. 격전지나 취약 지구에 어떤 메시지와 캠페인이 막바지 선거전에 유리할지 철저히 계산됐고, 실행에 옮겨졌다. 투표율과 선거 결과의 향방은 이미 예견된 것이나 다름없었다.

민심의 흐름을 간과한 전망도 있었다. 코로나19로 인해 투표율이 저조할 것이라거나, 코로나19에 취약한 60대 이상의 투표율이 상대적으로 낮을 것이라는 등의 예측이 있었지만 모두 표적 밖으로 빗나가고 말았다. 21대 총선의 사전투표율은 26.69%로 2014년 시작된 이래 역대 최고치를 기록했고, 전국 투표율도 66.2%를 기록했다. 1992년 14대 총선 당시 전국 투표율 71.9% 이후 28년 만에 가장 높은 투표율을 보였다. 코로나19로 인해 투표율이 낮을 것이라는 일각의 전망과는 달리 오히려 높은 투표율을 보였다. 코로나19로 인해 정치에 대한 대중의 관심이 어느 때보다 높아진 것이다. 대구가 그런 사례였다. 신천지로 인해 코로나19 집단감염이라는 곤욕을 치렀던 대구는 67%라는 이례적인 투표율을 기록했다. 20대 총선 때 54.8%로 전국 최하위 투표율을 보였던 대구였다.

4.15 총선이 가까워질수록 더불어민주당과 미래통합당을 비롯한 각 정당과 언론사, 정치평론가, 조사전문가 등이 총선의 지형과 판세를 분석하고 나름대로의 예측치를 내놓았다. 설왕설래가 이어졌다. 믿고 싶고 보고 싶은 대로 조사를 하거나 조사 결과를 놓고 각자의 입맛에 맞게 해석하는 편향성도 나타났다. 사실관계나 데이터도 확인하지 않고 주관적 판단이나 희망적 관찰에 근거를 둔 채 마음 가는 대로 말하고 행동으로 옮기는 유튜버들도 난립했다. 모두 과학적 근거나 합리적 조사와는 무관하게 자신의 지지 성향대로, 혹은 지지 정당이 승리하거나 선전하기를 바라는 개인적 사심에 현혹된 결과였다.

덴마크 심리학자 에드거 루빈Edger Rubin이 고안한 '루빈의 컵'이라는 그림이 있다. 분명 '술잔'을 그린 그림인데 잠시 눈을 감았다가 뜨면 그 순간 술잔이 아니라 '마주한 두 사람의 옆모습'으로 보이는 그림이다. 루빈의 컵은 하나의 상황을 두고도 주관적 해석이 개입하면 결국 다른 인식을 낳는다는 인간 인식의 한계를 설명해준다. 같은 그림이 서로 다른 모습으로 보일 수 있다는 사실은 인간의 의식과 인식이 완전하지 않거나 완벽하지 않다는 사실을 입증해준다. 동일한 사건과 결과를 두고도 내가 믿고 싶은 것만 믿고 혹은 내가 보고 싶은 것만 보고 이해하는 것, 이것이 바로 인간의 심리가 가진 특성 가운데 하나다.

4.15 총선 투표가 끝나고 투표함이 열리자 우리의 과학적 조사와 예측, 분석이 적중했음을 확인할 수 있었다. 물론 오차 범위 내에서다. 사전투표율, 최종투표율, 정당 의석수, 격전 지역 판세 등을 예측하기 위해 단순 지지도를 측정하는 정량조사와 대중의 심리를 들여다보는 정성조사(심층면접조사, FGI)를 함께 진행한 것이 적중도를 한층 더 높여준 주요 요인이었다. 정성조사는 정량조사에서 파악하기 힘든 대중의 심리를 깊이 있고 세심하게 들여다보면서 표심도 읽어볼 수 있는 짜릿함도 선사한다. 정성조사를 곁들이지 않으면 대중의 기저에 흐르는 정서나 숨결을 간과하기 쉽다.

정량조사와 정성조사를 종합한 예측은 비교적 정확하게 들어맞았다. 본격 선거운동 기간 전부터 이뤄진 조사와 데이터를 바탕으로 분석하고 예측한 사전투표율 25%, 최종투표율 66%, 더불어민주당 지역구 의석수 150~163석(실제 163석) 등의 전망은 대부분 근사치에 접근해 있었다. 사전투표 호응도는 더불어민주당이 압도할 것으로 일찍부터 예측하고 있었다. 휴대폰 가상번호(안심번호)를 이용한 조사 결과에서 더불어민주당 지지자가 미래통합당 지지자에 비해 사전투표 참여율이 두 배 정도 높다는 점이 드러났기 때문이다.

'숨은 표'의 비율을 어느 정도로 잡을 것인가가 예측의 여러 변수 중 중요한 사안으로 작용한다. 숨은 표는 조사에서 잘 잡히지 않기 때문이다. 숨은 표가 위력을 발휘했던 때가 있었다. 2010년 지방선거의 숨은 표는 선거 결과를 극적으로 반전시킬 만큼 위력을 발휘했다. 개표해보니, 10%가량의 표가 실제 조사 결과와 달리 숨어 있었던 것으로 드러났다. 당시 유선전화를 기반으로 한 여론조사는 민심을 정확히 측정하는 데 한계를 보였다. 휴대폰 보급률이 90%를 넘었지만, 조사는 유선전화 조사 위주로 할 수밖에 없었다. 선거법상 정당 외에는 휴대폰 가상번호를 자유롭게 사용할 수 없었기 때문이다. 휴대폰 가상번호를 이용할 수 없었던 조사에서는 직장인과 20대의 민심을 제대로 파악하기가 어려웠다. 그러나 2020년 21대 총선에서는 정당과 언론사가 조사의 주체가 될 경우 휴대폰 가상번호의 사용이 가능했다. 때문에 여론조사 환경의 변화, 즉 휴대폰 가상번호를 이용한 여론조사의 활성화는 숨은 표의 위력이 크게 작용하지 않을 것으로 보였다.

미래통합당에서는 미련을 버리지 못하고 있었다. 대놓고 보수라고 말하지 못하는 일명 '샤이보수'에 대한 기대가 컸기 때문이다. 그들은 10% 내외의 샤이보수층이 숨어 있을 것으로 예측하고 있었다. 하지만 우리의 조사결과는 달랐다. 휴대폰 가상번호로 조사했을 때 3% 정도가 샤이보수층이 될 것으로 보였고, 그 3%는 큰 변수로 작용하지 않을 것으로 파악됐다. 결국 미래통합당은 여론조사를 믿지 않았고, 민심과 표심을 잘못 읽는 오판을 하고 말았다. 반면 2021년 4.7 재보궐선거에서는 정반대의 상황이 벌어졌다. 여론조사상 국민의힘 후보가 크게 앞서가자 더불어민주당은 샤이진보층의 존재가 약할 것으로 전망하며 여론조사를 믿지 않으려고 했다. 하지만 결과는 여론조사대로 국민의힘의 압승이었다.

과학적 예측과 새로운 개표방송의 등장

21대 총선 당일인 4월 15일 아침 김어준이 진행하는 TBS 〈김어준의 뉴스공장〉에 출연해 투표율 66%, 민주당 의석수 148~162석 사이가 될 것이라는 전망을 내놓았다. 하지만 방송 3사는 다르게 전망했다. 이날 오후 6시 15분에 발표된 방송 3사의 출구조사 결과를 보면 KBS는 더불어민주당이 155~178석을 가져가고, 미래통합당이 107~130석 사이를 얻을 것으로 예측했다. MBC는 더불어민주당이 153~170석 정도를, 미래통합당이 116~133석 정도 가져갈 것이라고 보았고, SBS는 더불어민주당이 154~177석을, 미래통합당이 107~131석을 얻을 것으로 전망했다.

방송 3사의 출구조사는 대체로 의석수 범위를 넓게 잡았고, 더불어민주당의 의석수도 낮게 잡는 경향을 보였다. 이는 더불어민주당 지지층이 압도할 것으로 예상했던 사전투표율이 출구조사에 제대로 반영되지 않은 결과로 분석됐다. 우리의 분석은 정확했다. 출구조사로 당락이 뒤바뀐 곳은 14곳에 이르렀고, 이 가운데 11곳에서 더불어민주당 후보가 승리했다. 출구조사의 오차가 컸던 것은 사전투표 예측에 실패한 결과였다.

개표방송에서도 대중의 시선을 압도하지 못했다. '박시영의 눈'을 방송한 유튜브 채널 〈김용민TV〉는 개표방송에서도 방송 3사보다 빠른 결과를 전하며 주목을 끌었다. 방송 3사가 선관위와 선관위 집계를 인용하는 과정을 거쳐 방영하는 반면, '박시영의 눈'은 현장에 있는 참관인과 관계자들에게 직접 득표수를 확인하고 입수해 실시간으로 소식을 전했다. '박시영의 눈'이 한 시간 정도 더 빨랐다. 당연히 시청자들의 관심은 '박시영의 눈'으로 쏠렸다. 시청자들은 공중파 방송보다 한 시간 더 빠른 집계에 열광했고, 현장에 있는 참관인에게 직접 전화로 확인하는 모습을 실시간으로 보며 시원함을 느꼈다.

4월 16일 새벽, 개표 막바지에도 엎치락뒤치락하며 쉽게 승부를 가늠하기 어려웠던 경합 격전 지역 후보들의 당락도 과감하게 예측했다. 고민정(서울 광진구을), 김병욱(경기 성남시분당구을),

정춘숙(경기 용인시병), 김남국(경기 안산시단원구을), 최인호(부산 사하구갑) 후보가 막판에는 역전하리라 예측했고, 이 예상은 적중했다. 마지막까지 개표 현장에 있는 참관인들과 관계자들에게 일일이 전화를 돌리며 사전투표함의 개함 여부, 미개표 투표함 지역 등을 확인했다.

총선 기간 이뤄진 공표, 비공표용 조사 데이터의 추이를 비교 분석하며 예상 득표치를 추정했고, 결국 최종 승자를 정확하게 예측해낸 것이다. 수십억 원을 들인 방송 3사의 예측 시스템과 수많은 전문가들이 '박시영 폰' 하나를 이기지 못했다는 말이 흘러나왔다. 밤을 새워가며 개표방송을 진행했던 〈김용민TV〉는 누적 조회수 100만 회를 넘기는 진기록을 달성했다. 선거 개표방송 사상 최초의 일이었다.

선거 결과를 예측하고 적중시킨 것은 사실 21대 총선뿐만이 아니다. 더 거슬러 올라가면 2016년 20대 총선, 2018년 19대 대선과 더불어민주당 경선, 2018년 지방선거 등 내리 네 차례의 전국선거도 근접하게 예측했다. 2016년 20대 총선 당시에는 많은 조사전문가와 정치평론가들이 새누리당의 압승을 예상했지만, 그때도 우리는 조사 데이터를 기반으로 새누리당 과반 붕괴를 예측하고 더불어민주당 선전을 예상했다. 2017년 더불어민주당 대선 후보 경선 때도 문재인, 안희정, 이재명 후보가 1, 2, 3위를 할 것으로 예측했고 지역별 득표율까지 1%p 오차로 적중시켰다.

현대전은 과학전이다. 선거도 마찬가지다. '루빈의 컵'처럼 민고 싶고 보고 싶은 대로만 판단하고 주관적 견해나 지극히 사적인 경험에 의존해서는 표를 얻지 못한다. 과학적 방법을 통해 선거를 치러야 한 표라도 더 얻을 수 있다. 한 표라도 더 얻기 위해서는 대중의 심리를 파악해야 한다. 이를 기초로 선거 전략을 짜고 승리를 위한 캠페인을 펼쳐야 한다. 이는 선거 전략의 기본이다. 여론은 민주주의를 이루는 근간이다. 여론조사는 선거전에서 필수불가결의 과학이다. 물론 여론조사가 모든 것을 예측하거나 완벽하게 적중시킬 수는 없다. 과학이 모든 것을 다 해결하고 의학이 모든 질병을 다 치료하지 못하는 것처럼 여론조사도 대중의 심리를 온전히 읽는 만병통치약은 아니다. 그러나 문제 해결을 위해서는 과학을 찾고, 질병 퇴치를 위해서는 의학을 찾듯 선거 역시 대중의 요구사항을 풀어주는 정치적 목적을 달성하기 위해서는 과학의 문을 두드려야 한다.

07

전략 없이는
승리도 없다

전략은 승리로 가는 티켓이다. 전략은 모든 것의 시작이자 끝이다. 입구 전략이 있고 출구 전략도 있다. 과거의 전략은 전쟁을 지휘하는 것, 지배하는 것, 이끄는 것의 의미를 포괄해왔다. 지금의 전략은 전쟁이나 국가 혹은 기업에서 중대한 결정을 내릴 때뿐만 아니라 우리가 살아가는 삶의 일상에도 적용된다. 생존 전략, 경영 전략, 영업 전략, 판매 전략, 입시 전략, 취업 전략, 연애 전략 등 삶의 중요한 판단과 결정의 시간에는 누구나 각기 나름대로의 전략을 짜고 사용한다. 그러므로 전략은 인간의 삶 자체를 아우르는 사고와 행동의 지배적 판단의 근거가 된다. 인간사에서 승부가 갈리는 곳이라면 언제나 전략이 존재했다.

사활과 존폐가 걸려 있기 때문이다.

선거도 마찬가지다. 선거는 승부를 가리는 전쟁이다. 전략 없이 전쟁에 나서는 것은 모든 것을 잃을 수 있음을 간과한 무모한 도전이다. 아무리 흥미롭고 대중의 이목을 끄는 캠페인을 전개한다고 하더라도 전략이 없거나 전략이 잘못됐다면 그 선거는 실패할 가능성이 높다. 실패한 선거는 대중의 뇌리에서 곧 잊히고 만다.

선거는 오직 승리를 목표로 하기 때문에 패배한 캠페인은 반면교사라는 교훈은 줄 수 있을지언정 역사가 되지는 못한다. 교훈도 승리의 교훈이 아닌 패배의 교훈이 되는 것이다.

누가 언제 어디에서 무엇을 어떻게 하든 승리로 가는 길목에는 늘 전략이 있고, 그 전략은 가장 근본적인 지위를 차지한다. 전략은 선택이고 집중이다. 전술이 수시로 바뀔 수 있는 것이라면 전략은 쉽게 바뀌어서는 안 되는 것이다. 전략은 단기적이고 피상적인 것이 아닌 장기적이고 본질적인 것이기 때문이다. 전략은 증상보다는 원인을 파악해 근본적인 처방을 내리는 것이다. 그래서 전략가는 나무보다는 숲을 보는 능력을 갖추어야 한다.

그렇다고 전략을 너무 어렵게 생각할 필요는 없다. 아무리 강자라도 누구에게나 약점은 존재하고, 아무리 약자라도 누구에게나 강점은 있게 마련이다. 최상의 전략은 상대의 약점을 파악하고 나의 강점으로 상대를 제압하는 것이다. 성경의 전도서 9장 11절에 "빠른 자라고 해서 반드시 경주에서 승리하는 것은 아니며 강한 자라고 해서 반드시 전쟁에서 승리하는 것은 아니다"라는 구절이 있다. 좋은 전략은 강자든 약자든 현재의 상황을 전복시켜 승리의 길로 이끄는 것이다.

정치와 선거라고 예외일 리 없다. 공직후보자를 계획하거나 출마를 준비하는 사람이라면 지금이라도 책상 앞에 앉아 전략서를 만들어야 한다. 조지프 나폴리탄은 "만약 전략이 문서화되어 있지 않다면 전략이 없는 것이나 마찬가지다"라고 말했다. 전략은 문서화해야 한다. 한 장짜리로라도 만들어야 한다. 선거전에 뛰어들고 선거 출마를 계획하는 사람이 최소한 한 장짜리 전략서도 만들어놓지 않았다면 선거를 그저 한 번 즐기다 말 낭만적인 피크닉 정도로 여길 가능성이 높다. 선거 전략은 장황할 필요가 없다. 한 장짜리로도 충분하다.

지금 이 시대는 어떤 시대인가?

대중이 바라는 것은 무엇인가?

나는 누구인가? 나의 강점과 약점은 무엇인가?

나는 이 시대와 대중을 위해 무엇을 할 것인가?

어떻게 싸울 것인가? 누구랑 싸울 것인가?

무엇으로 싸울 것인가?(인물인가? 정책인가? 정치인가?)

어떤 메시지를 낼 것인가?

대중의 뇌리에 무엇을 남길 것인가?

사실 이 정도의 물음에 답할 수만 있어도 개략적인 전략은 나온 것이나 마찬가지다. 큰 틀은 잡힌 것이다. 전략이란 거창한 그무엇이 아니다. 복잡할 필요도 없다. 조사(시대정신, 대중심리, 선거상황)와 설계(무엇을 어떻게 할 것인가), 행동(캠페인)은 단순하게 이어져야 한다.

대중은 복잡한 게임을 원하지 않는다. 만약 복잡한 것이라 하더라도 이를 단순하게 만들어줄 사람을 원한다. 대중은 복잡한명분, 복잡한 문제, 복잡한 방법보다 단순하고 명쾌한 것을 원한다. 단순한 것이 쉽고 단순한 것이 강한 것이다. 조지프 나폴리탄을 다시 언급하면 그는 "선거 캠페인은 단순해야 한다. 먼저 무엇을 말할 것인가를 생각하고, 그것을 어떻게 말할 것인가를 생각하고, 그런 다음 말을 한다"라고 꼬집었다. 선거에서 단순한 것의 힘만큼 강한 것은 없다.

나는 내 방식대로 싸운다, SWOT 전략

골리앗을 무너뜨린 다윗의 전략도 단순했지만 강했다. 골리앗이라는 강자는 사실 별다른 전략을 가지고 있을 필요가 없다. 자신의 강점인 우월한 힘과 자원(무기)을 적절하게 사용하고 배치하면서 이겨온 싸움의 경험을 다시 이어가면 되는 일이다. 그러나다윗은 전략을 가지고 있어야 한다. 다윗이 아무런 전략 없이 나선다면 골리앗과의 싸움은 애초부터 불가능한 것이다. 다윗은 자신이 거인이 아니기 때문에 거인의 방식으로는 절대 골리앗을 이길 수 없다는 사실을 예감했다. 전략의 출발점이다. 사울이 준 견고한 갑옷과 빛나는 칼을 거부한 채 돌멩이 하나만을 들고 나선 것은 바로 그 때문이다. 갑옷과 칼로 무장을 해본 적이 없는 양치기 다윗에게 갑옷과 칼은 오히려 자신에게 불편과 위해를 주는 대상일 뿐이다.

다윗의 전략은 자신의 강점을 최대한 살려 상대의 약점을 집중공략한 데 있었다. 다윗의 승리 요인은 기습과 정확성 그리고 명분이라고 할 수 있다. 골리앗의 싸움이 상대를 죽이고 전투에서 승리하는 것이었다면 다윗의 싸움은 신과 자신의 조국을 지키는 것이었다. '신의 이름으로'라는 다윗의 출사표는 다윗의 출전에 더할 나위 없는 명분을 주었다.

다윗은 골리앗보다 몸이 가벼웠기에 골리앗보다 빠르게 움직일 수 있었고, 골리앗이 미처 대응에 나설 틈도 주지 않은 기습을 노릴 수 있었다. 다윗은 재빠른 몸놀림으로 돌멩이 하나를 정확히 던져 골리앗의 이마를 가격했고, 돌에 맞아 쓰러진 골리앗의 몸에 올라타 골리앗의 칼로 골리앗을 찔렀다. 재빠른 다윗의 정확한 무릿매질 앞에 거인 골리앗은 무력했다. 대적할 상대 하나 없던 거인의 몸은 작은 소년의 기습 앞에 고꾸라지며 짓밟히고 말았다. 다윗은 기습과 정확성이라는 자신만의 강점을 무기로, 또 누구도 부정할 수 없는 명분으로 이겼다. 기존 법칙을 거부하고 완전히 새로운 창조적 전략으로 승리를 이끈 것이다. 다윗은 승자가 됐고, 역사에 기록됐다.

약자의 전략이라고 불리는 '언더독 전략'이 창의적이고 혁신적이며 매력적인 것은 바로 상대의 강점을 역이용해 약점으로 전환시키며 승리를 거머쥐는 것에 있다. 언더독 전략이 성공했을 때 대중들은 흥분한다. 약자가 강자를 이겼다는 것은 그 자체로 멋진 스토리를 담고 있고 대중의 감동을 끌어낸다. 승산이 없어 보이던 약자가 승리의 전주곡을 울릴 때 대중이 이에 편승하는 밴드왜건효과는 극대화된다.

이길 수 없는 전쟁에서 이긴 중국의 마오쩌둥毛澤東도 언더독 전략과 밴드왜건이 승리의 기폭제였다. 마오쩌둥은 "적이 공격하면 퇴각하고, 적이 정지하면 교란하고, 적이 회피하면 공격하고, 적이 퇴각하면 추격한다敵進我退, 敵停我擾, 敵避我攻, 敵退我追"라는 '16자 전법'을 펼치며 일본과 싸워 이겼고, 미국이 배후로 있던 장제스莊介石의 국민당 군대와 싸워 이겼다. 1년 6개월 동안 1만 2,000km를 걸으며 중국을 가로지른 대장정 전략은 승리로 가는 고난의 행군이었으며 농민을 우군으로 만든 밴드왜건이었다. 마오쩌둥이 펼친 약자 전략, 16자 전법의 게릴라전을 중국의 군사 역사학자 마쥔馬駿 교수는 이렇게 정의한다. "너는 너의 방식대로 싸워라. 나는 나의 방식대로 싸운다."

국력과 경제력에서 몇백 배의 차이를 보였던 미국과 싸워 이긴 베트남의 국부 호찌민胡志明과 '붉은 나폴레옹'으로 불린 보응우옌잡 武元甲도 약자 전략과 나의 방식대로 싸운 전략의 대가들이다. 호찌민은 "변하지 않는 하나의 원칙으로 만 가지 변화에 대응한다"라는 '이불변응만변以不變應萬變' 원칙을 고수했다. 결코 타협하거나 물러설 수 없는 하나의 원칙을 기반으로 닥쳐오는 수만 가지 변화에 유연하게 대응한다는 전략은 능수능란한 후속 전술로 이어졌다. "적이 전면전을 원하면 국지전으로 대응하고, 속전속결을 원하면 지구전으로 대응하고, 정규전을 원하면 비정규전으로 대응한다"라는 비타협적 게릴라전은 약자 베트남이 강자 미국에 맞서 싸울 수 있는 유일무이한 전략이었다. 나의 강점을 바탕으로 상대의 강점이자 동시에 약점을 집중공략한 기법은 베트남에 승리의 월계관을 씌운 최고의 전략이 됐다.

하버드 비즈니스 스쿨이 전략적 분석을 위해 개발한 SWOT 분석은 기업이 경영 전략을 기획하고 최적의 전략을 수립하기 위해 흔히 다루는 분석 전략의 교과서다. SWOT 분석은 조사를 통해 마련한 기업의 환경 분석을 바탕으로 내부 능력, 즉 나의 강점strengths과 약점weakness, 외부 환경으로부터의 기회opportunity와 위협threat 요인을 분석 규정하고 이를 토대로 경영 전략을 수립하는 기법이다. SWOT 분석은 대개 아래의 네 가지 질문에 답을 하는 것으로 마련할 수 있다.

1. 나의 어떤 강점 위에 전략을 세울 것인가?
2. 전략적 관점에서 나의 어떤 약점이 방해요소가 되는가?
3. 나에게 어떤 매력적인 기회가 제공될 수 있는가?
4. 어떤 위협이 나의 전략적 성공을 방해할 가능성이 있는가?

전략의 출발점을 결정하기 위한 SWOT 분석은 일찍이 중국의 손자孫子가 전쟁의 가장 중요하면서 근본적인 전략을 개괄한 병법의 방향과도 맞아떨어진다. "상대를 알고 나를 알면 백번 싸워도 위태롭지 않다知彼知己 百戰不殆"라는 손자의 병법 원칙은 오랫동안 중국과 동아시아 전략의 모티브가 되어왔다. 나아가 "상대를 알지 못하고 나를 알면 한 번은 이기고 한 번은 진다不知彼而知己 一勝一負", "상대를 알지 못하고 나도 알지 못하면 싸울 때마다 위태롭다不知彼不知己 每戰必殆"라는 병법은 전쟁과 외교, 정치와 군사를 아우르는 국가 대전략은 물론, 동네 건달패거리들의 싸움판에도 널리 회자된 격언이자 지침이었다.

SWOT 분석은 나의 강점을 살리고 기회를 포착하는 SO 전략(확장 전략), 나의 강점을 살리되 위협은 회피하는 ST 전략(회피 전략), 나의 약점을 극복하면서 외부의 기회를 포착하는 WO 전략(우회 전략), 나의 약점을 극복하고 외부의 위협을 회피하는 WT 전략(방어 전략)으로 확장해나갈 수 있다. 다윗과 마오쩌둥, 호찌민과 보응우옌잡 등 약자의 승리는 SO, ST, WO, WT 전략이 효율적으로 배치, 결합된 결과였다.

뭉치면 이기고 흩어지면 진다, 김대중의 우회 전략

강자의 승리는 당연한 결과로 귀결되지만, 약자의 승리는 드라마틱한 감동을 더해준다. 김대중은 한국 정치사에서 대표적인 약자 정치인이었다. '호남'이라는 지역 기반과 그가 가진 '진보' 성향은 김대중이 대통령이 되기 전까지의 정치 역정에서 늘 어두운 그림자처럼 따라붙은 망령이었다. '호남 고립' 구도와 '색깔론' 덧씌우기는 김대중을 한국의 정치 무대에서 주연으로 우뚝 세우기 어려운 환경이었다. 다섯 차례의 죽을 고비, 6년간의 투옥 생활, 수십 년간의 감시와 연금, 망명 생활과 수차례의 국회의원 낙선 그리고 세 차례의 대통령 도전 실패는 김대중의 이름 앞에 '인동초'라는 수식어를 붙여주었다.

혼자의 힘으로는 결코 승자가 되기 어렵다는 것을 알고 있던 김대중은 대통령 선거 마지막 도전에서 연대와 연합 전략을 펼친다. 소위 합종연횡合從連橫이다. 1995년 대선이 있기 두 해 전에 치러진 서울시장 선거에서 김종필이 총재로 있던 자민련이 후보를 내지 않음으로써 위력을 발휘했던 DJP연합은 1997년 대선 승리의 전초전이었다. 1997년 대선 정국에서 10월까지 펼쳐진 다자구도는 김대중에게 유리한 판으로 흘러갔다. 김대중은 각종 여론조사에서 줄곧 선두를 유지했다. 경향신문은 1999년 10월 6일에 창간 기념 특집으로 여론조사를 실시했다. 이 조사에서 김대중 35.8%, 이인제 24.2%, 이회창 20.3%, 조순 7.2%, 김종필 4.4%라는 결과가 나왔다. 당선 가능성을 묻는 설문 문항에서는 61.5%가 김대중이 승리할 것이라고 예측했다.

춘추전국시대 이합집산을 다룬 '합종연횡'과 '오월동주吳越同舟' 등의 고사성어는 연대와 연합의 시너지를 강조하는 말이다. 약자끼리 연합해서 강자에게 대항하거나, 약자들이 강자와 화해하기 위해 연합하는 전략은 국가 간 전쟁과 외교에서뿐만 아니라 정치와 선거의 영역에서도 활발히 이루어져 왔다. 1997년 대선에서도 각 정당과 후보들은 각자도생보다는 합종연횡의 길을 택했다. 새정치국민회의의 김대중은 자민련의 김종필과 연합했고, 신한국당의 이회창은 민주당의 조순과 힘을 합쳐 한나라당을 탄생시켰다. 오직 이인제만이 신한국당에서 떨어져 나와 국민신당을 창당하며 홀홀단신의 길을 걸었다.

WO 전략은 나의 약점을 극복하면서 외부의 기회를 포착해나가는 우회 전략이다. 김대중은 강점이 많은 만큼 약점도 많았다. 약점을 극복해나가기 위해서는 외부의 기회를 포착해야 한다. 합종연횡, 전략적 제휴만큼 위력을 발휘할 전략은 없다.

김대중은 민주화운동 세력의 반발과 비판을 무릅쓰고 김대중, 김종필의 연대 전선인 'DJP연합'을 띄웠다. 김대중은 이후 박태준도 끌어들이면서 'DJT 연합'으로 외연을 넓혔다. 김대중은 "뭉치면 이기고 흩어지면 진다"라는 정치와 선거의 생리를 터득하고 있던 정치 9단이었다. 그가 DJP연합을 택한 데는 그만한 이유가 있었다. 오랫동안 그를 괴롭히고 발목을 잡아온 '호남'과 '색깔론'을 털어내야 했기 때문이다. 약점을 극복하고 외연을 확장하려면 WO 전략을 택할 수밖에 없었다. 과거의 적 혹은 대립했던 세력과의 연합은 김대중의 더 큰 꿈과 대승大乘을 위한 결단이었던 것이다.

김대중은 소신과 명분을 중요시하는 이상주의자이자 현실을 중시하는 현실주의자였다. 김대중은 성공하는 인생을 위해서는 "서생적 문제의식과 상인적 현실감각"을 동시에 견지해야 한다는 말을 자주 했다. 이상과 현실의 조화는 그의 인생철학과 정치철학을 아우르는 대전략이었다. '수평적 정권 교체'라는 대의와 정당성을 위해 현실적으로는 보수세력과의 연합전선을 구축한 것이다. 지역적으로는 호남과 충청의 연합이었고 이념적으로는 진보와 보수의 결합이었다. 결과는 대성공이었다.

대선 정국은 빠르게 김대중, 이회창, 이인제 3자 대결구도로 재편되고 압축됐다. 김대중은 '수평적 정권 교체'를 내세웠고, 이회창은 '3김 청산'을, 이인제는 '세대교체'를 부르짖었다. 양자 대결구도보다는 3자 대결구도에서 승산이 있었던 김대중은 굳이 이인제와 싸울 필요가 없었다. 김대중은 오로지 이회창만을 상대했고, 이회창은 김대중, 이인제 두 후보와 싸워야 했다. 김대중은 이인제가 중도에서 포기하지 않고 끝까지 선거 레이스를 마칠 수 있어야 승리의 빛이 보였기에 이인제가 끝까지 뛸 수 있도록 관리 전략도 펼쳤다. 이인제는 비록 상대였지만 끝까지 함께 가야 할 존재이기도 했다.

1997년 12월 18일 선거 결과는 김대중의 39만 표 차 승리였다. 80.7%의 투표율에 40.3%의 득표로 김대중이 대통령에 당선됐다. 이회창과는 불과 1.5%p 차이의 승리였다. 김대중의 DJP 연합 전략은 한국 정치사에 매우 큰 의미를 남겼다. 네 차례의 도전 끝에 대통령에 오른 김대중 개인의 승리는 물론이고 최초의 수평적 정권 교체, 최초의 호남 대통령, 최초의 연합정권 탄생 등 수많은 역사적 기록을 남겼다.

선거는 뭉치면 이기고 흩어지면 지는 게임이다. 상대가 분열하면 이기는 게 선거다. 우리 표에 대해서는 안으로는 똘똘 뭉치면서 밖으로는 확장해나가는 통합 전략을, 상대 표에 대해서는 쪼개거나 깨뜨리고 기권하게 만드는 분열 전략을 구사해야 한다. 승리 전략의 핵심이다.

"두들겨 맞으라, 그러면 뭉칠 것이다" 노무현의 확장 전략

노무현도 한국 정치사에서 대표적인 약자 정치인이었다. 노무현은 철저히 비주류의 길을 걸었다. 노무현은 경남 김해의 가난한 시골 출신에다 학력도 상고를 졸업한 것이 전부였다. 1970년대 소수의 인원만 선발하던 사법고시에 합격함으로써 자신의 능력을 증명해보였음에도 학력이 낮다는 이유로 한국 사회의 주류 혹은 기득권층으로부터 환영을 받지 못했다.

노무현은 원칙과 명분을 중요시하는 정치인이었다. 원칙과 명분이 있다고 생각하는 길에는 과감하게 뛰어드는 모습도 서슴지 않았다. 5공 청문회 때 신군부 세력을 다그치는 모습이나 전두환을 향해 던진 명패는 대중의 뇌리에 깊은 인상을 남겼다. 새천년민주당 소속이었지만 지역주의 극복이라는 기치를 내걸고 출마한 부산 등지의 선거에서 노무현은 여러 차례 낙선의 고배를 마셨다. 원칙과 명분 없는 패배를 싫어했고, 지더라도 원칙과 명분은 남기자는 것이 그의 지론이었다. 노무현은 선거에서 패배할 때마다 "농부가 밭을 탓하랴"라는 말로 스스로의 부족을 패인으로 꼽았다. 노무현은 이때 '바보 노무현'이라는 별명을 얻었다. 쉽게 타협하지 않는 원칙과 명분은 '계란으로 바위치기'와 같은 무모한 도전처럼 보일 때도 있었지만 이러한 모습이 오히려 많은 팬을 만들어 한국 최초의 정치인 팬클럽인 '노사모'를 탄생시켰다.

노무현에게는 열렬한 팬클럽 못지않게 적도 많았다. '특권과 반칙', '부정부패'와는 타협하지 않겠다는 그의 정치 철학과 강성이미지는 많은 적을 만들었다. 정치적으로는 5공을 뿌리로 둔 한나라당으로부터 끊임없는 이념 공세를 받았고, 보수 언론 역시 노무현의 과거를 표적으로 삼았다. 고립무원의 노무현을 지켜준 것은 팬들의 게릴라식 지지운동이었다.

2001년 12월, 16대 대선출마를 선언하고 경선 레이스에 참여했을 때 노무현의 지지율은 1~2%대에 불과했다. 지지 선언을 했던 국회의원은 천정배 단 한 명뿐이었다. 누구도 노무현이 새천년민주당의 대통령 후보가 될 것이라고 예측하지 않았다. 2001년 새천년민주당의 강자는 이인제였다. 이인제는 1997년 대선 패배 이후 1998년 김대중의 새정치국민회의에 입당했다. 그 후 새천년민주당의 차기 대통령 후보로 꾸준히 거론되면서 가장 강력한 대통령 후보로 떠올랐다. 새천년민주당이 이인제를 밀면서 이인제가 대통령 후보로 선출될 것이라는 대세론은 타 후보를 압도했다.

그러나 이인제 대세론은 기승전결이 완벽한 탄탄한 시나리오를 갖추지 못한 것으로 드러났다. 한국 정당 사상 처음으로 도입된 국민경선이라는 초대형 이벤트가 시작되면서 상황은 반전되기 시작했다. 후보 선출 과정에서 보인 각 후보의 인생 스토리와 정견, 연설 등은 국민경선에 각본 없는 완벽한 드라마를 제공했다. 주말마다 펼쳐진 새천년민주당의 국민경선은 대중의 폭발적인 호기심과 관심을 불러 모았고 흥행으로 이어졌다.

2002년 3월 9일 첫 경선지였던 제주도에서부터 이변이 연출됐다. 투표함의 뚜껑이 열리자 예상 밖의 주인공에 모두가 놀랐다. 1위는 한화갑이었다. 이어 울산에서는 노무현이 1위에 올랐고, 광주에서도 모두의 예상을 깨고 또다시 노무현이 1위를 거머쥐었다. 광주 경선장은 승자를 위한 열광의 도가니가 됐다. 지역주의 타파를 부르짖었던 '영남 후보' 노무현의 사자후에 호남의 심장 광주가 응답한 것이다. 광주 경선 이후 판세는 노무현 쪽으로 급격하게 기울기 시작했다. 김근태가 후보에서 물러났고, 유종근은 경선 포기를 선언했으며, 한화갑마저 광주 경선 이후 사퇴의 뜻을 밝혔다. 김중권까지 후보에서 물러나면서 새천년민주당의 국민경선은 노무현과 이인제, 정동영의 3파전이 됐고 결국 노무현과 이인제의 싸움으로 귀결됐다.

다급했던 이인제는 노무현을 공격하기 시작했다. 노무현 장인의 좌익 활동을 폭로했다. 한나라당과 보수 언론도 가세했다. 장인의 좌익 활동에 대한 파상공세가 이어졌다. 노무현이 같은 당이었던 이인제와 한나라당 그리고 보수 언론으로부터 두들겨 맞을수록 그의 지지자들은 더 뭉쳤다. "때릴 테면 때려봐라, 노무현은 우리가 지킨다"라는 노사모의 일당백 게릴라식 캠페인은 노무현 승리의 기폭제였다. 색깔론과 네거티브는 곧바로 후폭풍을 몰고 왔다.

노무현은 승부사다. 승부사는 정면 승부를 좋아한다. 특별한 묘수로 돌파하기보다는 위험하더라도 정수로 헤쳐나가기를 즐긴다. 노무현은 원칙과 명분만 있으면 어떤 장애도 뛰어넘고 가겠다는 강한 돌파력을 갖춘 인물이었다. 그것이 그의 무기이자 전략이었다. 노무현의 대중성은 대중 앞에 섰을 때 빛났다. 대중 앞에 선 노무현은 누구보다 자신감이 넘쳤다. 인천 경선에서 대중 앞에 던진 메시지는 폭발적이었다. "사랑하는 아내를 버리라는 말입니까?", "아내를 버리면서까지 대통령이 되어야 한다면 차라리 대통령을 하지 않겠습니다"라는 몇 마디 말의 폭발력은 가히 위력적이었다. 노무현의 "때릴 테면 때려라, 맞으면서 앞으로 나아가겠다"라는 정면 돌파 승부수는 손안의 작은 눈덩이에서 시작해 어느덧 거대한 눈덩이가 됐다. 지방 선거 참패와 YS 손목시계가 불러온 논란, 새천년민주당 내 '후보단일화협의회'(후단협)의 노무현 흔들기, 지지율의 곤두박질과 정몽준의 등장으로 몇 차례의 위기를 맞기도 했지만 노무현은 상황을 역전시키는 반전反轉의 명수였다.

SO 전략은 나의 강점을 살려나가면서 기회를 포착해나가는 전략이다. 노무현의 SO 전략은 본선 과정에서 유감없이 발휘됐다. 특권과 반칙 없는 세상, 낡은 정치 청산, 행정수도 충청권 이전 메시지는 이회창의 3김 청산, 정권 교체의 메시지와 격돌했다. 기회는 정몽준이 제3의 후보로 떠오르면서 포착됐다. 후단협의 주도로 노무현-정몽준 후보단일화 작업이 진행됐다. 기회는 그것에 어떻게 도전하고 응전하느냐에 따라 승패가 갈린다. 노무현은 정면 승부를 피하지 않았다. 원칙 없는 패배, 명분 없는 패배를 죽기보다 싫어했던 노무현은 "지더라도 원칙과 명분은 남기자"라는 신념으로 후보단일화 카드를 전격 받아들였다. 후보단일화 카드의 전면 수용이라는 기회는 성공으로 이어졌고, 여론조사 결과에 따라 단일후보로 추대됐다. 무모한 도전일 수 있었음에도 피하지 않고 공격적 승부수를 던진 것이 승리의 요인이었다.

단일화 이후 노무현은 이회창을 여유 있게 앞섰지만 각본 없는 드라마는 대선 전날 또 한 번 펼쳐졌다. 정몽준이 노무현에 대한 지지를 철회한 것이다. 선거를 하루 앞두고 대형 악재가 터진 것이다. 노무현은 한밤중에 직접 정몽준의 집을 찾았다. 그러나 문전박대를 당했다. 노무현의 무안해하는 모습이 TV에 고스란히 공개되면서 노무현을 지지했던 대중들은 울분을 터트렸다. 상식적이지 않은 일이 선거 하루 전날 터졌고, 또다시 약자로서 두들겨 맞는 노무현의 모습이 재현됐다. 그러나 악재는 곧 호재로 이어졌다. 12월 19일 새로운 대통령을 뽑던 날 분노한 지지층들이 결집했다. 자신들의 분노를 표출하기 위해 투표장으로 몰려갔다. 서로가 서로에게 투표를 독려하고 투표에 참여했는지 확인하는 전화들이 빗발쳤다. 두들겨 맞는 노무현을 지켜주기 위해 뭉친 것이다.

　　결과는 노무현의 승리였다. 70.8%의 투표율을 보인 대통령 선거에서 노무현이 48.9%를 얻으면서 46.6%를 얻은 이회창을 꺾은 것이다. 2.3%, 57만여 표의 근소한 차이였다. 노무현은 승자가 됐다. 호남이 지지한 최초의 영남 출신 대통령, 지역주의와 특권, 반칙에 맞서 두들겨 맞더라도 명분과 원칙을 지키며 정면 승부를 피하지 않은 노무현이 역사의 새로운 승자가 되었다. 노무현의 정면 승부, 맞으면서 간다는 전략은 그 이면에 강한 팬덤이 뒷받침해주었기에 가능했다. 팬덤은 나의 우상 偶像이 궁지에 몰리거나 두들겨 맞을수록 뭉치는 힘을 발휘한다.

원칙과 명분이 있고, 나의 강점에 대해 스스로의 믿음이 강하고, 끝까지 밀고 나갈 자신이 있다면 SO 전략, 즉 확장 전략은 대단히 매력적인 전략이다. 지더라도 원칙과 명분은 남기자고 했던 노무현은 자신이 주인공이 된 일생의 마지막 선거에서 이겼다.

강점은 살리고 위험은 피해 가라, 고민정의 회피 전략

4.15 총선의 최대 격전지역 가운데 하나는 서울 광진구을이었다. 고민정과 오세훈의 대결은 다윗과 골리앗의 대결만큼 관심을 끌었다. 문재인 정부 청와대 대변인 출신의 정치신인 고민정과 서울시장 출신의 대선 후보급 정치거물 오세훈의 대결은 누가 봐도 빅매치였다. 고민정, 오세훈 둘 다 대중적 인지도도 높은 편이었다. 전략공천에 따라 뒤늦게 뛰어든 고민정보다 일찌감치 둥지를 튼 오세훈이 유리할 것이라는 전망을 내놓는 것은 어렵지 않은 일이었다.

광진구을은 서울과 수도권의 최대 승부처로 떠올랐다. 더불어민주당은 광진구을을 사수하기 위해 고민정을 총력 지원하기로 했다. 미래통합당도 광진구을을 한강벨트 사수의 최후의 보루로 보고 오세훈에게 기대를 걸고 있었다. 이미 종로구의 황교안은 선거 기간 내내 18%p 차이 정도로 오차 범위 밖에서 지는 것으로 나오고 있었고, 오차범위 내에서 엎치락뒤치락하던 동작구을 나경원도 승리를 확정하기에는 쉽지 않은 판세였다. 황교안, 나경원에 이어 오세훈마저 무너지면 사실상의 참패였다. 미래통합당으로서는 오세훈이 한강벨트 방어의 마지막 희망이었다.

오세훈은 정당 지지도보다 인물 지지도가 높은 후보였다. 투표일을 한 달여 앞두고 2020년 3월 14~15일에 MBC의 의뢰로 코리아리서치가 실시한 조사에서 더불어민주당 고민정은 41.7%, 미래통합당 오세훈은 39.8%의 지지율을 기록했다. 반드시 투표하겠다고 밝힌 적극 투표층에서는 고민정 44.2%, 오세훈 44.3%로 0.1%p 차이에 불과한 살얼음판 대결이었다. 광진구을 지역의 정당 지지도는 더불어민주당 41.4%, 미래통합당 27%로 14%p 정도의 차이를 보였다. 당 지지도는 더불어민주당이 훨씬 앞서고 있었지만 후보 지지도는 그야말로 초박빙 양상이었다.

광진구을은 더불어민주당의 텃밭이라고 할 수 있었다. 추미애 법무부장관이 5선을 한 지역이자 호남 출향민이 많은 곳이었다. 그러나 지역에서는 추미애의 5선에 대한 피로감이 있었고, 출마를 준비하던 후보들 사이의 경쟁으로 조직적 균열도 보였다. 오세훈은 그 틈을 파고들었다. 오세훈 특유의 중량감과 친화력, 호감형의 엘리트 이미지는 대중에게 좋은 인상을 심어주었다. 오세훈은 2019년 2월 자유한국당 전당대회 때 박근혜를 극복하고, 탄핵을 인정하자는 메시지를 던짐으로써 보수는 물론이고 중도·개혁 보수 지지층도 포괄할 수 있는 확장성을 갖춘 정치인으로 올라섰다는 평가를 받았다.

오세훈은 더불어민주당의 텃밭인 광진구을에서 승리해 화려하게 재기한 후 대권에 바로 도전하겠다는 플랜과 전략을 짜고 있었을 것이다. 그러기 위해서는 먼저 더불어민주당의 텃밭인 광진구을에서 이겨야 했다. 광진구을에서 이기면 대권 플랜에 탄력이 붙는다. 내부 경선에서도 할 말이 많아지고 경쟁력도 배가될 수 있다. 광진구을에서 이기기 위해서는 자신의 경험과 경륜, 능력을 자랑해야 한다. 자신의 매력 포인트를 내세워야 한다. 오세훈은 자신의 경험과 능력을 자랑하며 자신이 진짜 광진 사람임을 강조했다. '경험이 다르면 능력도 다르다'를 메인 슬로건으로 내세웠고 '진짜 광진 일꾼'을 브랜드 슬로건으로 내세웠다. 오세훈은 전통시장과 골목 구석구석을 누비며 바닥 민심을 훑어나갔다. 지역 민심은 오세훈에게 우호적이었다. 이를 바탕으로 미래통합당 지역 당원 수를 넓히면서 더불어민주당 후보와의 대결에서 대등 혹은 우세로 기울어질 수 있음을 입증해나갔다.

ST 전략은 나의 강점을 살리되 위협은 피해 가는 전략이다. 상대가 강하고 힘이 있을 때 혹은 상대의 강점과 맞붙는 맞불 전략으로는 승산이 낮을 것이라는 계산 아래 펼치는 전략이다. 고민정은 오세훈과 다른 강점이 있다. 상대의 강점과 비교되는 것은 피하되 자신의 강점을 이용해 상대와 차별화를 노리는 전략, 이는 선거 전략의 기본 중의 기본이다. 고민정은 이 전략을 택했다.

고민정은 오세훈이 가진 숙련된 정치 경험과 능력에 맞설 수 있는 다른 차별화를 노렸다. 조사에서 광진구을 지역주민이 중앙정치보다 지역 발전에 대한 소구가 강하다는 결과가 나왔다. 중앙정치 무대의 풍부한 경륜보다는 지역 발전을 원하는 지역 민심을 바탕으로 전략을 짰다. 인근 성동구 성수동이 핫플레이스로 뜨고 인구도 늘어나는 동안 광진구을은 발전에 별다른 속도를 내지 못하고 있었다. 지역경제를 담당하는 상권도 마찬가지였다. 지역 민심은 지역 발전과 함께 내가 살고 있는 곳을 책임져줄 사람을 원하고 있었다. 높은 자리로 옮겨갈 사람보다는 지역에서 오랫동안 지역 발전을 위해 뛰어줄 진정성 있는 정치인을 원하고 있었다. 중앙정치보다는 지역 정치에 힘을 쏟을 정치인을 바라고 있었다. 고민정은 경험과 능력을 앞세우는 오세훈의 전략을 따라가지 않고 이를 피해 가면서 자신의 강점을 부각한 ST 전략으로 오세훈에게 맞섰다.

'이제, 광진이 뜬다'라는 메인 슬로건과 '광진 사람'이라는 브랜드 슬로건은 고민정 캠프의 고민과 과학적 조사가 일궈낸 산물이다. 메인 슬로건 '이제, 광진이 뜬다'는 여당 프리미엄을 극대화해 광진구 발전을 앞당기겠다는 의미를 담았고, 브랜드 슬로건 '광진 사람'은 뒤늦게 선거전에 뛰어든 핸디캡을 줄이려는 의도가 담겨 있었다. 고민정은 중학교 때까지 광진에서 학교를 다닌 광진 출신 후보였다. 그는 광진구을이 원하는 '지역 발전'과 '지역 사람'이 곧 자신임을 강조하는 이성적 캠페인과 더불어 '진심'이 느껴질 수 있는 감성 캠페인을 함께 선보이기로 했다. 단기간의 바람몰이를 위해서는 강점을 극대화하는 전략밖에는 없다고 판단한 것이다.

고민정은 지역 발전 적임자론을 강조하기 위해 더불어민주당 출신인 구의원부터 시의원, 구청장, 서울시장과 정부, 국회까지 아울러서 당·정·청 원팀을 만들 수 있는 사람은 바로 자신이라는 점을 내세웠다. 대권을 노리는 경륜의 오세훈보다 지역을 책임질 능력 있고 참신한 정치신인 고민정의 대결구도를 만들어나간 것이다. 또한 오랫동안 광진구을에 살면서 지역을 책임질 '광진댁'이 되겠다는 포부도 내비쳤다. 고민정의 홍보 전략은 먹혀들었다. 광진구을 유권자들은 광진구을을 대권 도전의 발판으로 삼으려 했던 정치거물 오세훈의 경륜과 능력보다는 광진구을을 끝까지 책임지겠다고 나선 차세대 정치신인 고민정의 소박한 진정성에 손을 들어주었다. 광진구을은 개표 막판까지 몇백 표 차로 당락이 갈릴 정도로 초접전을 벌였지만, 새벽 5시를 즈음한 이후 고민정이 앞서기 시작했고, 2.55%p(2,746표) 차이의 결과가 나왔다. 더불어민주당 수도권 당선자 중 최소 표 차로 '광진댁'이 승리한 것이다.

선거에서 승리하려면 무엇보다 전략이 중요하다. 후보와 선거 환경에 대한 분석이 과학적으로 이뤄져야 함은 두말할 나위가 없다. 선거 환경을 분석하려면 기본적인 조사가 반드시 필요하다. 대중이 어떤 사람을 원하고 있고, 어떤 희망을 걸고 있는지 면밀하게 읽어낼 수 있어야 한다. 대중의 마음을 읽어내는 일은 정치에서 가장 필요한 부분이다. 좋은 전략은 대중의 마음을 읽어내는 것에서 나온다. 이를 바탕으로 후보의 특성과 경쟁자인 상대의 특성, 출마할 선거구의 특성, 전체적인 정치 및 선거 지형 분석, 현재와 닥쳐올 이슈의 대비 등을 체계적으로 준비할 수 있어야 한다. 나아가 미래를 내다보는 통찰력과 불확실한 변수, 돌발적인 상황까지 계산하며 섬세하고 유연한 대응책을 마련해야 한다. 좋은 전략이 승리행 티켓을 담보한다.

08 최고의 전략은 조사에서 나온다

예나 지금이나 민심은 정치에서 중요한 판단과 결정의 근거가 된다. 민심, 즉 대중의 마음을 얻는 정치와 정치인은 성공했고, 대중의 마음을 얻지 못한 정치와 정치인은 실패했다. 대중의 마음을 얻지 못하는 것을 넘어 대중의 분노와 증오를 산 정치와 정치인은 권좌에서 쫓겨나거나 몰락했다. 《후한서後漢書》의 〈황보규전皇甫規傳〉은 공자孔子의 말을 다음과 같이 인용한다. "무릇 군자는 배요, 백성은 물과 같다. 물은 배를 띄울 수도 있지만 배를 뒤집을 수도 있다君者舟也, 人者水也. 水可載舟, 亦可覆舟." '수가재주, 역가복주'라는 명문은 여기서 유래한다. 공자는 군주가 물과 같은 민심을 잘 유념하고 고려한다면 다스림의 도리를 알 만하다고 했다. 민심의 속성은 물과 같다. 치세에는 유유 悠悠하다가도 난세에는 도도滔滔하다. 판을 만들기도 하지만 판을 갈아엎기도 한다. 지금의 대중도 여전히 물과 같은 존재다. 지금의 대중은 선거를 통해 '수가재주, 역가복주'를 실천한다. 그래서 대중이 무엇을 원하는지 알아야 이기는 선거를 할 수 있고, 성공하는 정치를 해나갈 수 있다. 여론이 중요한 이유다.

조사는 전략과 선거의 북극성, 미국 대선 전략의 기본

여론조사는 대중의 마음을 읽는 최고의 방법이다. 여론조사에는 대중의 의사가 공평하게 반영된다. 조사 목적과 방법에 부합하는 조사 설계를 한 후 대중의 인식을 정확히 읽고 반영한다면 왜곡도 있을 수 없고 조작도 있을 수 없다. 어떤 '의도' 없이 대중 한 사람 한 사람의 뜻과 의견을 묻고 그 결과를 정확히 분석한다면 말이다. 여론조사만큼 민주주의의 원리를 그대로 적용하는 예도 드물다. 여론조사는 다수결의 원리와 1인 1표의 원칙을 지킨다. 권력자나 부자, 회사원이나 노동자, 무직자 모두 1인 1표의 의사를 행사할 수 있다. 선거의 정신과 맥을 같이한다. 그래서 권력자나 기득권층은 여론조사의 결과에 민감하게 반응할 수밖에 없다. 여론조사가 정책 기획과 결정 혹은 선거의 바로미터로 활용되기 때문이다.

한국에서 선거 여론조사가 언론에 처음 보도된 것은 1987년 직선제 개헌 이후 처음 치러진 대통령 선거에서다. 당시에는 선거 여론조사에 대한 대중적 인식이 높지 않았다. 그래서 요즘처럼 큰 주목을 받지는 못했다. 선거 흐름에 대한 여론조사 추이도 대중의 이목 밖이었다.

여론조사가 대중의 관심을 끌기 시작한 때는 지방선거가 새로 도입된 1995년 1회 지방선거와 방송사 선거 예측조사가 실시된 1996년 15대 총선부터다. 여론조사의 결과가 당락의 향배와 밀접한 관련이 있고, 예측조사도 적중률이 높아지면서 대중은 여론조사를 통해 선거 결과를 예측하고 가늠해보는 것에 흥미를 갖게 됐다. 선거 캠페인에서도 여론조사의 활용도가 높아졌다. 과거 정당이나 언론에서만 하던 조사를 법적 신고 절차와 준수 사항만 잘 지키면 이제는 후보 개인도 조사기관에 의뢰해 실시할 수 있게 됐다. 규모가 작은 지역 선거라도 전략과 캠페인에 조사를 적극 활용할 수 있게 되면서 비로소 과학적 선거의 기틀이 마련되었다.

여론조사가 일상화된 미국은 일찍부터 선거에서 조사를 활용해왔다. 특히 전략가로 불리는 저명한 정치컨설턴트, 킹메이커 들은 예외 없이 조사를 전략의 중요한 지표로 여겼다. 1960년 존 F. 케네디John F. Kennedy 대선 당시 정치컨설턴트로 맹활약한 조지프 나폴리탄Joseph Napolitan, 1992년 빌 클린턴Bill Clinton 선거를 승리로 이끈 제임스 카빌James Carville, 1996년 빌 클린턴의 재선에서 맹활약한 딕 모리스Dick Morris, 2000년 조지 W. 부시George W. Bush 당선의 주인공이었던 칼 로브Karl Rove, 2008년 버락 오바마Barack Obama 대통령을 만든 데이비드 엑셀로드 David Axelrod, 2016년 도널드 트럼프를 대통령의 반열에 올린 로저 스톤Roger Stone 등 당대 최고의 정치컨설턴트나 킹메이커는 모두 조사를 전략과 선거의 북극성으로 인식했다.

특히 정치컨설턴트라는 직업 세계의 문을 연 나폴리탄은 조사의 신봉자였다. 나폴리탄은 선거 캠페인에 뛰어들기 전 실행할 필수항목으로 조사를 꼽았다. 나폴리탄은 조사를 통해 선거의 특성을 파악하고 대중, 즉 유권자의 살아 있는 목소리를 청취했다. 그는 단답형이나 객관식 문항의 조사보다는 허심탄회하게 이야기하면서 서로의 마음을 열어나가는 대화 방식의 조사를 통해 대중의 심리를 읽어냈다. 나폴리탄은 대중이 원하는 것과 대중이 불만스러워하는 것을 파악하고 대중의 인식과 행동 양태를 조사 분석하면서 캠페인 전략과 미디어 전략을 짜고 선거 이슈를 개발했다. 나폴리탄이 200회 이상의 선거 캠페인에 뛰어들어 170회 이상의 승리를 거머쥐고 85%의 승률이라는 경이적인 기록을 세울 수 있었던 배경에는 그 뒤를 단단하게 받쳐준 조사 작업이 있었다.

여론조사가 민심의 바로미터, 전략의 꽃은 FGI

선거 여론조사는 대중의 투표 행태, 정치 성향 등을 파악해서 효과적인 선거 캠페인 활동에 필요한 기초 자료를 만들고 선거 캠페인의 전략과 전술을 수립해나가기 위해 실시한다. 정책이나 공약을 개발하기 위해서도 여론조사는 반드시 필요하다. 전략을 세우기 위한 조사는 후보자의 인지도나 지지도를 체크해서 후보자의 현재 위치를 파악해보는 것으로 시작한다. 이를 바탕으로 지역 유권자의 민심을 다양한 방법으로 파악하면서 캠페인의 방향을 설정해나간다.

조사 내용의 체크 포인트는 대개 이렇다. 출마가 예상되는 후보별 인지도는 어느 정도인가? 유권자에게 후보의 이미지는 어떻게 인식되어 있는가? 유권자는 어떤 이미지의 리더를 원하는가? 유권자는 지역이 어떻게 바뀌길 바라는가? 후보별 지지도는 어떠한가? 후보별 강점과 약점은 무엇인가? 후보별 호감도는 어떻게 나타나고 있는가? 후보별 호감·비호감 원인은 무엇인가? 각 당의 이미지는 어떠한가? 현직 대통령에 대한 평가는 어떠한가? 지난 선거(총선/대선) 때 지지한 인물과 정당은 어디인가? 그리고 유권자의 성별, 연령, 교육, 직업, 소득 등 기본사항을 체크한다. 이를 바탕으로 분석 작업에 들어간다.

조사 이후 결과를 바탕으로 한 분석의 노하우가 훌륭한 전략가와 좋은 정치컨설턴트를 판가름하는 기준이 된다. 조사 결과를 정확히 읽고 후보의 현재 상태와 유권자의 인식이 어떠한지 파악하고 포인트를 잡아낼 수 있는 노하우가 바로 올바른 전략을 세우고 제대로 된 정치컨설팅을 할 수 있는 실력이다. 선거와 정치에 대한 경험과 경륜이 중요한 이유다. 만약 같은 조사 결과라도 분석을 제대로 하지 못한다면 선거 캠페인에 이익과 도움을 주기는커녕 손실과 낭패를 떠안길 것이다. 정확한 조사와 올바른 분석 노하우가 선거 전략과 캠페인이 펼쳐진 지도 위의 나침반이 되는 것은 자명하다.

선거 여론조사는 대개 정량조사와 정성조사로 나뉜다. 정량조사定量調査는 말 그대로 일정한 양을 기반으로 수치화할 수 있는 조사방법이다. 자동응답조사나 전화면접조사, 웹 패널(온라인) 조사 등이 정량조사다. 정성조사定性調査는 양이나 수치로 측정할 수 없는 대중의 인식과 심리를 좀 더 깊이 있게 측정하는 조사방법이다. 수치로는 파악이 어려운 심리와 정보를 들여다볼 수 있다. 집단심층면접조사로 불리는 포커스 그룹 인터뷰FGI, focus group interview와 심층면접조사인 인뎁스 인터뷰IDI, in-depth interview 방식 등이 정성조사다.

정량조사와 정성조사는 각각의 장단점이 있다. 정량조사는 신속하면서 비교적 객관적인 '답'을 얻어낼 수 있는 조사다. 이와 달리 정성조사는 참여자의 주관적인 내면을 읽어내는 눈과 마음이 필요한 조사로 사회자moderator의 역량이 중요하게 작용한다. 사회자는 참여자의 눈빛이나 몸짓을 읽어낼 수 있어야 한다. 어떤 주제에 대해 물었을 때 꺼림칙하게 여기는지, 열정이 있는지, 분노가 담겨 있는지 등 감정과 기운을 읽어낼 수 있어야 한다. 그래야 좀 더 깊고 면밀하게 심리를 분석할 수 있다. 사회자의 노하우가 중요한 이유다.

정량조사와 정성조사는 그 속성의 차이 때문에 다음과 같은 상황이 발생한다. A 후보와 B 후보가 있다. C는 응답자다. 전화 조사로 C에게 A와 B 중 어느 후보를 지지하느냐고 물었다. C는 A 후보를 지지한다고 버튼을 누르거나 응답을 했는데, 갈등이 있었다. A 후보에게 마음이 조금 더 기울었지만, B 후보에게도 호감이 있었기 때문이다. C는 A 후보에게 51% 정도의 지지를, B 후보에게는 49% 정도의 지지를 보내고 있다. 이런 경우에는 상황이 바뀌면 언제든 지지 후보가 바뀔 수 있다. C와 같은 대중은 주변에 흔하다.

정량조사에서는 C의 지지 강도와 성향을 정확히 읽어낼 수 없다. 정량조사에서 C는 A 후보를 찍었기 때문이다. 그런데 막상 선거에서 C는 B 후보에게 표를 던질 수 있다. 정성조사에서는 바로 이런 C의 심리 상태를 읽어낸다. 표정과 태도, 자세와 진술 등에서 지지의 속성과 강도를 읽어내는 것, 이것이 바로 정성조사의 목적이자 장점이다. 정성조사 FGI는 C가 A를 지지했다가 B로 바꾸는 지점에서 어떤 내용과 부분 때문에 태도를 바꿨는지 파악할 수 있다. 그 지점에서 A와 B 후보의 전략이 세워지고 공격 및 방어 포인트도 나올 수 있다. 무슨 일이 있어도 A 후보 혹은 B 후보만 찍겠다는 강성 지지층은 하늘이 두 쪽이 나도 쉽게 지지를 바꾸지 않는다. 지지층의 지지 속성과 강도를 파악해낼 수 있는 것도 FGI의 장점이다. FGI가 전략의 꽃으로 추앙받는 이유는 이런 중요한 포인트를 읽어낼 수 있기 때문이다.

조사의 함정, 20대 총선 새누리당 과반 붕괴 예측

2016년 20대 총선 예측은 FGI가 큰 힘을 발휘한 선거였다. 유수의 언론사는 물론이고 수많은 정치평론가들과 조사전문가들은 당시 여당이었던 새누리당의 압승을 예상했다. 우리는 오히려 새누리당의 과반 붕괴를 예측했다. 예측은 정확히 맞아떨어졌다. 선거 당일 저녁 새누리당은 초상집이었고 더불어민주당은 잔칫집이었다. 왜 이런 차이와 상황이 벌어졌을까?

여론조사 방식에 문제가 있었다. 당시 선거법은 정당을 제외하고는 언론사 등이 휴대폰 가상번호(안심번호)를 이용해 무선전화 조사를 할 수 없는 시스템이었다. 비교적 정확한 데이터를 얻기 위해서는 휴대폰 가상번호를 이용한 무선전화와 유선전화를 모두 함께 보는 것이 좋다. 그런데 2016년에는 정당에서 신청한 경우에만 휴대폰 가상번호를 이용한 무선전화 조사를 할 수 있게 허용했다. 이에 따라 언론사와 여론조사 기관 등은 유선전화를 겨냥한 무작위 전화걸기RDD, random digit dialing 방식으로 조사를 진행할 수밖에 없었고, 이는 출발부터 보수 편향이라는 조사의 한계를 안고 있었다. 2016년만 해도 국민 모두가 휴대폰을 가지고 있던 시대였다. 그럼에도 선거법이 언론사와 여론조사 기관의 경우에는 휴대폰 가상번호 조사를 허용하지 않았기 때문에 표본 집단을 산출하는 데 한계가 있었던 것이다.

여론조사 기관마다 조사 방식이 다른 것도 결과의 차이와 혼선을 만들었다. 대개 기계음으로 조사하는 ARS 방식은 정치에 관심이 많은 사람들, 즉 정치 고관여층이 응답한다. 정치에 관심이 없거나 조사에 응하기 귀찮은 사람들은 전화를 바로 끊어버리기 때문이다. 그래서 응답률은 대개 5% 미만으로 낮게 나온다. 이들은 투표에도 적극적으로 참여한다. 투표율이 높다.

반면 전화상담원이 직접 전화하는 전화면접 방식은 쉽게 전화를 끊지 못하는 사람들도 응답하는 경향이 있기 때문에 대개 10% 중반대의 응답률을 보인다. 전화면접 방식은 정치에 별 관심이 없는 정치 저관여층도 응답해주기 때문에 여론을 파악하기에는 ARS 방식보다 비교적 정확도가 높다. 그러나 이들은 투표에 적극적으로 참여한다고 보기 어려운 층이므로 선거 예측 측면에서는 정확도를 떨어뜨릴 수 있다. 그래서 투표율이 낮은 보궐선거 등은 ARS 방식이 적중률을 높일 수 있고, 대통령 선거처럼 투표율이 높은 선거는 전화면접 방식이 더 정확한 적중률을 보인다.

독일의 노이만Noelle-Neumann 교수가 주장한 '침묵의 나선 이론'도 고려해야 한다. '침묵의 나선 이론'은 고립과 배척에 대한 두려움이 사람들로 하여금 자신의 의견을 적극적으로 표명하지 못하게 한다는 경향에서 출발한다. 특정한 문제가 발생했을 때 여론을 면밀히 살핀 후 자신의 의견이 여론과 일치했을 경우에는 공공연하게 표방하고, 반대로 상충되는 경우에는 침묵하는 경향을 침묵의 나선이라고 한다. '침묵의 나선 이론'을 대입해본다면 대중은 여론 환경이 자신이 지지하는 정당이나 후보에게 우호적이지 않을 경우 정치적 의견 표명을 삼간다. 이러한 경향은 보수적인 유권자일수록 더 강하게 나타난다. 일명 샤이보수가 이런 경우다.

20대 총선 기간에 주요 언론사들이 보여준 조사는 예측에서 빗나갈 수밖에 없었다. 이들의 조사 방식은 휴대폰 전화조사가 아닌 유선 전화면접조사 또는 ARS RDD 조사 방식이 대부분이었다. 유선 전화조사는 동일 연령층 내 직장인이 과소표집되고, 자영업·전업주부·노년층이 과다표집되어 실제 민심과 달리 보수 편향적인 응답 결과가 나온다. 휴대폰을 사용하는 진보 성향의 직장인이 과소표집된 것에 대한 분석이나 보정이 제대로 이뤄지지 않는다면 정확한 예측을 하기 어렵다. 새누리당이 과반으로 압승할 것이고 더불어민주당은 참패할 것이라는 예측이 형성됐던 이유다. 10~15% 정도는 더불어민주당 쪽에 가중치를 두고 해석했어야 비교적 근사치에 접근한 예측이 나왔을 것이다.

반면 우리는 정당으로부터 조사를 의뢰받은 덕분에 휴대폰 가상번호 결과 데이터와 FGI를 통해 대중의 내면 기저에 흐르는 민심을 체크할 수 있었다. 당시 박근혜 대통령의 지지율은 여전히 높았고, 안철수가 국민의당을 만들어 치고 나가면서 더불어민주당이 고전할 것이라는 예측이 주요했지만, 우리는 더불어민주당이 일반적인 예상과 달리 선전할 것이라고 내다봤다. FGI를 통해 본 민심은 권력의 오만함에 분노하고 있었다. 새누리당 공천 과정에서 유승민에 대한 일방적 공천 배제와 당대표를 지낸 김무성이 일으킨 이른바 '옥새 파동'은 대중의 분노에 불을 지폈다. 누가 봐도 상식적이지 않았다. 분노가 활화산처럼 표출되지는 않았지만 오만과 불통에 대한 심판 정서가 형성되어 있었다. 민심의 기저에 도도히 흐르던 심판의 물결은 새누리당 쪽을 향해 흐르고 있었다. 상대적으로 더불어민주당의 파격적인 인재영입과 물갈이를 통한 공천은 호감을 얻고 있었다. 대중은 새누리당을 심판했고, 유선전화에서 과다표집된 보수층은 투표장에 적극적으로 나가지 않았다. 이렇게 대중의 기저에 흐르는 심리를 읽고 파악한다는 것은 선거전에서 매우 중요하다. 정량조사만으로는 파악할 수 없는 부분을 정성조사는 보여준다. 그것을 읽어내는 능력이 이른바 독심讀心이다. "새누리당과 더불어민주당 양당이 팽팽한 접전이 될 것"이라는 예측은 결과적으로 적중했다.

'새로운 대한민국', '나라를 나라답게'는 조사와 FGI의 힘

2002년 10월, 노무현과 정몽준, 이회창의 3자 대결이 펼쳐진 대선구도는 한 치 앞을 내다보기 어려운 상황이었다. 4월 27일 서울에서 열린 경선은 최종 라운드였다. 여기서 노무현이 새천년민주당 대통령 후보로 선출된 이후 새천년민주당의 갈등은 대통령 선거 전날까지 이어졌다. 한일월드컵 기간에 치러진 제3회 지방선거에서 새천년민주당이 서울과 부산시장 선거에서 참패하면서 노무현의 입지는 흔들렸다. 서울과 노무현의 고향 부산시장 선거에서만큼은 이길 것이라 기대했었다. 노무현이 흔들리면서 정몽준이 급부상했다. 정몽준은 한일월드컵의 성공적인 개최와 월드컵 4강 신화라는 열풍을 타고 힘을 얻었다. 노무현은 여론조사에서 이회창, 정몽준에게 밀리며 3위로 내려앉았고 새천년민주당 내에서 후보교체론은 힘을 발휘했다.

2002년 9월, 정몽준은 대선출마를 선언하고 국민통합21을 창당했다. 정몽준의 행보는 새천년민주당 내 비노非盧와 후보단일화협의회(후단협) 의원들의 탈당에 도미노 현상을 일으켰다. 노무현의 입지는 더욱 흔들렸다. 노무현 캠프는 발등에 불이 떨어졌다. 새롭게 전열을 재정비하고 다시 노무현의 지지를 회복시킬 방안을 마련하기 위해 서둘렀다. 우선 노무현이 3위로 내려앉으면서 정몽준이 올라오게 된 배경과 정몽준을 지지하는 대중의 인식을 파악한 후 정몽준을 규정해나갈 필요가 있었다.

정몽준을 어떻게 규정할 것인가? 노무현과 대비된 정몽준의 모습은 어떤 모습인가? 서민과 귀족의 싸움인가? 진보와 보수의 싸움인가? 새로움과 낡음의 싸움인가? 노무현 캠프는 쉽게 결론을 내리지 못했다. 말의 성찬이 이어졌지만 어느 한쪽을 선택하기엔 입증할 만한 방법이 없었다. 그렇다고 성급한 결론을 내리기에는 돌이킬 수 없는 결과가 나올까 봐 우려스러웠다. 노무현 캠프는 노무현과 정몽준을 바라보는 대중의 인식과 이미지 조사를 통해 새로운 대응 전략을 모색하기로 결정했다. 여론조사에서 사용하는 유사성 검증과 거리감 측정 조사방식을 이용해 노무현과 이회창을 놓고 정몽준이 어디쯤 위치해 있는지 점검했다. 결과는 예상 밖이었다. 노무현 캠프는 정몽준이 이회창과 비슷한 이미지의 보수색채와 낡은 이미지를 갖고 있을 것으로 내다봤다. 그러나 대중의 인식은 달랐다. 대중의 인식 속 정몽준은 이회창과 가까운 곳이 아닌 노무현과 가까운 곳에 있었다.

대중은 2002년 대선의 시대정신을 새로운 것과 낡은 것의 대결구도로 인식하고 있었던 것이다. 구시대의 막내가 아니라 새 시대의 맏형을 원하고 있었다. 시대의 부름에 부합하는 리더는 누구였을까? 대중은 이회창이 나이도 많고 지난 대선에도 나온 탓에 구시대 정치인 이미지에 구시대의 유산을 갖고 있는 인물로 인식하고 있었다. 반면 노무현은 오랜 정치 경력에도 지역감정과 지역 차별 등의 정치행태에 맞서 싸워온 과거를 통해 구시대의 낡은 정치를 혁파하고 새로운 정치시대를 열 개혁적 정치인으로 인식하고 있었다. 정몽준은 바로 노무현의 지점에 서 있었다. 한일월드컵을 성공적으로 이끌고 현대중공업 사장 출신으로서의 혁신적 사업가 이미지 등이 겹쳐 새로운 정치 스타일을 갖춘 인물로 인식되고 있었던 것이다. 대중은 기성정치와는 다른 새로운 정치를 향한 바람을 정몽준에게도 기대하고 있었다.

구도는 명백해졌다. 새로운 것과 낡은 것의 한판 대결이 2002년 대선의 시대정신이었다. 노무현은 이제 정몽준을 적으로 규정할 필요가 없어졌다. 정몽준과 싸울 명분과 이유가 사라진 것이다.

정몽준도 대중이 원하는 새로움이었기 때문이다. 새로움과 새로움이 대결해서 굳이 같은 영역의 작은 파이를 놓고 다툴 필요가 없었다. 다른 영역에 있는 이회창과 싸워서 새로움의 대표주자로 노무현이 등극하면 우열이 가려질 일이었다. 그래서 노무현과 캠프는 정몽준과 싸우지 않았다. 정몽준을 공격하지 않았다. 서로 감정의 골이 깊어지지 않고 후보단일화를 이뤄낼 수 있었던 것은 서로 누가 더 새로운지, 이회창과 상대할 인물인지 헐뜯지 않았기 때문에 가능한 일이었다.

노무현, 정몽준 단일화도 여론조사로 이뤄졌다. 여론조사는 사용할 '문구'를 두고 의견 충돌이 벌어졌다. 노무현은 '어느 후보를 선호하느냐'고 묻는 적합도 문구를 선호했고, 정몽준은 '한나라당 이회창 후보와 맞붙어 누가 더 경쟁력이 있느냐'고 묻는 경쟁력 문구를 선호했다. '적합도'와 '경쟁력'을 두고 샅바 싸움이 벌어졌다. 노무현과 정몽준은 결국 '이회창 후보와 경쟁할 단일후보로 노무현 정몽준 후보 중 누구를 지지하느냐'는 절충형 문구에 합의했다. 운명의 11월 25일 밤, 양측의 대리인들이 밀봉된 봉투를 열자 단일화의 승자는 노무현으로 드러났다. 노무현이 1.5%p 차이로 정몽준을 이기고 최종 대선 후보로 확정됐다. 노무현이 내건 '새로운 대한민국'이라는 슬로건은 바로 이런 과정을 거쳐 생산된 것이다.

19대 대통령 선거는 촛불 선거였다. 혼군昏君으로 인식됐던 박근혜의 조기 퇴장이 가시화되면서 초유의 급박한 선거가 됐다.

중장기 전략을 세우며 대선을 준비하던 각 캠프는 새로운 전략을 모색할 수밖에 없었다. 촛불 민심을 대변하는 적폐청산이 대선의 화두로 떠올랐다. 전국에서 들불처럼 일어난 수백만 개의 촛불은 "이게 나라냐!"고 외치며 거대한 함성으로 분노를 표출했다.

2018년 19대 대선에서 더불어민주당의 의뢰를 받아 주요 지역 거점을 돌며 FGI와 온라인 웹조사를 실시했다. 대중이 이 시대를 어떻게 규정하고 있고, 각 대선 후보의 이미지는 어떤 모습으로 받아들여지고 있으며, 다음 시대의 모습은 어떻게 그리고 있는지 대선 관련 인식조사를 펼쳤다. 조사 설문 가운데 전례가 없던 인의예지仁義禮智 항목을 넣어 대중의 인식을 파악해본 것은 파격적인 시도였다. 세워진 가설에 한층 더 정확한 전략을 설계하기 위한 새로운 아이디어였다. 이 시대는 인의예지 중 어떤 가치를 원하는 시대인가? 각 대선 후보는 인의예지 중 어떤 덕목의 이미지를 갖고 있는가?

대중이 바라는 시대정신은 단연 '의義'였다. 19대 대선을 통해 불의의 시대에 종지부를 찍고 정의와 공정의 새로운 시대가 열리기를 갈구하고 있었다. 일부 권력층과 상류층의 특권과 반칙이 쌓이고 쌓인 적폐에 대한 청산을 간절히 희망하고 있었다. 그렇다면 대중의 인식 속에 문재인은 어떤 상像을 갖고 있었던 것일까? 문재인의 상은 '인仁'의 이미지, 즉 '어진 인물'로 인식하고 있는 것으로 나타났다. 평소 '선비' 같은 문재인에 대한 이미지가 대중의 인식 속에서도 그대로 잠재되어 있었다. 그런데 대중이 바라는 '의'의 시대에 '인'의 인물은 잘 맞지 않는다. 그동안 문재인이 보인 신중한 '인'의 행보보다는 적극적인 '의'의 행보와 PIpersonal identity가 캠페인 전략에는 더 어울렸다.

슬로건도 마찬가지였다. 전략에 맞춰 정의의 시대를 여는 적폐청산의 적장자로 포지셔닝을 하는 방향으로 나아가야 했다. 촛불 선거에 걸맞게 촛불의 대변자, 적폐청산의 적장자에 합당한 슬로건이 시대정신과 가장 맞아떨어지는 것이었다. '완전히 새로운 대한민국'이라는 슬로건도 있었지만 이미 노무현 때 '새로운 대한민국'이 있었기 때문에 참신함이 떨어졌다.

FGI를 실시해 슬로건을 테스트하기로 했다. 가설에서 나온 몇 가지 슬로건 안을 가지고 조사를 실시한 결과 '나라다운 나라'가 가장 반응이 좋았다. 어감이 좋다는 의견도 많았다. '나라다운 나라'는 캠프의 의견에 따라 '나라를 나라답게'로 표현이 가다듬어졌다. '나라를 나라답게'의 확장력이 더 클 것이라고 판단한 것이다.

그러나 '나라를 나라답게'라는 하나의 메인 슬로건만으로는 부족한 점이 있었다. 경쟁하는 당과 경쟁 후보들과의 차별적 우위 지점을 간과해서는 안 되기 때문이었다. 서브 슬로건을 고민했고, 더불어민주당과 문재인의 강점 요소를 내세우기에 적합한 슬로건이 필요하다는 데 의견이 모아졌다. 당과 당을 비교하는 이미지 조사에서 당시 더불어민주당은 나머지 당을 압도하고 있었다. 국민의당이나 바른정당 등에 비해 수권정당으로서의 강점이 있었다. 또 문재인은 다른 후보들에 비해 '든든함', '안정감', '준비된' 등의 차별적 PI 자산을 갖고 있었다. 호감도는 당시 국민의당 안철수 후보가 더 높았기 때문에 호감도를 강조하는 것보다는 '대통령감', '준비된 인물' 등을 강조하는 것이 훨씬 호소력이 있을 것이라고 판단했다. 이런 콘셉트에 기초해 '준비된 민주당, 든든한 문재인'이라는 서브 슬로건이 탄생했다.

분노와 불안이 교차된 시대였다. 대중은 분노했고 시대는 불안했다. 나라가 요동치고 있었고, 한 치 앞을 내다보기 어려운 안개 정국이 대중 앞에 펼쳐졌다. 다음 대통령에게는 혁신적인 청산과 안정적 통합이라는 리더십이 요구됐다. 특히 대통령직 인수위가 별도로 운영될 시간적 여유가 없었다. 제19대 대통령은 대통령 선거가 끝난 바로 다음 날 당선증 수령과 동시에 취임 선서를 하고 곧바로 대통령직을 수행해야 했다. 더 이상 대중이 걱정하지 않도록 국정을 안심하고 맡길 수 있는 준비된 수권정당, 믿고 의지할 수 있는 후보, 곧바로 대통령직을 수행할 수 있는 든든한 후보라는 이미지를 선점할 필요가 있었다. '준비된 민주당, 든든한 문재인'이라는 서브 슬로건은 이런 고민의 산물이었다. '나라를 나라답게 – 준비된 민주당, 든든한 문재인'은 선거 캠페인과정에서 여러 카피로 확장됐고, 대선 승리의 주요한 요인이 됐다. FGI의 위력, FGI의 숨은 힘은 이렇게 드러난다. FGI를 전략의 꽃이라고 부르는 이유다.

09

정치는
대중 인식과의
싸움이다

───────── 정치와 선거는 기업의 마케팅과 흡사하다. 정치인과 후보는 일종의 상품이다. 대중의 선택을 받아야 살아남는다. 어떤 식으로든 자신을 팔아야 한다. 상품의 품질이 아무리 뛰어나더라도 대중이 선택하지 않거나 외면하면 상품으로서의 가치는 떨어진다. 정치와 선거도 마찬가지다. 정치와 선거에 마케팅 기법을 도입하는 것도 이 때문이다. 시장조사, 수요예측, 판매경로 설정, 가격정책, 경쟁대책 등의 시장 진출책과 광고, 선전, 홍보 등 판매촉진책은 정치와 선거에서도 유용하게 활용된다. 마케팅이 대중이 필요한 상품을 원하는 가격에, 원하는 방법으로, 원하는 시기에 구입할 수 있도록 최적의 비즈니스 활동을 펼치

는 행위라면 정치와 선거도 이와 비슷하다. 정당은 한 사람 한 사람의 유권자와 대중이 원하는 정치, 원하는 정책, 원하는 인물을 제공할 수 있도록 최적의 시스템을 마련하고 부족할 경우 혁신에 나선다.

세계적인 마케팅 전략 전문 기업인 리스 앤 리스Ries & Ries의 회장인 알 리스Al Ries는 마케팅의 대가로 '포지셔닝positioning' 개념을 도입하고 대중화하여 마케팅업계의 신화로 불린다. 〈포춘Fortune〉지가 선정한 500대 기업들의 마케팅 전략과 전술은 그의 손을 거쳤다. 그런 그가 "마케팅은 상품의 싸움이 아닌 인식의 싸움"이라고 했다. 수많은 기업이 최고의 상품을 만들고 판매하기 위해 노력하지만 마케팅은 실상 상품의 품질을 놓고 싸우는 것이 아니라 기업의 이미지와 대중이 상품을 어떻게 인식하느냐에 따라 구매에 영향을 미친다는 것이다. 만약 애플이 전기자동차를 생산한다면 테슬라만큼의 신뢰를 얻을 수 있을까? 대중은 애플을 컴퓨터나 휴대폰 전문회사로 인식하기 때문에 테슬라의 가치를 넘어서기는 힘들 것이다. 반대 경우도 마찬가지다. 테슬라가 아무리 뛰어난 컴퓨터나 휴대폰을 생산한다고 해도 대중에게 애플의 가치 이상을 인식시키는 힘들 것이다. 그래서 마케팅의 세계에서는 대중의 뇌리에 박힌 '인식'을 중요하게 생각한다. 한 번 뿌리 내린 '인식'은 쉽게 바뀌지 않는다.

개인은 나무 같고, 대중은 숲 같은 존재

세상은 인식하기 나름이라는 사실은 정치 세계에서도 중요하다. 정치에서도 어떤 사안이 발생했을 때 그 사안이 옳은가, 그른가를 따지는 것보다 대중이 그 사안을 어떻게 인식하고 있는가를 파악하는 것이 더 중요하다. 그래서 흔히 정치를 "옳고 그름과의 싸움이 아닌 대중 인식과의 싸움"이라고 말한다. 정치는 옳고 그름을 판별하거나 옳고 그른 일을 판가름하기 위해 투쟁하는 일이 아닌 대중의 인식과 투쟁하는 기술이자 행위다. 사실 정치에서 옳고 그름을 판단하는 절대 기준은 없다. 진보인가, 보수인가, 여당인가, 야당인가 하는 진영 논리와 내 편이 누구냐에 따라 옳고 그름이 가려지는 경우가 대부분이다. 정치에서 옳고 그름도 결국은 대중의 손에 달려 있고 대중이 결정짓는다. 정치는 대중의 인식과 판단을 따른다. 정치에서는 대중의 인식이 현실이다.

정치에서의 대중은 어떤 존재인가? 정치에서의 대중은 개인과 다른 성향을 띤다. 개인이 다양한 생각과 다채로운 의견을 가진 개성화되고 인격화된 인간으로서 존재한다면 대중은 각각의 개인이 모인 하나의 집합체로서 존재한다. 하나의 집합체는 여러 가지의 생각들을 흡수 통합해나가면서 하나의 사고로 통일하기 십상이다. 개인들의 사고는 대중화 과정을 거치며 추려진다. 각양각색의 개인 의견이 모여 대중화 과정을 거치면 서로 뭉치고 합쳐져 종국에는 한두 개의 대중화된 사고로 통일되는 것이다. 대중은 개인이 할 수 없는 협력과 협동을 이뤄내기도 한다. 개인으로서 나의 이익을 넘어 우리로서 대중의 이익을 위해 뭉칠 수 있는 존재가 된다.

긍정심리학 분야의 선구적인 학자 조너선 하이트Jonathan Haidt 는 인간의 집단성에 대해서 "인간을 이루는 속성은 90%가 침팬지의 본성이며 나머지 10%는 벌과 같은 속성을 지니고 있다"고 설명한다. 인간의 유전적 조상인 침팬지의 집단성을 90% 정도 갖고 있고, 도덕적 감정이 없음에도 협력과 협동의 힘을 발휘하는 꿀벌의 군집적 속성을 10% 정도 갖고 있다는 것이다. 그래서 대중은 단순하지만 협력할 줄 알고, 특히 우리 편의 이익을 위해 뭉친다.

FGI를 실시해보면 개인과 대중의 속성은 확연히 드러난다. 한 사람의 개인은 자신이 좋아하는 정당과 대통령 후보를 지지하는 이유가 십수 가지를 넘고 이런 개인은 다양하게 존재한다. 개인이 몇몇 모이면 대중이 된다. 대중이 되면 지지 이유는 단순해진다. 대중의 수가 많아지면 많아질수록 더 단순해진다. 상대 당을 지지하는 대중과 토론이 붙었을 때 서로 격렬히 논쟁하면서도 같은 편끼리는 협력하는 이유도 단순하다. 개인은 다양하고 복잡한 성향을 띠지만 대중은 단순하고 통일된 성향을 지향한다. 개인은 자신이 경험한 특수한 사례와 자료를 제시하면서 쉽게 결론에 도달하는 '성급한 일반화의 오류fallacy of hasty generalization' 에 빠지기 쉬운 반면 대중은 이러한 개인의 오류를 최소화하며 평균적 일반화를 끌어낸다. '장님 코끼리 만지기'라는 이야기를 예로 들어보자. 코끼리의 다리를 만진 사람은 "코끼리는 나무 기둥과 같다"라고 한다. 코끼리의 상아를 만진 사람은 "코끼리는 관과 같다"라고 한다. 코끼리의 몸통을 만진 사람은 "코끼리는 벽과 같다"라고 한다. 이렇게 개인은 서로 다양한 의견을 내세운다. 대중은 다르다. 이런 개인과 개인의 의견이 모인 대중은 코끼리를 이렇게 정의한다. "코끼리는 거대한 동물이다." 개인은 나무를 보지만 숲은 보지 못하는 경우가 많다. 대중은 나무를 본 개인의 경험이 합해져 숲과 같은 전체를 조망한다. 여론조사도 이와 비슷하다. 개개인의 인식이 모여 대중의 인식이 되는 것이다. 여론조사가 신뢰를 받는 이유는 이런 까닭이다. 여론조사는 대중의 인식을 드러내고, 대중의 인식은 시대정신을 드러낸다.

대한민국 정치에서 대중은 대개 몇몇 집단으로 좁혀진다. 더불어민주당을 지지하는 대중, 국민의힘을 지지하는 대중, 정의당이나 국민의당, 열린민주당 등 제3당을 지지하는 대중, 더불어민주당과 국민의힘을 왔다 갔다 하는 대중, 어떤 당도 지지하지 않는 대중 등 대여섯 집단의 대중으로 나뉜다. 2019년 이른바 조국사태 때는 대략 세 개의 집단으로 갈라섰다. 조국을 지지하는 대중, 조국을 반대하는 대중, 이도 저도 아닌 관망하는 대중이 그들이다. 이들은 조국을 지지하러 서초동으로 간 대중, 조국을 반대하러 광화문으로 간 대중, 서초동도 광화문도 가지 않은 대중으로 분류된다. 하나의 사안을 두고 정치적 대중의 인식은 이렇게 나뉜다. 한 번 성립된 대중의 인식은 쉽게 바뀌지 않는다. 그래서 대중의 인식이 형성되는 시점과 지점에서 정치인의 행위와 메시지는 중요하다. 대중은 때때로 자신의 인식을 확립해주거나 혹은 동일성을 확인해주고 더 나아가서 대변해줄 정치적 리더를 원한다. 그에게 자신의 감정과 인식, 욕망을 투사함으로써 정치적 리더와의 일체감을 형성하고 동질감을 만들어나간다. 동질감은 내 편을 만든다. 내 편이 있는 대중은 외롭지 않다. 정치적 리더와의 일체감과 동질감을 만들어나가고자 하는 것, 이것이 대중의 심리이자 욕망이며 속성이다. 이 심리와 욕망, 속성을 파악하고 누가 대중의 일체감과 동질감을 더 많이 얻어내느냐에 정치 리더의 성패가 달려 있다.

인식이 사실을 지배, 좋은 정책도 못 받아들이면 폐기

2002년 대선은 여러모로 흥미진진한 선거였다. 선거의 모든 것이 총망라된 선거였다고 해도 과언이 아니다. 최초의 국민참여경선제 실시, 최초의 대통령 후보 교체론 부상, 최초의 후보단일화 여론조사 및 후보단일화, 선거 전날 후보단일화 및 지지 철회, 행정수도 이전 공약 등 굵직한 이슈와 함께 2002년 한 해 동안 펼쳐진 드라마틱한 선거전은 대중의 뇌리에 깊이 각인됐다. 특히 행정수도 이전 관련 정책은 대중의 인식에 팽팽한 찬반의 그림자를 남겨놓았다. 행정수도 이전 문제는 지금도 여전히 대중 간 격론의 장이자, 선거의 주요 모티브로 작용하고 있다.

행정수도 이전 공약은 대중의 관심을 끌었다. 600년 도읍지를 천도遷都한다는 것이 과연 현실성 있는 이야기인가? 노무현이 대통령이 되면 그의 주장대로 행정수도가 이전되는 것인가? 그렇다면 서울은 어떻게 되는 것인가? 수도권과 충청권을 비롯한 전 국민의 관심이 증폭되면서 수도 이전에 대한 찬성과 반대의 여론은 엇갈렸다. 충청권은 환호했고, 수도권은 냉담했다. 나머지 대중도 찬반으로 팽팽하게 나뉘었다. 정치에서 찬반이 팽팽하게 맞서면 이슈를 처음으로 제기한 정당과 인물이 주도권을 쥐게 마련이다. 제기된 이슈에 응답할 수밖에 없거나 끌려가는 정당과 인물은 후발주자가 된다. 견인차와 견인되는 차량의 관계가 성립된다. 끌려다니게 되면 주도권을 잃는다.

인식은 사실을 지배한다. 특히 대중의 인식은 사실을 지배하는 차원을 넘어 사실을 재정의하거나 재규정한다. 없는 사실도 만들어낼 수 있다. 세 명이 말을 맞추면 없는 호랑이도 만들어낸다는 '삼인성호三人成虎'는 대중의 인식이 미치는 파급을 극명하게 설명해준다. 한 개인의 말보다 3인의 대중의 말이 더 진실에 가깝게 느껴진다. '진실착각효과illusory truth effect'라는 심리학 용어도 이를 잘 설명해준다. 진실이 아닌데도 반복해서 접하다 보면 어느 순간 그것을 진실로 받아들인다는 것이다. 일종의 인지편향이다.

정치는 대중의 인식에 지배를 받는다. 행정수도 이전은 옳은 일인가? 그른 일인가? 정치는 옳고 그름을 따지거나 옳고 그름에 따라 움직이는 것이 아니다. 대중의 인식에 따라 움직인다. 행정수도를 옮기는 것을 대중은 어떻게 바라보고 있고, 어떻게 인식하고 있는가가 더 중요하다. 내가 아무리 옳은 일이라고 믿고 행동해도 대중이 따르지 않는 정치는 무의미하다. 정치는 대중과 함께하기 때문이다.

2002년 대선은 선거 전날까지 드라마틱한 사건들이 잇달아 벌어졌다. 그러나 결국 하나하나의 산들을 어렵게 넘어온 노무현이 승리했다. 노무현의 승리 요인으로 여러 가지를 꼽을 수 있겠지만 행정수도 이전 공약도 논공행상에서 결코 밀리지 않는다. 노무현은 행정수도 이전 공약으로 이슈를 선점하고 주도하며 이끌었다. 노무현이 던진 이슈에 대해 찬성할 수 없었던 이회창은 반대만 하다가 끌려다녔다. 고향인 충청권에서도 승리하지 못했다.

노무현이 대통령이 된 후 행정수도 이전 공약에 따라 2003년 12월 「신행정수도의 건설을 위한 특별조치법」이 통과됐다. 2003년 12월 한국갤럽이 전화조사를 실시했다. '충청권으로 행정수도를 옮기는 것에 대해 찬성하는가, 반대하는가?'라는 질문에 찬성이 43.5%, 반대가 42.7%, 모름/무응답이 13.8%로 나왔다. 찬반이 팽팽한 결과였다. 1년 전 대선에서 노무현을 지지했다는 응답층에서는 찬성이 55.5%로 반대 29.7%보다 높았고, 이회창을 지지했다는 응답층에서는 반대가 66.4%로 찬성 26.9%보다 압도적으로 높았다. 대중의 정치적 지지 성향에 따라 행정수도 이전에 대한 인식도 달랐던 것이다. 정치적 해결에 실패한 행정수도 이전 논의는 결국 결론을 내지 못하고 헌법재판소의 판결에 맡겨졌다. 2004년 10월 헌법재판소는 "우리나라의 수도는 서울"이라는 '관습헌법' 개념을 내세워 행정수도 이전에 대해 위헌 결정을 내린다.

받아들이는 방식을 바꾸는 질문으로 인식의 전환 필요

꺼져가던 행정수도 이전 논의는 2020년 7월 재점화되기 시작한다. 더불어민주당 원내대표 김태년이 국회 대표 연설에서 행정수도 이전을 다시 제안하면서 이슈화됐다. 여론조사 결과도 발표됐다. SBS 의뢰로 입소스가 2020년 7월 24~25일에 실시한 조사에서는 청와대와 국회 등을 세종시로 옮기는 행정수도 이전에 대해 찬성은 48.6%, 반대는 40.2%로 나왔다. 한국갤럽이 2020년 7월 28~30일에 실시한 전화조사에서는 수도를 '서울시로 유지하는 것이 좋다'고 응답한 층은 49%, '세종시로 이전하는 것이 좋다'고 응답한 층은 42%로 나왔다. 행정수도 이전에 대한 대중의 인식은 여전히 첨예하게 갈려 있었다.

행정수도 이전에 대한 논의는 사실 박정희 정권 때부터 있어 왔다. 1979년 박정희의 유고로 유야무야됐던 것이 1980년대 후반 수도권의 인구과밀과 주택가격 폭등, 교통 기반시설 부족 등이 문제화되면서 다시 거론되었다가 곧 사라졌다. 그러다 2002년 노무현의 공약으로 되살아났다가 헌법재판소의 판결로 또 사그라들었고, 2020년에 재등장하였다.

　대중의 뇌리에 깊게 각인된 '수도＝서울'이라는 인식을 어떻게 바꿀 것인가? 2020년 11월 우리가 접한 행정수도와 국회 이전 관련 여론은 다소 의외였다. 대중은 국가균형발전에 대한 당위성에 깊이 공감하고 있었다. 수도권 과밀화와 지방소멸에 대한 위기감은 곳곳에서 공감을 얻고 있었다. 대기업, 대학교, 대형 병원 등을 비롯한 공기업·공공기관 이전을 먼저 서두르자는 의견이 등장했다. 국가균형발전을 이루어야 한다는 찬성 의견이 반대 의견보다 월등히 높았다. 대기업의 지방 이전을 위해 세제혜택 등 실질적 인센티브를 주어야 한다는 구체적 방안도 대중 스스로 제시했다.

　전면적인 수도 이전보다는 국회 이전과 같은 점진적 이전을 고려해야 한다는 의견도 다수였다. 국회를 세종시로 옮기는 것에 대해서도 찬성이 더 높았다. 국회 이전 후 남은 부지를 공공과 청년을 위해 활용하는 것에 대한 질문에 찬성이 반대보다 두 배 이상 높게 나타났다. 국회를 단순하게 이전해야 하는가를 묻는 질문보다 이전 부지에 대한 공공의 활용을 전제로 한 질문에 대중은 더 적극적인 찬성과 공감의 여론을 형성하고 있음을 알 수 있었다. 서울시민에게 국회의 이전이 국회를 '빼앗긴다'는 의미일 수 있다는 가설은 성립되지 않았다. 국회 이전으로 인한 박탈감을 묻는 질문에도 '박탈감이 있다'라는 수치보다 '박탈감이 없다'라는 수치가 훨씬 높은 것을 확인할 수 있었다.

어떤 한 사안과 사건에 대해서 한 번 형성된 대중의 인식은 쉽게 바뀌지 않는다. 쉽게 바뀌지 않는 대중의 인식은 사실을 지배한다. 정치는 대중과 '옳고 그름'의 문제를 두고 투쟁하는 것이 아닌 대중이 바라보고 있는 '인식'과 투쟁한다. 대중이 어떻게 받아들이는가가 문제다. 행정수도 이전 문제뿐만 아니라 한미FTA와 4대강 사업이 그랬고, 탈원전정책도 그랬다. 옳고 그름을 떠나 대중이 어떻게 받아들이고 있는지가 정치적 결단의 향배를 가른다. 대중의 인식과 투쟁하기 위해서는 대중의 인식 시점과 지점을 파악하는 것이 매우 중요하다. 왜, 어떻게, 누구에 의해 그런 인식이 자리 잡게 됐는지 조사하고 그 결과를 도출해서 분석해볼 필요가 있다.

1970년대의 대중과 1980년대의 대중, 2002년의 대중과 2020년의 대중은 다르다. 그사이 시간이 흘렀고 과학과 기술이 발달했고 문화가 변화했다. 라이프 스타일이 바뀌었고 미래에 대한 희망도 달라졌다. 시간에 따라 대중도 바뀐다. 대중의 인식도 변화한다. 정치는 대중의 인식과 함께해야 하며, 함께하지 못하겠다면 포기하거나 대중의 인식을 바꿔야 한다.

10

호감도가 낮으면
이길 수 없다

호감好感은 좋은 감정을 뜻한다. 악감惡感은 나
쁜 감정을 뜻한다. 비호감非好感은 호감과 악감의 중간쯤의 감정
이다. 혐오와 증오는 악감보다 더한 감정으로 받아들여진다. 국
어사전을 보면 혐오嫌惡는 "싫어하고 미워함"으로 풀이되고, 증
오憎惡는 "아주 사무치게 미워함 또는 그런 마음"으로 풀이되고
있다. 사전적 의미로 보면 증오가 혐오보다 더 미운 감정으로 읽
힌다. 호감과 비호감, 악감, 혐오나 증오 등은 모두 사람이어서
느낄 수 있는 감정이다. 동물이나 로봇이 호감과 비호감, 악감,
혐오 등을 느끼기는 어렵다. 사람의 감정은 변화무쌍하다. 하루
에도 몇 번씩 감정의 기복을 겪는다. 감정은 쉽게 바뀔 수도 있지

만 쉽게 바뀌지 않는 경우도 많다. 사람의 감정은 이성보다는 감성에 좌우된다. 머리로 생각하는 것보다는 가슴으로 느낀다.

호감은 감성에 호소한다. 이성보다는 감성에 소구한다. "첫눈에 반했다"라는 말은 이성적 판단보다는 감성적 직감에서 튀어나온 말이다. 사람이 사람에게 호감을 느끼는 이유는 여러 가지다. 음식, 책, 음악, 유튜브, 영화, 스포츠, 여행 등 나와 취미 생활이나 선호도가 비슷하면 호감을 느낄 수 있다. 반대도 있다. 취미나 선호도가 너무 같으면 나와 같은 사람이 싫어서 도리어 비호감의 대상이 될 수도 있다. 호감은 단순히 좋아하는 감정으로만 해석되지는 않는다. 호감은 호감의 대상에 대한 이해와 긍정, 지지와 참여를 이끄는 적극적인 행위를 유발한다. 반대도 마찬가지다. 비호감 혹은 악감이나 혐오 등은 단순히 싫어하거나 나쁜 감정의 차원을 넘어 부정, 반대, 투쟁, 폭력 등의 행태를 초래하기도 한다. 특히 정치의 장에서 호감, 비호감, 증오 등의 감정은 거대한 장벽을 무너뜨리기도 하지만 전쟁 불사로까지 이어지기도 한다.

호감도는 모든 판단의 선행지표, 대중의 감성이 중요

대중의 감성은 정치의 영역에서 매우 중요한 기제다. 대중의 이성이 정치를 움직일 것 같지만 실은 대중의 감성이 정치를 움직인다. 대중은 이성적 존재라기보다는 감성적 존재에 가깝다. 대중이 갖는 정치와 정치적 리더에 대한 호불호好不好는 주로 이성이 아닌 감성에 기반한다. 대중이 표출하는 정치적 지지와 분노도 마찬가지다. 그러므로 정치는 대중의 감성을 사로잡아야 이길 수 있다.

미국 에모리 대학의 심리학과 드루 웨스턴Drew Western 교수는 대중 심리를 이용해 정치를 분석했다. 웨스턴은 이 분야의 전문가로 꼽힌다. 그는 "사람은 평소 자신이 믿고 있는 것에 반하는 정보는 대체로 외면하고, 자신의 신념에 맞는 정보는 스스럼없이 받아들인다"라고 주장한다. 웨스턴은 실제로 실험을 통해 이 가설을 입증한다. 실험 참가자들은 합리적이거나 논리적인 주장과 판단을 내리기보다는 자신이 믿고 싶은 정보만을 선택적으로 받아들이는 취사 선택의 경향을 보였다. 이른바 확증편향confirmation bias이다. 확증편향은 자신의 주장과 일치하는 정보는 받아들이고 그렇지 않은 정보는 무시하는 현상을 일컫는다. 확증편향은 자신의 주장을 정당화하기 위해 새로운 증거를 찾고 확증해나가는 방식으로 자신의 믿음(오류)을 체계화한다. 웨스턴은 사람은 우리가 생각하는 것처럼 결코 이성적이거나 합리적이지 않은 존재라고 보았다. 웨스턴은 정치인 혹은 정치 지망생들에게 이렇게 조언한다. "유권자의 판단은 합리적이지 않다, 유권자의 특별한 감정을 자극하라." 대중의 머리보다는 대중의 마음을 사로잡아야 정치에서 성공할 수 있다는 말이다. 이성과 감성이 부딪히면 결국 감성이 이긴다는 게 웨스턴 교수의 논리다.

무대에서 색소폰을 연주하는 모습이 TV 프로그램을 타서 큰 반향을 일으킨 빌 클린턴이나 농구장에서 농구선수와 운동하는 모습을 보여준 버락 오바마가 승자가 될 수 있었던 것은 바로 미국 대중의 이성보다는 감성을 자극해 호감을 얻었기 때문이다. TV에 나와 머뭇거리던 조지 부시가 똑똑한 환경운동가 앨 고어를 꺾었고, 거래와 장사에 능한 비즈니스맨 도널드 트럼프가 학식과 능력을 겸비한 미국 최초의 여성 대통령 후보 힐러리 클린턴을 이겼다. 감성이 이성을 누른 것이다.

호감은 상대의 마음을 얻는다. 호감은 매력을 느끼게 한다. 어딘지 모르게 끌리는 사람이 매력을 가진 사람이다. 매력적인 사람은 인기가 많다. 인기人氣는 문자 그대로 사람의 '기'다. 기가 움직이면 마음이 움직이고, 마음이 움직이면 머리도 움직인다. 미국 하버드 비즈니스 스쿨에서 발표한 〈누구와 함께 일하고 싶은가?〉라는 주제의 연구는 사람이 느끼는 '호감'에 대한 감정의 정도가 어떠한지를 설명해주었다. 당신은 누구와 함께 일하고 싶은가? 능력도 뛰어나고 호감도도 높은 '매력적인 스타'는 같이 근무하고 싶은 호감형 인재 1순위다. 능력은 별로지만 호감도가 높은 '매력적인 바보'는 같이 근무하고 싶은 사람이다. 능력은 뛰어나지만 호감도가 낮은 '유능한 밉상'은 피하고 싶은 사람이다. 능력도 별로고 호감도도 낮은 '무능한 밉상'은 절대적으로 피하고 싶은 비호감 1순위다. 연구 결과에서 나타나듯 사람들이 함께하고 싶은 인재는 능력보다는 호감이 뛰어난 사람이다.

사람들이 사람을 평가할 때 능력보다는 호감을 먼저 생각한다는 것은 사람과 사람 사이에는 호감이 있어야 한다는 것, 사람들과의 관계를 결정짓는 가장 중요한 요인은 호감이라는 사실을 뒷받침해준다.

정치의 세계에서도 호감은 중요하다. 대중이 정치적 선택을 내릴 때 가장 중요하게 따지는 것이 바로 호감이다. 과거 한국 정치에서의 호감은 혈연이나 지연, 학연이 많은 부분을 차지했다. 대중은 나와 혈연 관계가 있는 사람, 나와 고향이 같은 사람, 나와 같은 학교를 다닌 사람에게 호감을 느꼈고 이는 지지와 투표로 이어졌다. 동교동계(김대중 지지 그룹), 상도동계(김영삼 지지 그룹) 등 정치적 보스와 운명을 같이한 계파 그룹들의 지지 여부에 따라 호감도가 갈리기도 했다. 지금도 크게 나아진 것은 아니지만 그래도 지금은 정당에 대한 호감, 인물에 대한 호감, 정책에 대한 호감을 따진다. 정당은 어디, 인물은 누구, 정책은 무엇, 하는 식으로 서로 교차 호감을 갖기도 한다.

정치의 영역에서 한 번 형성된 호감은 쉽게 바뀌지 않는다. 특히 강성 지지층이 갖는 호감은 절대적이다. 돌이킬 수 없는 결정적 실수를 하거나 반복해서 저지르는 잦은 실수 혹은 상식 밖의 행동을 하지 않는 이상 한 번 갖게 된 호감은 잘 변하지 않는다. 약성 지지층이나 중간층이 갖는 호감은 강성 지지층에 비해 약하다. 이들은 언제든 등을 돌릴 수 있다. 등 돌린 대중의 마음을 다시 얻으려면 자기 혁신이 필요하다. 대중의 마음을 다시 얻기 위한 전면적 전환의 계기를 마련하거나 쇄신의 길을 택하는 등 혁신적 혹은 파격적 행위가 따라야 한다. 그때야 비로소 대중은 마음의 문을 열고 태도를 바꾼다. 한국 정당들의 당명이 자주 바뀌고 쇄신책이 곧잘 등장하는 것은 이 때문이다.

호감은 대중이 내리는 정치적 선택의 지표다. 여론조사에서 호감도를 중요하게 보는 이유가 여기에 있다. 호감도는 선거에서의 당락과 정치에서의 지지도를 판가름하는 선행지표다. 아무리 인지도가 높아도 대중의 호감도가 낮으면 지지를 얻기에는 역부족이다. 정치의 세계에서 인지도-호감도-지지도는 삼박자로 불린다. 일단은 알아야 하고, 이단은 좋아야 하고, 삼단은 찍어줘야 한다. 지지도가 경쟁력을 과시하는 '경쟁력 지표'라면 호감도는 확장력을 파악하는 바로미터, 즉 '잠재력 지표'라고 불린다. 비호감도가 높은 후보는 지지도를 올리기가 요원하다. 좋지 않은 감정을 갖고 있는데 지지하고 싶은 마음이 생기기는 어려운 법이다. 투표로 선택이 결정되는 민주주의 사회에서는 대개 절반의 선택을 받아야 한다. 호감도가 높으면 선택받을 가능성이 높아진다. 그래서 호감도를 선행지표라고도 한다. 호감도를 높이기 위해서는 대중의 마음을 공략하고 대중의 감성 속으로 들어가야 한다.

대중 정치인으로 거듭나는 길, 감성에 호소하라

1997년 제15대 대통령 선거는 사실상 김대중에게 주어진 마지막 기회였다. 대선에만 네 번째 도전하는 4수생이었고 만 74세의 고령인 데다 이름 앞에는 비방과 마타도어가 늘 따라다녔다. 군사독재 정권과 맞서 싸우며 죽을 고비를 세 차례나 겪었고, 시국사건에 얽혀 징역을 살았으며, 가택연금과 해외망명 생활을 하고, 사형선고까지 받았던 김대중이었다. 그에게는 강경한 '투사'와 '사상가', '선동가'의 이미지가 따라다녔다. 검은색 두루마기는 김대중을 상징하던 옷이었다. 그 두루마기에는 한 사람으로서의 인간적인 면모보다는 쟁취와 투쟁으로 점철된 정치인생과 역정의 이미지가 아로새겨져 있었다.

1997년 15대 대통령 선거는 한국 정치사에서 매우 중요한 의미를 갖는다. 천문학적 비용이 드는 선거 방식에 변화의 조짐이 일었기 때문이다. 대한민국 선거의 고질적 병폐로 지목됐던 고비용 저효율 선거 구조를 바꾸자는 여론이 임계점에 다다라 그 대안으로 미디어 선거가 가능하도록 선거법이 개정됐다. 주요 정당의 대통령 후보들이 한자리에 모여 논쟁을 벌이는 TV토론이 처음 도입됐다. 각 대선캠프는 소위 미디어 전문가로 불리는 이들을 속속 영입했다. 후보의 TV 프로그램 등장도 더 이상 낯선 일이 아니었다. 김대중에게 미디어 선거는 호재였다. 대중에게 인간적인 진면목을 알리는 절호의 기회였기 때문이다.

15대 대선을 1년여 앞둔 1996년 7월 MBC 예능 프로그램 〈일요일 일요일 밤에〉는 한창 인기 가도를 달리던 프로그램이었다. '이경규가 간다'라는 코너는 몰래카메라로 등장인물을 속이는 콘셉트로 장안의 화제를 불러일으켰다. 김영희 PD와 이경규 등 제작진들은 김대중의 일산 자택을 기습 방문했다. 정장이나 두루마기가 아닌 편한 일상복 차림으로 아침 산책을 나서는 김대중을 만나 "몰래카메라예요? 합시다"라는 출연 수락을 끌어냈다. 김대중은 여기에서 그동안 알려지지 않았던 특유의 유머 감각을 발휘한다. 제작진과 시청자들을 웃게 만들었고, 스스로도 활짝 웃는 모습을 보인다. 진지하고 엄숙하며 냉철할 것 같은 이미지의 김대중은 이런 일상적 모습을 통해 대중에게 자신의 인간적인 면모를 유감없이 드러냈다. '정치인 김대중'에서 '인간 김대중'으로의 이미지 전환에 성공한 것이다. 방송이 나간 후 당시 당 대변인을 맡았던 박지원이 남긴 말도 유명하다. "김대중의 정치인생 40년 동안 웃는 모습이 TV에 나간 것은 그때가 처음이에요." 박지원은 제작진들에게 실제로 매우 고마워했다는 후문까지 남겼다. 김대중의 TV 출연은 성공적이었다.

1997년 8월 5일에 김대중은 여성과 주부들이 주 시청층이었던 MBC의 아침 프로그램 〈임성훈입니다〉에 출연해 사별한 전 부인과의 스토리를 풀어놓으며 눈물을 잠시 내비친다. 김대중의 가족사에 얽힌 애틋한 사연과 김대중의 눈물은 TV를 시청하던 주부들의 마음을 울리기에 충분했다. 이후 MBC 의뢰로 한국갤럽이 1997년 8월 13일에 실시한 15대 대선 관련 국민여론조사에서 이회창은 28.8%, 김대중은 32.1%, 김종필은 8.2%의 지지를 받았고, 주간조선 의뢰로 한국갤럽이 1999년 8월 21일에 실시한 여성 유권자 정치의식 조사에서도 이회창은 21.9%, 김대중은 22.8%, 김종필은 8%의 지지를 받아 김대중의 지지도가 상대 후보들을 앞지르기 시작한다.

이후 선거운동 기간에 김대중은 대중의 이성보다는 감성을 자극하고 공략하는 홍보 캠페인을 펼쳐나갔다. 그해 9월 평생 민주화 투쟁을 하며 '선생님'으로 불리던 김대중은 남대문시장에서 상인으로 변신했다. 김대중은 상인들과 함께 상인 복장을 하고 남대문시장을 방문한 대중을 상대로 "골라, 골라, 오천 원, 오천 원"을 연발했다. 김대중의 이 모습은 가까이하기엔 너무 먼 선생님이었던 '투사형 정치인 김대중'을 한 번쯤 가까이하고 싶은 '소탈한 인간 김대중'의 이미지로 전환해주며 대중의 가슴에 깊이 뿌리내렸다.

2002년 16대 대선은 '1분의 승부'가 대중의 감성을 파고들었다. 각 대선캠프가 내놓은 TV 광고는 또 하나의 전쟁을 알리는 서막이었다. 소신과 신념, 명분을 지키기 위해 굽힐 줄 모르는 강인한 공격형 정치인 이미지를 갖고 있던 노무현은 TV 광고 하나로 인간미와 감성이 충만한 정치인 이미지를 갖게 됐다. 노무현이 갖고 있던 '과격', '불안', '강함' 등의 이미지는 TV 광고로 한층 상쇄됐고, 오히려 따뜻하고 서민적이며 감성적인 면을 가진 정치인으로 인식됐다.

2002년 10월 20일 개혁국민정당 발기인 대회에서 문성근은 노무현을 지지하는 찬조연설을 한다. 이 연설을 듣고 있던 노무현은 감동에 겨워 눈물을 흘린다. 이 영상이 '노무현의 눈물'이라는 TV 광고 1탄의 주요 모티브가 됐다. 존 레넌John Lennon의 〈이매진Imagine〉이 배경음악으로 흐르고 노무현의 눈물이 화면에 흐르면서 "노무현의 눈물 한 방울이 대한민국을 바꿉니다. 두 번 생각하면 노무현이 보입니다. 대한민국 새 대통령 노무현"이라는 카피가 등장한다. 이 광고는 대중의 감정선을 자극하고 흔들었다.

한나라당의 이회창 캠프가 내세운 TV 광고 1탄은 어떠했을까? 일명 '버스 편'이라고 불린 1탄은 대중을 설득하는 데 실패했다는 평가를 받았다. "난폭한 운전사에게 나라를 맡기지 말고 안전한 운전사에게 맡기자"라는 메시지를 담고, 노무현의 '불안감' 대비 이회창의 '안정감'을 대중에게 호소하자는 전략이었다. 그런데 결국 메시지의 모호성으로 인해 대중의 이성과 감성을 모두 놓쳤다는 반응이 지배적이었다. 이후 나온 광고들도 '국공립 보육시설 대폭 확대', '여성 일자리 100만 개 창출' 등 정책과 비전을 열거한 광고였다. 한나라당과 이회창의 능력을 강조한 광고였고, 모두 30대 중후반 대중의 정책적 소구에 호소하는, 즉 이성에 호소하는 전략이었다. 대중의 마음을 공략하기에는 역부족이었다.

반면 새천년민주당 노무현 캠프의 광고는 감성에 호소하는 전략이었다. TV 광고 2탄 '기타 치는 대통령'은 노무현이 기타를 치며 70년대의 저항가요 '상록수'를 직접 불렀다. "저 들에 푸르른 솔잎을 보라"로 시작하는 노무현의 노래는 386세대의 감성을 자극하려는 홍보 전략에 따른 것이다. 대중의 감성에 호소하는 노무현의 광고는 노무현을 지지하는 지지층들(집토끼)의 결집을 노리는 한편 '과격', '불안' 등 노무현에게 씌워졌던 비호감 이미지를 상쇄하여 중도층의 지지까지 끌어안으려는 전략을 내포하고 있었다. 차가운 대쪽 이미지의 이회창은 자신의 이미지를 확장하지 못했고, 과격한 강성 이미지의 노무현은 부드럽고 소박한 이미지로 확장하면서 호감도를 높일 수 있었다.

대중은 상식의 편, 반대를 위한 반대로는 호감도 못 높인다

호감은 상대의 결점을 덮어준다. 상대가 치명적인 실수를 하지 않는 이상 한 번 호감을 갖게 된 사람은 끝까지 잘 보게 된다. 반대로 한 번 비호감은 웬만해서는 호감으로 바뀌기가 쉽지 않다. 상대를 비호감의 대상으로 보게 되면 상대의 장점은 잘 보이지 않고 허물만 눈에 띄게 된다. 정치의 장에서도 마찬가지다. 대중으로부터 한 번 비호감으로 찍히고, 비호감의 늪에 빠지면 헤어나오기 어렵다. "사람이 바뀌었네", "당이 확 바뀌었네"라고 할 정도로 전면적인 쇄신이 필요하고, 정풍整風이 필요하다.

2020년 21대 총선은 여당인 더불어민주당이 압승을 거둔 선거였다. 연속적으로 펼쳐진 네 차례의 전국 단위 선거에서 더불어민주당은 승리의 깃발을 흔들었다. 2016년 20대 총선에서 더불어민주당 123석, 새누리당 122석. 2017년 19대 대선에서 더불어민주당 문재인 41.1% 득표, 자유한국당 홍준표 24% 득표. 2018년 7회 지방선거에서 광역단체장 더불어민주당 14곳, 자유한국당 2곳. 2020년 21대 총선에서 더불어민주당·더불어시민당 180석, 미래통합당·미래한국당 103석. 네 차례 선거에서 민주당계의 정통성을 바탕으로 한 '더불어민주당'은 더불어민주당으로 당명을 개정한 이후 전국 선거에서 사실상 모두 승리했고, 민자당계의 '국민의힘'은 새누리당 → 자유한국당 → 미래통합당으로 당명이 수차례 바뀌는 동안 4.7 재보궐선거에서만 승리를 거두고 전국 선거에서는 사실상 모두 패배했다. 정치의 장에서 당의 간판을 바꾼다는 것은 뭔가 잘 풀리지 않는다는 방증이다. 대개 선거 패배 이후 새로운 출발이 필요할 때 낡은 당의 간판을 떼고 새로운 당의 간판을 단다. 새로운 당의 간판과 함께 그동안에 쌓인 비호감의 때를 벗고 호감을 얻기 위한 '뼈를 깎는' 쇄신책을 마련한다. 다행히 쇄신에 성공하면 집 나간 토끼도 돌아오고, 관망하던 중간층도 관심을 보이며, 대중의 호감도도 올라간다.

21대 총선에서 미래통합당이 패배한 이유는 여러 가지로 분석된다. 그중에 가장 핵심은 바로 '비호감도'가 높았다는 점이다. 미래통합당은 탄핵 이후에도 '꼰대', '막말', '태극기부대' 등 기존의 비호감 이미지를 극복하는 데 실패했다.

더불어민주당의 승리 요인으로 코로나19의 영향이 컸다는 점
은 분명하다. 그러나 질병의 유행이라는 국가 위기 상황이 온전
히 집권여당인 더불어민주당에 일방적으로 유리한 국면이었다
고만은 볼 수 없다. 방역의 책임이 있었기 때문이다. 메르스 위
기 때의 박근혜 정부를 생각해보면 이해가 빠를 것이다. 더불어
민주당에는 악재도 있었다. 집값 상승 등 정부여당의 부동산정책
에 대한 불만이 잠재되어 있었던 것이다. 그러나 코로나19가 블
랙홀이었다. 모든 것을 코로나19가 빨아들였다. 시시각각 나오는
코로나19에 관한 보도와 뉴스에 대중은 불안감을 느꼈다. 불안
은 안정을 요구하기 마련이며 안정은 정부여당의 몫으로 작용하
는 것이 사실이다. 무엇보다 'K-방역'이라 불리며 서구 선진국보
다 훨씬 뛰어난 방역 성과를 보여준 것은 고무적인 일이었다. 건
강, 생명, 안전과 직결된 문제, 특히 가족의 안전에 관한 문제는
대중의 가장 큰 관심 사항이다.

　　정부여당과 방역 당국의 대응에 대해 긍정적 여론이 70%가
넘게 나왔다. 정은경 질병관리본부장의 호감도가 높아졌고, 인
기도 치솟았다. 정은경의 브리핑에 대중은 주목했다. 정은경이
마스크를 착용해야 한다고 하면 마스크를 착용했고, 손을 자주
씻고 대면 접촉을 피해야 한다고 하면 손을 자주 씻고 대면 접촉
을 피했다. 안전과 안정을 희구하는 대중의 심리는 K-방역을 주
목했고, 집권여당인 더불어민주당은 K-방역과 한배를 탔다.

　　미래통합당의 대응은 여기서부터 단추를 잘못 끼웠다. 미래통

합당은 안전과 안정 희구의 대중 심리에 장단을 맞추면서 초당적으로 협력하고 협조하는 모습을 보여야 했다. 대중의 70% 이상이 K-방역의 성과를 높이 평가하고 질병관리본부의 대응을 칭찬하는 마당에 이를 부정하고, K-방역의 성과를 축소, 왜곡하는 등의 네거티브 전략을 펼친 행태는 대중의 비호감도만 높일 뿐이었다. 미래통합당은 '심판론'에서 '견제론'으로 프레임을 전환하고, 국난 조기 극복을 위해 협력할 것은 협력하되, 부동산정책 등 민생 관련 문제를 파고들고 대안세력으로 포지셔닝을 했어야 했다. 그런데 미래통합당은 선거 캠페인 기간 내내 '못 살겠다 갈아보자'만 외쳤다. 여기에다 당대표였던 황교안의 n번방 관련 실언과 설화, 미래통합당 지역 출마 후보자들의 세월호 막말, 장애인 비하 발언, 구설 등이 이어지면서 미래통합당의 비호감도는 더 높아졌다. 몰상식, 비상식은 상식을 이기지 못한다. 대중은 상식적이다. 개인은 비상식적이거나 몰상식할 수 있어도 대중은 결코 비상식적이거나 몰상식하지 않다. 대중은 상식의 편이다. 반대를 위한 반대만으로는 결코 호감도를 올리지 못한다. 반대를 위한 반대만으로는 선거에서 이길 수 없다.

KBS 의뢰로 한국리서치가 2020년 4월 4~6일에 실시한 전화면접조사를 보면 '어느 정당 후보에게 투표하겠는가?'라는 물음에 더불어민주당 37.3%, 미래통합당 23.6%, 정의당 2.2%의 결과가 나왔다. 한국갤럽은 21대 국회의원선거 직전 4월 13~14일 양일간 정치 관련 인식조사를 실시했다. 선거 시기와 거의 맞물린 조사였던 셈이다. '어느 정당을 지지하는가?'라는 물음에 더불어민주당은 41%, 미래통합당은 25%, 정의당은 5%의 지지를 얻었다. 한국갤럽의 ±3.1%의 오차범위를 적용하면 한국리서치 조사 결과와 비슷한 결괏값이다. 총선 직전 더불어민주당과 미래통합당의 지지도는 13~19%p 정도의 격차를 유지했다.

총선 이후 조사된 총선 사후事後 조사를 보면 더 흥미롭다. 조선일보 의뢰로 메트릭스리서치가 4월 22~23일 양일간 실시한 조사는 비호감도가 끼치는 영향이 선거에 얼마나 중요한지 적나라하게 보여준다. 4.15일 총선에서 더불어민주당이 승리한 이유에 대해 질문한 결과 '미래통합당이 잘못해서'가 61%, '더불어민주당이 잘해서'가 22%로 '잘못해서'가 세 배가량 높게 나왔다. 또 호감도를 묻는 질문에 총선 투표자의 56%가 '더불어민주당에 호감이 간다'고 응답했고, 20%가 '미래통합당에 호감이 간다'고 응답했다. '미래통합당에 호감이 가지 않는다'는 무려 73%로 '더불어민주당에 호감이 가지 않는다' 37%보다 두 배가량 높았다. 미래통합당에 대한 대중의 비호감이 승패를 가른 것이다.

지지층 호감도는 정치적 성장의 지표

정당별 호감도 조사는 여론조사 기관에서 주기적으로 실시한다. 호감도는 일종의 시그널, 선행지표다. 4.15총선이 치뤄지기 수개월 전인 2019년 10월 8~10일에 한국갤럽이 실시한 정치 인식조사에서 자유한국당(미래통합당의 전신)에 대한 비호감도는 62%로 나타났다. 대중이 가지는 비호감 이유도 다양했다. 견제를 넘어 반대를 위한 반대, 발목잡기, 사사건건 장외투쟁만 한다는 이유도 있었고, 기득권층을 대변하는 기득권정당, 소통이 부족한 '꼰대' 정당, '빨갱이'나 '종북' 등을 외치는 냉전적 사고에서 벗어나지 못하는 정당 등이 비호감의 이유로 꼽혔다.

4.15 총선을 앞둔 미래통합당은 비호감을 개선해나가기 위한 노력보다는 통합에 급급한 모습을 보였다. 대중의 호감을 얻기 위한 쇄신은 뒤로 제쳐두고 몸집 불리기에 먼저 나선 모양새를 대중이 곱게 볼 리 없었다. 통합을 하면 혁신을 해야 하는 시간이 필요하다. 그리고 통합과 혁신의 시간표는 대중의 상식 범주에 맞춰 진행해야 한다. 그런데 '반대세력'을 모으는 통합에만 치중한 나머지 혁신에는 주춤했고, 호감도를 높일 기회를 스스로 차버린 결과를 낳았다.

정치와 선거에서 호감도는 대단히 중요하다. 호감도가 낮으면 확장력이 떨어진다. 지지도가 낮더라도 호감도가 높은 후보는 가능성이 있다. 전략을 잘 세우고 캠페인을 적극적으로 펼치면 언제든 반등하고 올라설 가능성이 높다. 호감도도 높고 지지도도 높으면 두말할 나위 없다. 다른 이슈나 주변 환경으로 제압당하지 않는 한 경쟁력이 살아 있는 후보다.

여론조사에서 호감과 비호감의 비율이 2 대 1 정도 나오면 안정성이 높다고 본다. 1.5 대 1의 비율만 유지해도 괜찮다. 이는 호감 대 비호감의 비율이 45 대 30 정도에 해당하는 것이므로 지지층 안에서만 보더라도 상당히 압도적인 수치라고 할 수 있다. 대권을 꿈꾸는 후보나 전국 선거를 앞둔 정당의 경우, 호감도와 비호감도의 수치는 전국을 단위로 한 조사에서 유의미한 결과를 뽑아내는 것이 중요하다. 지지층 혹은 진영 안에서의 수치도 중요하다. 당내 경선을 통과해야 하는 상황이라면 소속정당 안에서의 호감도, 비호감도도 중요하다. 소속정당에서 호감도가 높으면 정치적 성장의 기회가 제공되고, 비호감도가 높으면 성공하지 못할 가능성이 높다. 다음 선거를 장담하지 못하는 상황에 이를 수도 있다.

역대 대통령들의 호감도 조사 결과도 선행지표의 근거로 활용된다. 각 진영을 상징하는 대통령의 호감도는 투표 성향과 직결된다. 보수 진영이 우세한 흐름이면 박정희를 좋아하는 대중의 수가 많아지고, 진보 진영이 우세한 흐름이면 노무현을 좋아하는 대중의 수가 늘어난다. 전국 단위 선거를 앞두고 전직 대통령들의 호감도 조사를 해보면 당해 선거의 지표를 조심스럽게 가늠해볼 수 있다.

이와 관련하여 한국리서치의 조사 결과는 시사하는 바가 크다. 한국리서치는 2012년부터 4년 단위로 '박정희·노무현의 호감도 변화' 조사를 실시해왔다. 2012년 4월 조사를 보면, 박정희는 66%의 호감도를 얻었다. 노무현도 67%의 호감도를 얻어 박빙의 양상을 보였다. 세대별로 들어가 보면 20~30대에서는 노무현의 호감도가 압도적으로 높았고, 40대에서는 우위로 나왔다. 그러나 50대 이상으로 갈수록 반대의 결과가 나온다. 50대에서는 박정희가 81%, 노무현이 55%로 나왔고, 60대 이상에서는 박정희가 84%, 노무현이 40%로 나왔다.

그해 12월 박근혜는 근소한 차이로 문재인을 누르고 대통령에 당선된다. 승패는 50대의 득표에서 갈렸다. 박근혜의 승리 요인은 50대 이상의 지지가 컸기 때문으로 분석됐다. 2016년 조사에서는 박정희 68%, 노무현 67%로 나오면서 2012년의 흐름이 유지됐다. 하지만 시사인 의뢰로 한국리서치가 2020년 4월 18~19일에 실시한 조사에서 흐름은 완전히 역전된다. 노무현의 호감도는 74%로 뛰어올랐고, 박정희의 호감도는 41.6%로 급락했다. 노무현은 전통적인 호감 지지층인 20~30대에서는 물론이고 40대에서도 85%라는 압도적 수치로 박정희를 눌렀고, 50대에서도 74%로 박정희를 압도했다. 2020년 4월에 치러진 21대 총선은 더불어민주당의 압승으로 끝났다.

21대 총선이 끝나고 5개월 후인 2020년 9월 22~24일에 실시한 한국갤럽의 조사는 또 다른 양상을 보여준다. 총선 결과와 달리 범진보 계열 정당의 호감도는 모두 하락하고, 보수정당이 상승한 결과가 나타난 것이다. 더불어민주당의 호감도는 2020년 6월 50%에서 9월에는 40%로 하락했고, 미래통합당의 호감도는 6월 18%에서 국민의힘으로 정당명을 바꾼 9월에 55%로 상승했다. 4.7 재보궐선거에서 더불어민주당이 참패한 이후인 2021년 4월

13~15일에 한국갤럽이 실시한 호감도 조사를 보면 21대 총선 이후 1년 사이에 호감도 비율은 완전히 역전된 상태다. 더불어민주당의 호감도는 30%, 비호감도는 60%인 반면, 국민의힘은 호감도 34%, 비호감도 53%를 얻었다. 집권여당 더불어민주당의 '내로남불'과 오만한 태도에 대한 대중의 비호감도가 상승한 것이다. 대선의 향배를 예측하기 위해서는 정당 못지않게 유력 주자들의 호감도를 눈여겨볼 필요가 있다. 한국리서치가 한국일보 의뢰로 2021년 5월 25~27일에 실시한 조사에 따르면 이재명은 호감 49%, 비호감 41.5%로 호감이 비호감에 비해 높은 반면, 윤석열은 호감 35.6%, 비호감 49.5%로 비호감이 더 높은 상황이다. 한국리서치 등 여론조사 기관 4곳이 2021년 6월 14~16일에 실시한 전국지표조사에서도 이재명은 호감 50%, 비호감 43%였고, 윤석열은 호감 43%, 비호감 47%로 나타났다. 지지도와는 별개로 호감도에서는 이재명이 윤석열보다 양호한 결과다. 이는 이재명이 확장력을 더 갖추고 있다는 의미다. 호감도가 낮고 비호감도가 높으면 선거는 여러모로 어렵다.

아무리 좋은 말과 탁월한 정책적 비전을 내놓아도 먹히지 않는다. 신뢰도가 낮은 탓에 메시지 파급력이 떨어지기 때문이다. 호감도는 신뢰도와 직결된다. 사회적으로도 비호감도가 높은 인물, 기업, 단체들의 메시지는 먹히지 않는다. 정치의 세계에서 비호감도가 높은 인물이나 정당은 정치적 빨간불이 켜졌음을 의미한다. 호감도가 떨어지고 있다면 지지 강도가 약화 추세라는 신호다. 지지 강도가 약해지면 노란불이 켜진 것이다. 초록불로 바꾸려면 대중의 마음을 얻으려는 노력이 필요하다. 대중의 마음은 흔들바위로만 존재하지 않는다. 언젠가는 크게 요동치며 움직일 때가 있다.

★

③

이기는 선거, 이기는 캠페인

11

프레임을
걸어야 한다

————————— 정치와 선거를 흔히 '프레임frame의 전쟁'이라고 한다. 프레임은 우리말로 기본 '틀'이나 '뼈대', '골격'을 뜻한다. 일상에서는 창문이나 액자, 거울이나 사진의 틀 따위를 가리키며, 이를 확대하면 사물의 기본을 이루는 구조나 형식, 사건 혹은 사태를 바라보는 관점, 세상을 보는 창 정도의 의미로 해석할 수 있다. 카메라 렌즈 안의 사각 프레임이나 거울, 액자, 창, 손으로 만든 사각의 프레임처럼 구도의 틀 안에서 바라보는 방식을 생각하면 된다. 그래서 프레임은 전체를 완벽하게 조망할 수 없고 보이지 않는 부분은 볼 수 없다는 한계가 있다. 이른바 '규정된 것'으로서 보이는 것이다. 그래서 프레임 자체가 발휘하는 효

과는 이데올로기적일 수밖에 없다고 주장하는 이들도 있다.

　인지언어학의 창시자인 미국 캘리포니아 대학의 조지 레이코프George Lakoff 교수는 수업시간에 학생들에게 이런 주문을 한다. "코끼리는 생각하지 마세요." 이 말을 들은 학생들은 무엇을 떠올렸을까? 레이코프는 다시 요청한다. "코끼리는 절대 생각하지 말라니까요!" 코끼리를 생각하지 말라고 거듭 주문했지만 그 말을 듣는 순간 코끼리를 떠올리지 않은 학생은 한 명도 없었다. 아무리 생각하지 않으려고 애를 써도 머릿속에서 코끼리나 코끼리와 연관된 이미지들이 지워지지 않는다. "코끼리는 생각하지 마세요"라는 요구를 거듭할수록 코끼리는 더 깊이 뇌리에 각인된다. 인지과학을 바탕으로 언어학을 연구하는 레이코프는 이것이 '프레임' 때문이라고 주장한다. 레이코프에 따르면 프레임은 "특정한 언어와 연결되어 연상되는 사고의 틀"이다. 정치에서도 '특정한 언어'로 '사고의 틀'을 먼저 규정하는 쪽이 이길 가능성이 높다. 상대가 규정한 '언어'와 '사고의 틀'에 말려 들어가는 순간 승산은 기울어진다. 레이코프는 1970년대 초 워터게이트 사건으로 사퇴 압박을 받던 미국 대통령 리처드 닉슨Richard Nixon을 예로 든다. 닉슨은 텔레비전 연설에서 "나는 사기꾼이 아닙니다"라고 말했지만 '사기꾼'이라는 말을 듣는 순간 대중은 그를 '사기꾼'으로 인식했다. 제19대 대선 중앙선거방송 토론회에서 안철수는 문재인에게 "제가 MB 아바타입니까?"라는 질문을 던졌다. 그 순간 안철수에게는 'MB 아바타'라는 꼬리표가 달라붙었다. 레이코프는 이를 '낱말의 덫'으로 표현한다.

언어와 규정의 전쟁, 부정하면 부정할수록 커진다

정치와 선거에서 프레임은 또 하나의 전쟁이다. 프레임은 언어로 자신을 규정하거나 상대를 규정한다. 원하는 프레임을 만들려면 자신의 언어를 쓰는 게 상책이다. 상대의 언어를 쓰면 상대가 던진 올가미에 들어가는 하책이다. 상대가 던진 언어와 프레임을 그대로 사용해 상대의 주장에 맞서면 결국 패배의 길로 치닫는 것이 정치와 선거다. 상대가 던진 이슈에 반박하면 할수록 상대의 프레임에 빠져든다. 헤어 나오려고 발버둥 칠수록 점점 더 침잠한다. 프레임의 덫이고 프레임의 늪이다. 프레임은 부정하면 부정할수록 더 활성화된다.

레이코프는 미국에서 진보 세력인 민주당이 보수세력인 공화당과의 선거에서 패배하는 원인을 공화당이 제시하는 이슈 프레임에 민주당이 말려들기 때문이라고 주장했다. 대표적인 것이 바로 '세금'에 대한 프레임이다. '세금 폭탄'이라는 보수세력의 주장에 진보 세력들이 '세금 폭탄이 아니다'라고 맞서봤자 상대의 프레임에 걸려든다는 것이다. 그러나 프레임의 재구성, 즉 리프레임Reframe을 만들어낼 때 반전과 역전이 가능해진다. '부자 감세'가 리프레임의 전형적 사례다. 보수세력이 '부자 감세가 아니다'라고 아무리 목소리를 높이고 대응해봤자 이미 저울의 추는 진보 세력 쪽으로 기울어져 있다.

2020년 미국 대선에서 공화당의 도널드 트럼프Donald Trump
와 민주당의 조 바이든Joe Biden이 맞붙은 선거에서도 프레임 전
쟁은 펼쳐졌다. 트럼프는 자신과 바이든의 대결을 '아메리카 드
림' 대 '사회주의 악몽'으로 프레임을 잡았다. 자신은 전통적으
로 기회와 성장을 강조하는 아메리카 드림을 이룰 후보로, 바이
든은 세금과 복지를 강조하는 사회주의자로 규정한 것이다. 바
이든이 사회주의자가 아니라는 것을 알았음에도 트럼프는 전통
적 프레임을 건 것이다. 반면 바이든은 트럼프를 향해 백인우월
주의를 내세운 '인종차별주의자'라는 프레임을 걸었다. 트럼프
가 자신이 백인우월주의자라든가 인종차별주의자라고 말한 적
이 없음에도 이를 프레임으로 잡은 것이다. 코끼리를 생각하지
말라고 하면 코끼리를 생각하는 게 대중이다. 바이든이 '나는 사
회주의자가 아니다'라고 말할수록, 트럼프가 '나는 인종차별주
의자가 아니다'라고 말할수록 그들은 상대가 친 프레임의 덫에
더 강하게 걸리고 만다.

한국의 정치, 선거사에서도 프레임 논쟁은 늘 중요한 쟁점이
자 화두였다. 다양한 사안을 두고 진보와 보수가 논쟁으로 대립
했고, 여당과 야당이 언어로 갈등했다. 서로의 '언어'와 '사고의
틀'은 정치적 결단과 선거의 승패를 가르는 중대한 분수령이 됐
다. '민주 대 독재', '민주 대 반민주', '평화 대 냉전', '안보 대 퍼
주기', '개혁 대 수구', '새로운 것과 낡은 것', '유능과 무능', '서

민 대 부자'의 대결 등 수많은 프레임 전쟁이 펼쳐졌다. 무엇보다 대한민국에서만 쟁점이 되어온 이 프레임은 오랫동안 수많은 정치인을 낙인찍고 괴롭혀왔다. 이른바 이념과 친일 대결 프레임이다. 보수 쪽에서는 진보를 향해 '종북', '친북', '좌빨' 등의 프레임을 걸어왔고, 진보 쪽에는 보수를 향해 '친일', '왜구', '반북' 등의 프레임을 걸었다. 역대 대통령 혹은 그들의 후보 시절을 보더라도 김대중·노무현·문재인은 '좌익', '친북', '퍼주기' 등의 프레임에서 자유로울 수 없었고, 이명박·박근혜는 '친일', '독재', '반민주', '수구' 등의 프레임에 걸려 있었다.

직선제를 쟁취한 이후 펼쳐진 1987년 13대 대선, 1992년 14대 대선, 1997년 15대 대선에서도 이념대결의 프레임 전쟁은 계속됐다. 수십 년간 김대중을 옥죈 '친북' 프레임은 1997년 김종필과의 DJP연합, 박태준과의 DJT연합을 거치며 비로소 느슨해지기 시작했다. 이후 이념 프레임은 북한에 '퍼주기' 프레임으로 확대됐다가 이후 세력이 약화됐다. 그러다 2012년 18대 대선에서 문재인에게 다시 '친북'의 프레임이 씌워진다. 그러나 이념 프레임은 대중에게 더 이상 새로운 쟁점으로 작동되지 못했다. 대중의 정보력은 이념 프레임에 걸려들 만큼 얕지 않았고, 오히려 등을 돌렸다.

시대정신과 맞는 프레임으로의 재구성

대중이 원하는 새로운 시대에는 새로운 시대정신과 부합하는 새로운 프레임이 필요하다. 프레임의 재구성이 요구되는 것이다. 시대정신과 프레임이 맞닿으면 가공할 시너지 효과를 발휘한다. 성공의 가능성이 높아진다. 성공한 프레임은 새로운 시대정신과 맞아떨어지고, 대중의 욕망과도 부합한다.

2002년 16대 대선에서는 대중의 욕망에 맞닿는 새로운 프레임이 등장했다. 이념대결, 지역대결, 정치대결의 낡은 장벽을 뛰어넘어 누가 새로운 시대를 열어나갈 것인가가 새천년 벽두의 새로운 시대정신으로 부상한 것이다. 오랫동안 한국의 정치사를 주물렀던 3김 시대가 막을 내리고 새로운 정치세력의 등극을 염원하던 시대이기도 했다. 밀레니엄 세대의 등장과 함께 노무현과 정몽준의 급부상은 이런 시대정신과 대중의 욕망이 결합된 산물이다. 16대 대선은 '새로움 대 낡음'의 프레임이 대중의 가슴속에 선연히 남겨진 선거였다. 노무현이 내건 프레임 '새로운 대한민국'은 특권과 반칙, 이념·지역대결의 낡은 정치와 결별하고 국민통합의 새 시대를 열겠다는 메시지와 맞물리면서 대중의 가슴을 두드렸다. 대중은 '새로운 대한민국'을 열겠다는 시대정신의 편에 손을 들어주었다.

2007년 17대 대선의 시대정신은 경제였다. 노무현 정부는 경제 정책과 비전에서 뚜렷한 성과를 보여주지 못했다는 평가를 받았다. 특히 부동산값 폭등 등으로 실망한 대중은 '경제'와 '성공'에 대한 욕망이 차올랐다. 현대건설 사장과 서울시장을 거친 이명박은 그런 시대정신과 부합하는 인물이었다. '경제' 프레임은 이명박의 자산과 같은 것이었다. 이명박이 내건 '경제살리기', '유능 대 무능', '아마추어 대 프로'의 프레임은 그의 747(연평균 7% 성장, 1인당 소득 4만 달러, 세계 7대 강국 진입) 공약과 맞물리면서 '국민성공시대'라는 슬로건으로 이어졌다. 경제 성장을 갈망하고, 이명박의 성공 신화에 빠져 있던 대중은 이념 프레임을 뛰어넘겠다는 이명박의 실용주의 선언의 편에 섰다.

2012년 18대 대선은 '경제민주화'가 시대의 쟁점으로 떠올랐다. 이명박 정부가 추진한 대기업 중심의 정책은 중소기업과 골목상권의 위축과 추락을 불러왔고 사회 불평등을 심화했다. 2011년 빈부격차 심화와 금융기관의 부도덕성에 반발해 일어난 미국 월가 시위는 '1% 대 99% 사회'라는 새로운 프레임을 만들며 '점령하라'라는 구호를 외쳤다. '1 대 99'의 프레임은 경제민주화에 대한 욕망에 가속도를 붙였다. 보수 새누리당의 박근혜는 진보 진영이 선점하고 있던 '경제민주화' 프레임을 끌어 들여와 '누가 더 잘할 것인가'로 확장하면서 중도화 전략을 펼쳤다. 아버지 박정희가 이룬 경제 발전 덕분에 민주화가 가능했다는 논리로 경제민주화는 이제 자신의 몫이라는 프레임을 만드는 데 성공했다. 대중은 박근혜의 경제민주화 논리와 적임자론에 설득당했다.

2017년 19대 대선의 시대정신은 '적폐청산'이었다. 박근혜 정부의 국정농단은 헌법정신을 유린하고 민주주의 체제와 질서를 심각하게 위배했다. 대중의 분노는 극에 달했고, 광화문은 촛불로 넘실거렸다. 대중은 적폐청산과 나라다운 나라를 염원했다. 시대정신은 적폐청산으로 기울어졌다. 문재인이 내건 '적폐' 프레임은 주효했다. '적폐' 프레임은 새누리당을 겨냥했고, 새누리당이 스스로 '적폐가 아니다'라고 주장할수록 적폐라는 언어는 새누리당의 것이 됐다. 탄핵은 적폐 프레임의 결과였다. 대중의 욕망은 탄핵과 적폐청산, 나라다운 나라에 닿아 있었고, 그 적임자로 문재인을 선택했다.

이기고 싶고, 바꾸고 싶다면 낡은 프레임을 리프레임하라

프레임은 정치와 선거에서 중요한 쟁점 사항을 언어로 규정하고 대중에게 인식의 틀을 제공함으로써 피아彼我의 구분과 대중의 선택을 유도한다. 그래서 프레임은 강하다. 프레임이 강력한 힘을 발휘한 것은 대선뿐만이 아니다. 2011년 '무상급식' 투표의 프레임은 오세훈 서울시장을 중도 사퇴시킬 만큼 강한 위력을 발휘했다. '무상급식' 투표를 진퇴의 배수진으로 친 오세훈은 결국 '나쁜 투표 착한 거부' 프레임에 걸려 투표가 무산되는 상황을 바라보다 서울시청을 떠났다.

2016년 20대 총선에서는 더불어민주당의 '오만한 정권심판론', '막장 공천' 프레임이 새누리당을 가격했다. 더불어민주당과 국민의당이 갈라서면서 생긴 진보 진영 분열구도도 야당에는 악재였지만, 프레임은 불리한 구도를 뛰어넘었다. 오만한 정권에 대한 심판론과 새누리당의 막장 공천이 맞물리면서 누구도 예상하기 쉽지 않았던 더불어민주당의 승리와 국민의당의 선전, 새누리당의 패배를 불러왔다.

2018년 제7회 지방선거는 '문재인' 프레임과 '대선 연장전' 프레임이 동시에 작동됐다. 그해 지방선거는 대선이 치러진 바로 이듬해여서 선거의 여운이 남아 있었다. 문재인, 김정은의 성공적인 남북정상회담과 트럼프, 김정은의 싱가포르 선언이 국제적 관심을 받았던 해여서 대통령의 인기가 어느 때보다 높았다. 집권여당은 대통령을 향한 대중의 높은 지지를 바탕으로 '대통령 마케팅'을 적극 활용했다. 대통령이 인기가 높을 때 집권여당은 대통령을 선거에 활용한다. 이른바 대통령 프리미엄이다. 여기저기서 대통령 마케팅을 펼치고, 슬로건과 캐치프레이즈는 물론이고 다양한 선거 홍보물과 캠페인에도 대통령은 동원된다. 대통령의 인기가 없으면 집권여당은 대통령을 버린다. 대통령에게 탈당하라고 요구하는 게 정치권의 인심이다.

2018년 지방선거는 '대선 연장전' 프레임이 붙었다. 서울시장 후보로 안철수, 홍준표가 나옴으로써 대중은 지방선거가 2017년 대선의 연장전이라는 느낌을 받을 수밖에 없었다. 대통령의 높은 인기를 등에 업은 '문재인' 프레임과 '대선 연장전' 프레임은 대중에게 먹혀들 수밖에 없었다.

2020년 21대 총선은 코로나19 팬데믹의 위급한 상황으로 '방역'과 '재난지원금' 프레임이 작동됐다. 국가적 위기 상황에 직면한 대중은 안정을 택하기 마련이다. K-방역이 성과를 보였고 세계적인 호응을 끌어냈다. '드라이브 스루'는 새로운 방역의 모델이 됐다. 방역 국정에 힘을 실어주고 싶었던 대중은 '안정론과 심판론'의 프레임 속에서 '안정론'의 손을 들어주었다. 미래통합당이 심판론보다 '견제론'의 프레임을 걸었다면 선거 결과가 참패로 끝나지는 않았을 것이다.

나아가서 재난지원금을 둘러싼 프레임에서 더불어민주당이 '전국민지급'을 원칙으로 삼았을 때 '선별지급'을 기조로 했던 미래통합당이 선거 막바지에 '전국민지급'으로 돌아선 것은 결정적 패인이었다. '전국민지급'이라는 더불어민주당의 프레임 안으로 백기투항 해버린 꼴이 됐기 때문이다. 더불어민주당으로서는 나쁠 게 없었다. 대개 대통령 임기 중반에 치러지는 선거는 '중간평가' 프레임을 띤다. 그러나 21대 총선은 중간평가 프레임이 작동될 수 없었다. 코로나19 정국이기도 했지만, 미래통합당이 전략을 잘못 선택했기 때문이었다. '인정하고 견제'가 아닌 '반대를 위한 심판'은 코로나19 정국에서만큼은 통할 수 없었다. 더불어민주당이 차지한 180석은 '방역' 프레임에 따른 집권여당의 강점이 발휘된 부분도 있었지만, 미래통합당의 자충수에 일부 기인했음을 부정할 수 없다.

프레임은 규정의 싸움이다. 누가 먼저 규정하느냐 그리고 그

규정이 대중에게 인식의 틀을 만들어줄 수 있느냐, 없느냐의 싸움이다. 자신의 가치와 정체성, 비전을 담은 프레임을 자신의 언어로 만들어나가야 성공할 수 있다. 2017년의 안철수는 스스로 프레임의 덫에 갇히는 자가당착의 우를 범했고, 2002년의 노무현은 상대가 던진 프레임의 틀을 깨고 자신의 가치가 담긴 리프레임에 성공한다. 2017년의 안철수가 "제가 MB 아바타입니까?"라고 물은 순간 안철수는 MB의 이미지와 동일시되고 말았고, 2002년의 노무현은 "그러면 아내를 버리라는 말입니까?"라는 말 한마디로 상대의 프레임을 완전히 와해함으로써 자신만의 정체성을 새롭게 포지셔닝하는 데 성공했다.

레이코프가 던진 화두는 프레임 전쟁이 펼쳐지는 정치의 세계뿐만이 아니라 지금 우리가 발 딛고 있는 모든 생존 현장에서 여전히 살아 움직인다. "프레임을 재구성하는 것은 사람들이 세상을 보는 방식을 바꾸는 것이다. 새로운 프레임에는 새로운 언어가 필요하다. 다르게 생각하려면, 다르게 말해야 한다."

12

나의 구도로
상대를 끌어들이자

──────── 인물, 정책, 구도는 선거의 승패를 가르는 주요한 요인으로 꼽힌다. 정책의 자리에 캠페인을 넣기도 한다. 인물과 정책(캠페인)은 이해할 수 있다. 구도는 쉽지 않다. 전략가들이 가장 중요시하는 것 중의 하나가 바로 구도다. 구도는 후보자나 캠프가 인위적으로 짠다고 해서 짜이는 게 아니다. 구도는 상대와 함께 벌이는 판이다. 판세고 짜임새고 그림이다. 흔히 그림을 그릴 때 모양이나 색깔, 위치 따위의 모양새를 구상하며 그린다. 구도를 잘 잡아야 좋은 그림이 나온다. 구도가 엉망이면 그림도 엉망이 된다. 전략가들은 바로 이 그림을 그린다.

전쟁에서도 구도는 중요하다. 미리 판을 짜놓고 전쟁에 임하면 승리할 가능성이 높다. 손자孫子는 '선승구전先勝求戰'이라고 했다. 이기는 군대는 먼저 이길 수 있는 상황이나 조건을 만들어 놓은 후에 싸운다. '지는 군대는 일단 싸워놓고 승리의 방법을 찾는 군대先戰以後求勝'다. 이기는 군대와 지는 군대의 차이는 알고 보면 간단하다. 승리의 구도를 전쟁 전에 짜느냐 전쟁이 벌어진 후에 짜느냐의 차이다. 이기는 사람들은 이길 수 있는 상황과 조건이 만들어진 때를 알고서 전쟁에 뛰어든다. 생각 없이 떠밀려 나가는 순간 패배다.

바둑은 싸움의 축소판이다. 바둑돌이 놓이는 바둑판을 보면 판세가 보인다. 바둑은 어떤 그림을 그리면서 혹은 어떤 구도를 짜면서 전진할 것인가? 후퇴할 것인가? 공세인가? 수세인가? 따진다. '내가 먼저 산 다음에 상대를 잡으러 간다'는 '아생연후 살타我生然後殺他'는 바둑의 기본이고 생존과 승패의 기본 법칙 이다.

내가 먼저 살아야 후수後手가 있고, 이후가 있다. 위기십결圍 碁十訣은 바둑을 둘 때 명심하고 지켜야 할 열 가지 요결을 정리 해놓은 승리의 비결이다. 바둑의 십계명이다. '부득탐승不得貪勝', 너무 이기려고만 하지 말라, '기자쟁선棄子爭先', 자신의 돌 몇 점을 버리더라도 선수先手를 잡으라, '사소취대捨小取大', 작은 것은 버리고 큰 것을 취하라, '피강자보彼强自保', 상대가 강한 곳에서는 자신의 돌을 잘 보살피라, 자신의 돌에 약점이 많은데도 싸움을 벌이는 것은 결국 패배로 가는 길이므로 불리할수록 기다리면 기회가 생긴다는 위기십결의 교훈은 인생과 정치에서도 통한다.

정치-정당-지역-세대-이슈-인물 대결 구도
자신에게 유리한 구도를 만들어라

정치와 선거의 세계에서도 바둑판의 훈수는 유효하다. 바둑은 기본적으로 승부의 세계다. 그런데 바둑계에는 '바둑에서는 이기고 승부에서는 지다'라는 말이 있다. 바둑을 잘 두고도 승부에서는 패한 바둑을 일컫는데 아무리 바둑의 내용이 좋다고 해도 반드시 승리로 이어지지 않는다는 말이다. 지세나 형세, 명분은 좋으나 실리에서 패하는 바둑도 많다. 선거에서도 마찬가지다. 아무리 판세와 명분이 좋아도 패배하면 실리를 잃는다.

최선의 선거 전략은 자신에게 유리한 구도를 먼저 만들거나 선점해서 상대를 끌어들이는 방법이다. 상대가 만들어놓은 구도를 자신의 강점에 맞게 재구성하는 전략은 차선이다. 상대가 만들어놓은 구도에 들어가 그 구도를 흐트러뜨리는 전략은 차악이다. 최악은 이미 만들어진 구도, 패배가 자명한 구도 속으로 남들이 뛰어드니 별생각 없이 뛰어들어서 명분도 실리도 얻지 못하는 전략이다.

한국의 선거에서 구도는 매우 중요한 위치를 차지한다. 구도가 선거 승패의 70%를 좌우한다고 해도 지나친 말이 아닐 정도다. 선거구도에 따라 전략이 바뀌고, 전략에 따라 선거구도가 바뀔 수도 있다. 구도는 전략뿐만 아니라 메시지, 정책, 홍보, 캠페인 등 모든 선거운동 요소의 기조이자, 변화와 대응을 끌어낸다. 예를 들어 여당 소속의 A 후보는 캠페인 초기 자신이 출마한 지역에 여야 정당 간 각 3자 대결구도를 염두에 두고 판을 짰다. 그런데 갑자기 여당 성향의 강력한 무소속 후보가 출마를 선언했다. 한편 야당은 후보를 단일화했다. 구도의 변화가 일어난 것이다. 이 변화는 순식간에 이뤄지기도 한다. A 후보는 바뀐 선거구도와 환경에 따라 전략, 메시지, 정책, 홍보, 캠페인 등을 과감하게 수정해야 한다. 구도는 승패의 주인공을 바꿀 수도 있다. 구도가 선거 승패의 70%를 차지한다는 말은 여기서 나온다.

한국의 선거구도는 대략 여섯 가지로 나눌 수 있다. 첫 번째는 진영 간의 대결구도다. 정치 성향과 정치 상황에 따라 짜이는 구도다. 이를테면 반反박근혜, 반국민의힘, 반문재인, 반더불어민주당 구도가 성립될 수 있다. 여러 후보와 정당이 정치적 '반'의 기치를 들고 헤쳐 모인다. 상황은 급반전될 수 있다. '반'의 주도세력이 이길지 '반'의 대상 세력이 이길지 결과는 쉽게 알 수 없다.

2002년 대선에서 노무현과 정몽준은 '반이회창', '반낡은 정치'를 기치로 한배를 탔다. 여당 소속이었던 노무현과 야당 소속이었던 정몽준의 '오월동주吳越同舟'였다. 3자 대결구도는 양자 대결구도로 재편됐고, 캠페인 마지막 날 정몽준이 비록 노무현에 대한 지지를 철회했지만 승리의 월계관은 노무현에게 돌아갔다. 2012년 대선에서는 통합진보당의 대통령 후보 이정희가 18대 대통령 선거를 불과 사흘 앞두고 전격 사퇴 선언을 했다. "유신독재 세력인 새누리당과 박근혜의 대통령 당선을 반대한다"라는 이유를 밝혔다. 선거는 급물살을 탔다. 박근혜-문재인-이정희 3자 대결구도에서 박근혜-문재인 진영 간 양자 대결구도로 재편됐다. 더불어민주당 문재인이 유리하다는 전망과 불리하다는 예측이 팽팽하게 맞섰다. 결과는 새누리당 박근혜의 승리였다. 구도의 급격한 재편 결과는 누구도 쉽게 예측하기 어렵다는 것을 입증해준 사례다.

두 번째는 정당 간의 대결구도다. 한국의 정당은 대개 일여一與 다야多野 구도다. 공동정부가 아닌 이상 하나의 여당과 여러 개의 야당이 집결되어 있다. 야당은 집권여당에 맞서기 위해 야권단일화를 전략으로 내세우기도 한다. 야권단일화는 1997년 15대 대선에서 김대중과 김종필이 DJP연합에서 시작했고 또 성공했다. 2011년 서울시장 보궐선거에서 무소속의 박원순과 민주당의 박영선 간 야권단일화도 성공 사례로 꼽힌다. 당시 박원순의 승리는 '바람'이었다. 민주당이 제1야당인 데다 2010년 제5회 지방선거에서 민주당 소속 구청장이 압도적으로 배출된 유리한 구도였음에도 불구하고 무소속 박원순이 승리한 비결은 바로 박원순이 일으킨 새로운 변화의 바람 때문이었다. 한나라당의 나경원도 무소속 박원순의 바람에 결국 무너졌다. 막강할 것 같았던 양강구도가 무소속이 일으킨 탈정치화의 바람에 맥없이 무너진 것이다.

바람이 구도를 무너뜨린 사례다.

세 번째는 지역 간의 대결구도다. 예전에 비하면 지금은 많이 옅어졌지만, 대한민국처럼 지역주의가 견고한 나라도 드물다. 어느 지역 출신이며 어느 지역을 기반으로 하고 있는가가 정치인생의 지지 기반이자 많은 부분을 좌우한다. 한국 정치에서 지역은 선거구도를 결정하는 가장 결정적인 요소다. 호남 지역에서 국민의힘 같은 보수정당 후보는 당선이 어렵다. 영남 지역에서 더불어민주당이나 정의당 같은 진보정당 후보의 당선도 마찬가지다. 영남은 보수, 호남은 진보적 색채가 강하기 때문이다.

1987년 13대 대선은 지역구도가 가장 적나라하게 드러났던 선거다. 후보마다 '4자 필승론'을 내세우며 지역의 맹주를 자처하고 자임했다. 집권여당인 민주정의당의 노태우는 대구·경북, 통일민주당의 김영삼은 부산·경남, 평화민주당의 김대중은 광주·호남, 신민주공화당의 김종필은 대전·충청을 지역 기반으로 삼았다. 결과적으로 민정당의 노태우가 불과 36%의 지지를 얻어 대통령에 당선됐다. 6·10항쟁의 민주화 열기가 뜨거웠고 '양김'(김영삼·김대중)의 후보단일화 요구가 빗발쳤음에도 불구하고 '4자 필승론'이라는 지역분할구도는 결국 민주세력을 분열시켜 민주화와 정권 교체에 대한 열망에 찬물을 끼었었다.

5년 후 1992년 14대 대선에서 김영삼은 민주정의당-통일민주당-신민주공화당의 3당 합당으로 대구·경북-부산·경남-대전·충청의 세력 통합을 이뤄내 대통령이 됐다. 이른바 김대중의 광주·호남을 포위하는 호남 고립구도였다. 호남 고립구도는 다시 5년 뒤인 1997년 15대 대선에서 새정치국민회의 김대중과 자유민주연합의 김종필이 연합하는 DJP연합으로 깨진다. 김대중은 충청권의 민심과 보수의 표심을 끌어들이기 위해 호남-충청 지역연합론을 펼쳤다. DJP연합은 김대중의 고질적 약점이었던 지역 한계론과 이념적 공세를 극복하고 신한국당의 이회창을 무너뜨린 직접적 계기가 됐다.

'3김'(김대중·김영삼·김종필) 시대의 지역구도도 3김의 퇴장과 함께 완화되고 있다. 2016년 4.13 총선은 강력한 지역구도 현상의 붕괴 전조를 보였다. 부산 지역 18석 가운데 5석을 더불어민주당이 가져갔고, 대구의 김부겸을 포함해 영남 지역에서 총 9석을 더불어민주당이 차지했다. 선거구도를 결정하는 결정적인 변수였던 지역주의가 힘을 잃어가는 것이다.

세대별 핵심공약, 이슈전, 인물 경쟁력이 중요

네 번째는 세대 간 대결구도다. 세대는 보통 2030세대, 4050세대, 60대 이상으로 나뉜다. 지역구도가 옅어진 대신 세대별 유권자 수가 승패의 중요한 변수가 되고 있다. 전통적으로 젊은 세대는 진보 진영에, 장년 이상 세대는 보수 진영에 투표하는 경향을 보인다. 20대, 30대, 40대는 진보적 색채를 띠고 50대는 진보와 보수가 섞여 있으며, 60대 이상은 대개 보수적 색채를 띤다는 게 일반적인 이념·정치적 세대 구분의 통설이다.

18대 대선은 50대의 선택이 승부를 갈랐다. 문재인은 2030세대, 40대에서 모두 이기고도 50대에서 이긴 박근혜에게 석패했다. 50대 투표에서 박근혜는 62.5%를 얻었고, 문재인은 37.4%를 얻었다. 19대 대선에서는 문재인이 2030세대, 4050세대 모두에게서 표를 얻었다. 더불어민주당이 압승한 21대 총선에서는 더불어민주당이 60대 이상을 제외하고 전 연령층에서 미래통합당을 앞섰다. 4.7 재보궐선거에서는 전통적인 세대 대결구도가 무너졌다. 전 세대가 집권여당인 더불어민주당에 등을 돌렸다. 집권여당에 대한 심판과 견제심리가 최고조에 이른 선거였다. 진보 진영의 편이라고 생각했던 2030세대의 이탈이 주요한 이유였다.

역대 선거를 분석해보면 진보·보수, 여야의 세대별 지지의 분기점은 40대였다. 40대를 기준으로 두고 그 이하인 2030세대는 진보 성향, 그 이상인 5060세대는 보수 성향으로 분류했다. 여기에 2030세대의 투표율이 낮기 때문에 상대적으로 높은 투표율을 보이는 5060세대 이상의 지지를 받는 세력이 선거에서 유리했다. 그러나 저출산·고령화의 인구구조 변화로 40대를 기준으로 했던 분기점이 최근에는 50대로 이동했다. 50대의 표심이 중요해진 것이다.

세대구도에서 승패를 좌우하는 기준은 정책이다. 2030세대, 4050세대, 6070세대가 기대하는 어젠다는 서로 다르다. 2030세대는 일자리와 부동산, 보육에 4050세대는 부동산과 교육, 노후에 6070세대는 의료와 복지에 관심이 많다. 각 세대의 정책 욕구를 대변하는 구도를 준비해야 한다. 세대별 맞춤형 정책을 갖춰야 세대별 유권자들의 선택을 받을 수 있다.

다섯 번째는 이슈 대결구도다. '행정수도 이전' 대 '행정수도 이전 반대', '뉴타운' 대 '뉴타운 반대', '전면 무상급식' 대 '선별 무상급식', '증세' 대 '감세' 등 이슈에 따라 갈린다. 이슈는 사회적 중요도에 따라 집중도가 높아지고 쟁점화 가능성이 커진다. 2002년 16대 대선에서 첨예한 이슈구도가 펼쳐졌다. 호남이 밀어준 노무현(부산·경남)으로 지역구도는 완화됐지만 정치구도와 이슈구도가 캠페인을 주도했다. 노무현은 '낡은 정치 청산론'을 외치며 새로운 정치의 깃발을 들어 올렸다. 3김과 이회창까지 낡은 정치세력의 앞 물결로 밀어 넣었다. 이회창의 '부패 청산론'은 김대중의 아들 스캔들에 대한 반사이익을 노렸지만, 자신의 아들이 저지른 병역 비리로 인해 스스로 발목을 잡는 결과를 낳았다. 노무현은 이슈구도를 지역구도까지 확장했다. '행정수도 이전' 공약은 뜨거운 이슈가 되어 쟁점을 일으킨 것은 물론이고, 충청권까지 포섭하는 일거양득의 효과를 얻었다. 찬반구도가 뜨겁게 갈린 행정수도 이전 이슈가 선거 승리의 혁혁한 공을 세운 것이다.

2008년 4월에 치러진 18대 총선은 '뉴타운' 이슈가 승패를 가른 선거였다. 이명박 정권이 출범한 지 두 달 만에 치러진 18대 총선은 이명박 서울시장이 재직시절 내건 뉴타운정책의 연장선에서 치러졌다. 이명박 서울시장 재임 시절 25곳이었던 뉴타운정책은 2006년 오세훈 서울시장 선거 때 50곳으로 늘리겠다는 공약까지 나왔다. 당시 야당이었던 통합민주당 후보들도 '뉴타운' 공약을 내세워 당선된 사례도 다수였다. '뉴타운'을 걸고 당선된 서울지역 의원들은 여야 모두 합해 28명에 달했다. 한나라당의 경우 서울지역 48개 지역구 가운데 40곳을 싹쓸이했다. 그중 23명이 뉴타운 공약을 내걸었다. 수도권까지 합하면 111곳 가운데 81곳을 한나라당이 쓸어 담았다. 가히 뉴타운 광풍이라고 불릴 정도로 압승이었다. 구체적이고 현실적인 이해관계가 얽힌 뉴타운 이슈는 정치세력이나 정당, 지역 간 대결구도를 넘어 욕망의 정치가 절대화된 경우였다. 뉴타운 이슈는 보수 진영의 이슈로 진보 진영이 넘어서기 어려웠다.

무상급식을 둘러싼 찬반 논쟁도 뜨겁게 타올랐던 이슈구도다. 2009년 첫 주민직선으로 치러진 경기도 교육감 선거에서 김상곤이 무상급식정책을 들고나온 이후 전면 무상급식이냐, 선별 무상급식이냐는 한국 사회를 뜨겁게 달구었다. 대중은 찬반으로 확실하게 갈려 전면 무상급식파와 선별 무상급식파로 나뉘었고, 당시 이재용 삼성그룹 부회장의 아들에게도 무상급식을 먹여야 하느냐는 논쟁으로 번질 정도로 무상급식 이슈는 뜨거웠다. 정점은 서울시장 오세훈이 '시장직'을 내건 무상급식 주민투표로 이어졌다. 단계적 무상급식이냐, 전면적 무상급식이냐를 놓고 벌어진 주민투표는 개표 충족요건인 투표율 33.3%를 크게 밑도는 25.7%에 그쳐 결국 개표되지 못했다. 무상급식 이슈에서는 결과적으로 진보 진영이 승리한 것이다. 정치와 선거에서의 이슈는 이처럼 정치세력, 정당, 지역 간 대결구도를 뛰어넘기도 하는 막강한 영향력을 발휘한다.

여섯 번째는 인물 대결구도다. 정치 및 세력과 정당, 지역과 이슈의 대결구도에서 밀리거나 후보 스스로의 힘으로는 어찌할 수 없는 외부적 요인으로 불리한 구도에 처했다 하더라도 마지막 카드는 있다. 바로 '자기 자신'이다. 자기 자신을 믿고 혼신의 힘을 다해 대중에게 어필하는 '인물론'으로 승부를 거는 것이다. 인물구도에서는 인물의 자질과 능력이 무엇보다 우선이다. 일종의 '깜'이 요구되는 것이다. 도덕성, 성실, 신뢰, 신념 등의 인간적·정치적 자질과 지역 유권자와 지역 발전을 위한 정치적 역량을 겸비하면 인물론은 여타의 구도를 뛰어넘을 수 있다. 자신만이 가진 경쟁력을 대중에게 입증한다면 대중의 마음은 열린다.

2008년 18대 총선에서 보수의 텃밭으로 불리는 경남 사천에서 민주노동당 강기갑은 한나라당의 사무총장이자 이명박 대통령의 최측근인 이방호를 178표 차로 꺾는 파란을 연출했다. 여론조사는 물론이고 방송사 출구조사에서도 큰 표 차의 패배가 예상됐던 누구도 예측하지 못한 승리였다. 보수의 아성에 가장 선명한 진보 진영 후보였던 민주노동당 강기갑이 꽂은 승리의 깃발은 지역·정치·정당·이슈구도의 장애를 뛰어넘어 오직 자기 자신만의 강점인 '인물론'으로 승부를 본 결과였다. 한미FTA를 반대했던 강기갑은 농민 출신 후보에 대한 지역 유권자들의 호감을 득표로 이어갔다. 불리한 선거구도를 인물론으로 극복한 선거 캠페인의 승리였다.

2010년 제6회 지방선거에서 강원도지사로 나섰던 대통합민주신당 이광재의 승리도 불리한 정당, 정치구도를 뛰어넘어 인물론 구도로 얻어낸 승리였다. 당시만 해도 강원도지사 선거는 민주당 계열 후보가 단 한 번도 승리하지 못한 진보의 불모지나 다름없었다. 강원도는 지역적으로 북한과의 접경지역인 데다 정치나 정당, 지역구도에서 전통적으로 여당과 보수 성향 정당이 강세를 보였다. 한나라당 이계진은 각종 여론조사에서 이광재를 20%가량 앞섰다.

이광재는 인물론으로 정면 승부에 나섰다. 강원도는 뿌리 깊은 소외론이 존재하고 있었다. 다른 광역시와 도보다 인구가 적기 때문에 지역 발전 혜택을 받지 못했다는 생각이 깊었다. 영호남 출신의 어느 누가 대통령이 되어도 강원도는 잘 챙겨주지 않는다는 불신이 팽배해 있었다. 그래서 강원도 출신의 힘 있는 인물에 대한 소구가 높다. '큰 인물', '클 인물'에 대한 갈망이 남다른 것이다. 이광재의 인물론은 그래서 먹힐 수 있었다. 이광재는 노무현 정권의 실세 출신으로 젊은 데다 미래가 있었다. '강원도의 운명을 바꾸겠습니다'라는 슬로건이 지역 유권자들의 마음을 사로잡았다.

이광재 캠프는 한나라당이 장기 집권한 강원도가 실상은 큰 발전 없이 낙후된 지역으로 남아 있다는 점을 공략했다. 선거 캠페인 동안 이명박 정권을 비판하면서 한나라당 지지 성향 유권자들을 자극하기보다 자신의 강점인 '일 잘하는 일꾼', '강원도의 미래' 등을 내세우며 '인물은 이광재' 전략을 일관되게 포지셔닝했다. 결과적으로 '강원도 대표 일꾼'을 내세우며 '자질'과 '미래 가능성'에 방점을 찍은 이광재의 캠페인이 통해 54.36%의 득표를 얻어 승리했다. 강원도의 유권자들은 '정당'보다는 '인물'을 선택했고, '지금'보다는 '미래'를 원했다.

안방 싸움에서 먼저 이겨야 하는 것이 정치 싸움의 정석

호남 출신으로서 민주정의당 계열로 정치를 시작한 이정현도 인물론 구도로 승리한 경우다. 이정현은 보수정당 소속으로 수차례 호남에서 도전했지만 번번이 패배했다. 5.18의 아픔을 간직한 호남은 지역구도와 정치, 정당구도가 가장 첨예하게 발휘되는 지역이다. 이정현도 1995년 제1회 지방선거에서 광주광역시 광산2선거구 광역시의원 출마를 필두로 2014년 19대 국회 재보궐선거에서 전남 순천·곡성에서 당선되기까지 지역구에서 한 차례로 당선되지 못했다. 지역과 정치, 정당구도의 벽을 뛰어넘지 못한 것이다. '박근혜의 복심'으로 불렸던 이정현은 박근혜가 대통령이 된 이후 2014년 순천·곡성 국회의원 재보궐선거에서 새누리당 최고위원 직함을 달고 '노무현의 남자'로 불린 새정치민주연합 서갑원과 맞붙었다.

이정현의 전략은 철저히 인물론에 집중했다. '새누리당'이라는 당색으로는 호남의 지지를 얻기 어려웠기에 당의 전폭적인 지원을 받기보다는 홀로 자전거를 타고 '나 홀로' 유세를 다녔다. 캠프의 자원봉사단은 유세보다는 철저히 봉사에 집중하도록 했다. 집권여당의 힘 있는 인물과 대통령의 최측근이라는 '인물론'으로 승부하면서 나 홀로 유세와 봉사에 집중한 이정현에게 점차 민심이 움직이기 시작했다. 49.44%의 표심이 이정현에게 쏠렸다. 보수당 간판으로 26년 만에 전남에서 지역과 정치구도를 뛰어넘는 당선의 쾌거를 이뤄낸 것이다.

호남에 이정현이 있었다면 영남에는 김부겸이 있었다. 대구 출신인 김부겸은 경기도 군포에서 3선 국회의원을 한 후 2012년 19대 총선에서 지역 구도 타파를 명분으로 대구 수성구갑에 출사표를 던졌다. "지역주의·기득권·과거, 세 개의 벽을 넘겠다. 월급쟁이 국회의원에 안주하지 않겠다"며 따뜻한 자리를 버리고 대구로 향했다. 대구 유권자들은 쉽게 마음의 문을 열지 않았다. 중선거구제로 치러진 1985년 12대 총선에서 신한민주당의 유성환, 신도환이 당선된 이후 단 한 번도 민주당 계열 후보가 당선된 적이 없는 대구였다. 김부겸의 호기로운 첫 도전은 패배로 막을 내렸다. 40.42%의 득표를 보이며 선전했지만, 2위에 머물며 새누리당 이한구의 벽을 넘어서지 못했다.

김부겸은 2년 뒤 치러진 2014년 민선 6기 지방선거에서 대구광역시장에 도전한다. 그러나 40.33%를 얻어 2위로 낙선했다. 대구에서 두 번 모두 40%가 넘는 득표를 했지만 결국 당선에 이르지는 못했다. 다시 2년 뒤인 2016년 20대 총선에서 김부겸은 재도전한다. 새누리당 김문수에 맞서 62.30%의 득표율은 얻은 김부겸은 드디어 당선에 성공한다. 대구 유권자들은 민주당 계열 정당의 후보가 세 번째 문을 두드린 후에야 비로소 마음을 연 것이다. 김부겸이 내세운 '인물론'이 지역 및 정치구도를 뛰어넘는 주요 승부수였다.

2016년 20대 총선에서 서울 동작구갑에 출마한 김병기도 다자구도 속에서 '인물론'으로 승부를 건 경우다. 20대 총선은 새정치민주연합에서 한배를 탔던 문재인과 안철수가 갈라서며 더불어민주당과 국민의당으로 갈렸던 때였다. 친문과 호남이 사실상 결별하며 각축을 벌이고 있었다. 더불어민주당으로서는 불리한 정치구도였다. 김병기는 국정원 인사처장 출신으로 당시 더불어민주당 당대표였던 문재인이 영입한 인사였다. 노무현 정부 당시 국정원 개혁 태스크포스에서 일했고, 새정치민주연합 '국민정보지키기위원회'에 외부 전문가로 활약하면서 국정원 개혁을 부르짖었다.

2016년만 해도 국정원이라고 하면 대중의 인식 속에는 부정적인 이미지가 자리 잡고 있었다. 댓글, 조작, 공작 등이 국정원을 상징하는 키워드였다. 그런데 국정원 출신 김병기는 이명박, 박근혜 정권 시절에 오히려 탄압을 받았던 인사였다. 국정원 출신이지만 오히려 보수 정권으로부터 탄압을 받았던 김병기는 국정원 개혁의 필요성을 거론하며 적임자론과 '정의'를 주요 메시지로 삼았다. 행복한 삶에 대한 추구와 공정, 정의가 시대정신이었던 때였으므로 '나를 위한 정치, 정의로운 나라'라는 김병기가 내건 슬로건은 표현의 자유가 위축됐던 시절, 변화를 원하던 동작갑 유권자들에게 먹혀들었다. 치열한 3파전 끝에 김병기는 36.53%의 득표율로 당선됐다.

구도를 만드는 것은 대중, 대중을 움직이는 것은 정치

정치는 세력 간의 싸움이다. 어떤 세력이 먼저 대중의 마음을 얻어 정세의 주도권을 쥐느냐에 따라 정국의 흐름이 달라진다. 누구나 50% 이상 대중의 지지를 받거나 상대보다 조금이라도 우위를 점하면 원활하게 흐름을 주도할 수 있다. 구도가 중요한 이유다. 정치와 선거의 세계에서 구도는 내가 싸울 영역과 판을 정하고 구획하는 일이다. 어느 정당으로, 어디에서, 누구랑, 어떻게, 무엇으로 싸울 것인가에서 구도가 결정된다. 구도는 나의 결정에 따라 확정되는 것은 아니다. 지역적·정치적 환경과 상황이 있고, 이슈에 영향을 받는다. 개인이 혼자 싸우는 방식을 결정할 수 없다는 이야기다. 그렇다고 나의 영향권 밖의 일만도 아니다. 내가 개입해서 상황을 반전시킬 수 있는 싸움이 구도다.

구도나 프레임은 일종의 가르기다. 나의 '영역'을 확보하기 위해 상대의 영역을 가르면서 얻어내는 득이다. 정치는 상대 당만 있는 것이 아니다. 내가 속한 당에서도 경쟁자가 있다. 따라서 타당과의 싸움에서뿐만 아니라 자당 내에서의 싸움에서도 구도는 중요하다. 자당의 후보가 되려면 안방을 먼저 점령하고 안방 밖의 영역으로 나아가야 한다. 김대중은 주변 정치인들에게 이런 말을 자주 했다. "정치는 파티(party, 당)다. 먼저 자신과 생각을 같이하는 사람들에게 지지를 받아야 성공한다. 모든 사람한테 좋은 말만 들으려고 하면 반드시 실패한다." 정치인에게는 자신만의 색깔과 성향이 있어야 한다. 먼저 자신을 믿고 지지해줄 사람을 모아야 한다. 자당 내에서도 지지를 받지 못한다면 밖에 나가서도 지지를 받기 어렵다. 안방을 사수한 후 외연을 확장하려면 안방의 구도도 중요하다. 지역, 정치, 정파, 이슈, 인물 등 모든 것이 구도의 요소가 될 수 있다.

구도와 프레임은 불가분의 관계다. 큰 프레임 없이 구도만 펼쳐진 경우도 있고, 별 구도 없이 프레임만 펼쳐지는 경우도 물론 있다. 구도와 프레임이 함께 가기도 하고 구도 속에 프레임이 묻히거나, 프레임 속에 구도가 묻히기도 한다.

1987년 13대 대선에서는 '독재 타도'와 '민주정부 수립', '정권 교체' 등의 프레임이 펼쳐졌지만 4자 대결구도라는 지역, 정치, 진영 간 구도가 작동됨으로써 프레임이 구도의 벽을 넘어서지 못했다. 당시 노태우는 양김이라는 진영 간의 분열로 승리를 확신했고, 김대중은 대구·경북의 노태우와 부산·경남의 김영삼의 지역 분열로, 김영삼은 노태우와 김종필의 보수세력의 분열로 승리를 확신했다. 김영삼과 김대중이 주장한 4자 필승론은 결국 4자 필패론이 됐고, 노태우가 염려했던 4자 필패론은 4자 필승론으로 반전됐다.

2016년 20대 총선에서는 구도가 프레임을 넘어서지 못했다. 야당의 분열로 더불어민주당과 국민의당이 불리한 구도를 맞았고, 새누리당은 적전 분열이라는 유리한 구도 속에서 선거에 임했다. 출발부터 절반 이상은 승리를 선점하고 뛰어든 선거였다. 누구도 새누리당이 불리할 것이라는 예측을 쉽게 내놓지 못할 상황이었다.

그러나 양상은 다르게 전개됐다. 새누리당은 오만해지면서 대중의 마음에서 멀어졌다. 선거가 가까워지면서 민심은 서서히 돌아서기 시작했다. 오만한 여당 심판론이라는 '오만 프레임'이 작동됐고 더불어민주당과 국민의당은 기대 이상으로 선전했다. 야권 분열로 국민의당이 호남에서 싹쓸이하다시피 한 선거에서도 더불어민주당이 원내 1당이 됐고, 국민의당도 정당 투표에서 돌풍을 일으키면서 당당히 원내 3당이 됐다.

정치와 선거의 세계에서는 때때로 정치인 혹은 출마자 개인의 노력과는 무관하게 흘러가는 경우가 있다. 거대한 판이 작동되는 경우가 많다. 큰 구도가 판을 휘어잡고 좌지우지하는 무소불위의 힘을 발휘하기 때문이다. 그러나 지레 겁먹을 필요는 없다. 판은 언제든 바뀐다. 고정불변의 판은 없다. 구도를 짜는 힘은 결국 대중에게서 나온다. 구도의 키는 대중이 쥐고 있는 것이다. 대중이 구도를 잡고 있다. 그렇다면 구도의 키를 쥐고 있는 대중의 마음을 흔드는 것은 무엇인가? 그것은 바로 정치이자 정치인이다.

13

이슈로 이끌고 포지셔닝으로 차별화하자

———————— 선거는 민주주의의 최대 축제다. 주권자인 대중이 정치권력에 통치의 정당성과 권력을 공식적으로 위임하는 의사 결정의 최고의 절차다. 대중이 민주주의 사회에서 자신이 주인임을 확인하는 과정이다. 그래서 선거는 축제여야 한다. 선거 결과는 정치적 승자와 패자로 갈리지만 사실 진정한 승자는 대중이다. 대중이 승부와 승자를 결정짓기 때문이다. 자신이 지지했던 정당과 정치인이 승리했건 패배했건 결국은 대중이 선택한 정당과 정치인이 승리하는 공식이 선거다. 이것이 민주주의다.

선거에서 이기려면 우리 편이 상대편보다 한 명이라도 더 투표장으로 나와서 한 표라도 더 얻으면 된다. 대중은 자신이 좋아하거나 지지하는 정당과 정치인을 당선시키려고 투표장으로 나가기도 하지만, 싫어하거나 지지하지 않는 정당과 정치인을 낙선시키려고 투표장으로 나가기도 한다. 누군가를 지지하려고 투표장으로 나가는 '찬성투표'가 기본이지만 누군가를 반대하고 불신임하려고 투표장으로 나가는 '반대투표'도 이뤄진다. 찬성과 반대, 좋아하고 싫어하는 호불호의 강도 중 어느 쪽이 더 센가에 따라 투표장으로 나가는 발길의 경중도 갈린다. 찬성과 지지를 끌어내는 것이 가장 좋은 방법이지만 이것이 어렵다면 절대 반대라도 끌어내야 한다. 이도 저도 관심이 없는 사람은 투표장에 나가지 않는다. 투표일을 휴일로 여기고 집에서 쉬거나 여행을 떠난다. 정치혐오가 거세질수록 투표율이 낮은 것은 바로 이런 무관심층 때문이다.

이슈는 대중을 투표장으로 이끄는 강력한 힘이다. 찬성 혹은 반대하기 위해 투표장으로 나가게 하는 동력이다. 반대의 경우도 마찬가지다. 이슈는 대중을 투표장으로 나가지 않게 하는 강력한 힘이다. 대중이 지지하거나 반대를 하거나 관심을 갖지 않게 하는 힘은 이슈에서 나온다. 대개 한 정당을 지지하는 고정 지지층은 지역이나 계층, 세대나 나이와 같은 구조적 요인으로 결정되는 경향이 있다. 그러나 부동층 혹은 중간층은 선거 기간 동안 떠오르는 이슈에 의해 영향을 받고 좌우되는 경향이 있다. 그래서 이슈는 표다. 지지표든 반대표든 포기표든 이슈는 표와 직결된다. 후보들이 불꽃 튀는 이슈 경쟁을 벌일 수밖에 없는 이유다.

선거에서 이슈는 유형에 따라 정치 이슈, 정책 이슈, 개인 이슈로 나뉠 수 있다. '중간평가', '정권심판', '북풍', '낡은 정치 척결', '적폐청산', '개헌'과 같은 정치 관련 사안은 정치 이슈에 해당한다. '보편복지', '행정수도 이전', '무상급식', '4대강 사업', '747 공약', '경제민주화'와 같은 공약은 정책·이슈로 볼 수 있다. '대통령병 환자', '아들 병역 비리', '색깔론', 'BBK', '독재자의 딸'과 같은 구호는 개인 이슈라고 할 수 있다. 이슈의 성격에 따라 긍정적positive 이슈와 부정적negative 이슈로 나뉜다. 긍정 이슈는 대개 후보가 내세우는 비전과 정책, 공약과 같은 긍정적인 정보를 말하고 부정 이슈는 후보가 취했던 과거의 언행이나 행적 등에서의 과오나 비리 혹은 후보가 가진 자질, 능력 등에서 부정적 정보가 담긴 것을 말한다.

사각의 링으로 끌어들일 수 있는 이슈, 한 방이 중요

이슈가 이슈로 불리려면 폭발력이 있어야 한다. 역동성이 있어야 한다. 대중의 관심을 받으면서 찬성과 반대로 팽팽하게 나뉘고 선거에 영향을 미칠 만한 파괴력이 있어야 한다. 경쟁 상대를 이슈의 링 안으로 끌어들이는 힘이 있어야 한다. 경쟁 상대가 반응하지 않거나 대응하지 않는 무반응·무대응·무관심의 이슈, 이슈의 장으로 나오지 않는 이슈는 이슈로서의 지위를 상실한다. 이슈는 싸움을 걸겠다는 선언이고, 싸우는 과정이며, 싸움의 승패를 좌우하는 한 방이다. 대중의 머릿속에 어떤 이슈가 떠오른다면 그 이슈는 절반은 성공한 이슈이고, 그 이슈를 제기한 인물과 이슈의 대상까지 함께 떠오른다면 완전히 성공한 이슈다. '행정수도 이전' 하면 '노무현'을 떠올릴 수 있어야 하고, '4대강 사업' 하면 '이명박'이 떠올라야 한다. '경제민주화' 하면 '박근혜'가 떠오르고, '적폐청산' 하면 '문재인'이 떠오른다면 그 이슈는 성공한 이슈다. 성공한 이슈란 경쟁 상대들이 모두 이슈의 링 안으로 뛰어들어서 그 이슈를 두고 서로 치고받는 공방을 펼치는 과정에서 이슈가 확장된 것을 의미한다. 이때는 대중 간에도 찬반을 놓고 활발하게 격론이 벌어진다.

대선은 특히 이슈의 싸움이다. 이슈에서 거론되지 않거나 언급이 미미하다면 대선 후보로서의 존재감을 상실한 것이다. 폭발적인 이슈는 여론을 주도한다. 여론을 끌어올리기도 하고 여론을 끌어내리기도 한다. 후보들의 지지율을 역전시키기도 하고 대선 판도를 흔들기도 한다. 선거일 하루 전까지도 어떤 이슈가 어떻게 터져 나올지 예측하기 어렵고, 투표에 어떤 영향을 끼칠지도 가늠하기 어렵다. 16대 대선에서 정몽준은 투표 전날 노무현에 대한 지지를 철회했고, 지지 철회와 단일화 파기 이슈는 삽시간에 여론을 뜨겁게 달궜다. 결과적으로는 노무현의 승리로 이어졌지만, 선거를 며칠 앞두고 지지 철회와 파기가 이뤄졌다면 승패는 또 어떻게 달라졌을지 장담하기 어려웠을 것이다. 이슈는 이렇게 폭발력이 있어야 한다. 적군을 향해 던진 폭탄이었는데 적

진에서 터지지 않고 아군의 진영에서 터지기도 한다. 그래서 이슈를 터트릴 때는 전략적으로 판단하고 신중하게 검토해야 한다. 상대에게 치명상을 입히려고 던진 폭탄이었는데 오히려 상대 진영을 더 결집시키는 요인으로 작용할 수도 있기 때문이다.

1987년에 치러진 13대 대선에서는 노태우 군사정권을 연장할 것인가, 김영삼 혹은 김대중 같은 민주화 투사들이 이끄는 민간정부를 세울 것인가를 놓고 정치 이슈의 주도권 싸움을 벌였다. 군사정권 연장인가, 민간정부 수립인가라는 양대 이슈 대결 속에서 민간정부 수립이라면 김영삼인가, 김대중인가를 놓고 격돌하는 또 하나의 이슈가 생겨 결국은 노태우가 승리를 거머쥐었다. 1992년의 14대 대선에서는 노태우 정권과 김영삼, 김종필의 3당 합당이라는 이슈와 정주영 현대그룹 회장이라는 제3후보의 등장이 이슈였다. 군사정권이 막을 내리고 문민후보 간의 대결로 민주화가 이슈화되지 못하자, 경제와 민생 문제가 쟁점이됐고 '안정론'의 이슈가 펼쳐졌다. 결과는 '신한국창조'를 내세웠던 김영삼이 승리했다.

1997년 15대 대선의 이슈는 단연 'IMF 외환위기'와 수평적 '정권 교체'를 위한 'DJP연합', 이인제의 탈당과 국민신당 창당 및 세대교체론에 의한 '제3후보론'이었다. 그러나 결국 IMF 외환위기로 인한 경제 위기의 책임론이 가장 강력한 이슈가 됐다. 책임론 소재 공방 속에서 환란의 원인이 정부여당의 무능에서 비롯했다고 판단한 대중의 시선은 김대중으로 향했다. '대통령병 환자', '대권 4수생', '낡은 정치지도자' 등 김대중의 부정적 이미지는 오히려 경제 위기를 극복할 연륜과 경륜으로 치환될 수 있었고, '준비된 대통령'이라는 슬로건과 맞물려 승리를 거뒀다.

　2002년 16대 대선은 정치적으로는 '새로운 정치'의 바람을 누가 담지할 것인가와 정책적으로는 '행정수도 이전' 이슈가 가장 뜨겁게 타올랐다. 무엇보다 미디어와 인터넷 환경이 급속도로 변화하고 확산되면서 선거운동과 캠페인 방식도 과거와는 다른 양상을 떠었다. 인터넷 여론의 확산과 인터넷 뉴스의 등장은 '노사모'라는 새로운 정치팬덤을 만들어냈다. 정치적으로는 '국민경선' 이슈가 대선 전초전을 뜨겁게 달궜다. 새천년민주당의 노무현이 국민경선 바람으로 초기 대세론을 형성하던 이인제를 제압했다. 이후 '새로운 정치' 바람은 월드컵 4강 신화의 아이콘으로 떠오른 정몽준의 등장을 불러왔다. 누가 새로운 바람의 주인공인가, 누가 새로운 정치의 적임자인가라는 이슈와 함께 '후보단일화' 여론이 불었고, 노무현으로 단일화가 이뤄졌다.

　'행정수도 이전' 공약은 정책 이슈로 뜨거웠다. 파괴력이 클 수밖에 없었다. 600년 수도 서울을 충청권으로 천도한다는 공약만큼 폭발력 있는 이슈는 드물다. 충청도가 고향인 이회창으로서는 크게 한 방 먹은 이슈가 아닐 수 없었다. '호화 빌라'와 '두 아들의 병역 기피' 등의 이슈로 타격을 입은 이회창은 경쟁 상대들이 제기한 개인 이슈와 정책 이슈, 정치 이슈에서 모두 밀리는 형국이었다. 여기에 미군 장갑차 사고로 두 여중생이 희생되는 사건이 터졌다. 이로부터 촉발된 반미감정과 한미주둔군지위협정 SOFA 개정에 관한 입장, 후보단일화 이슈들이 부각되면서 차곡차곡 승점을 쌓은 노무현이 마지막 승리의 주인공이 됐다. 16대 대선은 이른바 역대급 정치, 정책, 개인 이슈들이 선거 마지막 날까지 펼쳐진 가히 '이슈의 전쟁'이었다. 이슈 제기와 확산의 숨은 주역은 단연 새로운 미디어와 인터넷 환경이었다.

회고투표는 부정 이슈, 전망투표는 긍정 이슈

2007년의 17대 대선은 '경제 성장'이 정책 이슈로 'BBK' 등 각종 의혹이 개인 이슈로 등장했다. 이명박이 먼저 이슈를 선점했다. 이명박은 현대건설 사장과 서울시장 이력을 살려 '한반도 대운하' 건설 공약을 내세우며 이슈화에 성공했다. 한반도 대운하 공약에 찬성과 반대가 갈리면서 대중의 관심이 집중됐다. 한반도 대운하 공약은 대운하 건설로 물류비용을 줄이고 내륙개발, 관광산업 육성, 수자원 문제 해결 등을 통해 궁극적으로 경제 성장을 이룬다는 전략이었다. 아울러 국내 경제성장률을 7%로 높이고, 국민소득 4만 달러 시대를 열어 세계 7위권의 선진국을 만든다는 '747 공약'을 내세웠다. 반면 정동영은 통일부 장관, 국가안전보장회의NSC 상임위원장을 지낸 이력을 바탕으로 '평화경제론'을 들고나왔다. 평화경제론은 햇볕정책을 계승, 발전시켜 북핵 문제를 해결하고 한반도 평화정책으로 남북 경제 발전을 이루겠다는 전략이었다. 평화가 곧 경제라는 논리였다. 대선을 100여 일 앞두고 실시된 각종 여론조사에서 이명박은 독주를 이어 갔다. 샐러리맨 신화로 성공 스토리를 갖춘 이명박이 내세운 '국민성공시대'는 '부자'가 되고 싶은 대중의 심리를 자극했다. BBK 이슈는 이명박의 독주에 제동을 걸지는 못했다. BBK 주가조작의 핵심 인물인 김경준의 송환과 이명박의 비리, 도덕성 등의 이슈가 메가톤급 파괴력을 가질 변수로 예측됐지만 결과는 이명박의 낙승이었다.

2012년에 치러진 18대 대선은 경제민주화와 재벌개혁 등의 정책 이슈가 힘을 발휘했다. 2011년 미국 뉴욕 월가에서 촉발된 '월가를 점령하라'라는 시위와 1 대 99라는 불공정 사회에 대한 세계적 저항운동이 대한민국 사회에도 영향을 끼쳤다. 재벌 대기업의 독과점 체제에 대한 사회적 성찰과 함께 경제민주화가 시대의 화두로 떠올랐다. 대중은 경제민주화를 누가 더 잘 추진할수 있을지 선택하는 투표에서 박정희의 딸이었던 박근혜의 손을 들어주었다. 재벌을 키운 박정희의 후광을 입은 박근혜가 재벌개혁에도 성과를 내리라는 대중의 믿음이 강했던 탓이다. 2012년 대선은 정치적으로는 '박정희 대 노무현'의 대리전 성격을 띠었다. 박정희에 대한 근대화와 경제 성장의 향수가 박근혜로 이전됐고, 50대와 영남보수층의 결집은 박근혜 당선의 주요 지지 기반이었다. 노무현의 후계자였던 민주통합당의 문재인은 '사람이 먼저다'를 내세우며 "사람이 먼저인 새 시대를 여는 맏형이 되겠다"라는 기조로 대선 캠페인을 펼쳤다. 노무현이 내세운 '사람 사는 세상'의 후속 버전인 셈이다. 재벌개혁으로 경제 패러다임의 대전환을 이뤄내고 그 과실을 사람에 투자하겠다고 한 문재인은 결국 박근혜의 벽을 넘지 못했다. 박근혜는 직선제 개헌 이후 처음으로 50%의 득표율을 넘긴 51.55%로 당선됐고, 헌정 사상 최초의 여성 대통령, 부녀 대통령이라는 타이틀을 거머쥐었다.

2017년의 19대 대선은 촛불 대선이었다. 초유의 탄핵 정국에서 치러진 적폐청산의 대선이었다. 정책 이슈보다 정치 이슈가 상황을 지배했다. 세월호 참사로부터 쌓여온 대중의 분노는 박근혜─최순실 게이트에 이르러 폭발했다. '이게 나라냐!'라는 구호와 함께 촛불이 광화문 광장과 대한민국 전역에서 불타올랐다. 촛불은 대통령의 탄핵을 요구했고, 적폐청산을 요구했다. 2016년 12월 9일 국회는 대통령 탄핵안을 가결했다. 박근혜 대통령의 직무가 정지됐고, 2017년 3월 10일 헌법재판소가 탄핵을 인용함으로써 대통령은 파면됐다. 6공화국 최초의 대통령 궐위선거는 장미 대선으로 치러졌다. 대선 캠페인 기간 이슈는 단연 적폐청산이었다. 모든 이슈가 탄핵과 적폐청산 앞에 힘을 잃었다. 정의와 공정, 상식과 합리가 경제와 성장, 미래와 통합의 키워드를 압도했다. 문재인은 "기회는 평등할 것입니다. 과정은 공정할 것입니다. 결과는 정의로울 것입니다"라는 메시지로 반칙과 특권, 차별로 얼룩진 불공정 사회를 공정 사회로 바꾸고 나라를 나라답게 만들겠다고 역설했다. 보수 진영의 대표주자였던 자유한국당의 홍준표는 '당당한 서민 대통령'을 내세우며 검찰개혁, 청와대 혁신, 국회의원 특권 폐지 등의 공약을 내세우며 문재인에게 맞섰지만 역부족이었다. 이미 이슈와 판세는 기울어져 있었다.

이슈는 변화한다. 이슈가 폭발력을 가지는 이유는 부동층과 중도층을 움직이는 힘이 있기 때문이다. 고정 지지층은 웬만한 이슈에 흔들리지 않는다. 그러나 선거가 다가올수록 어느 정당의 누구를 선택할지 갈피를 잡지 못한 부동층과 중도층은 이슈의 영향을 받는다. 그만큼 이슈는 선거 결과를 좌우하는 강력한 한 방이다. 긍정 이슈와 부정 이슈는 이슈를 받아들이는 대중의 선택과 투표에 큰 영향을 끼친다. 투표는 대중이 좋아하는 후보에 대한 지지 의사일 뿐만 아니라 싫어하는 후보에 대한 반대 의사이기도 하기 때문이다. 대개 정권의 임기 중반에 치러지는 중간 평가 성격을 띤 회고투표에서는 '정권심판' 등 부정적 이슈를 제기하는 '부정 이슈'가 힘을 발휘한다. 대통령이나 집권여당의 무능 혹은 비리 등을 들춰내는 부정 이슈는 집권당 후보의 지지를 떨어뜨린다. 반면 대통령을 선출하면서 미래를 기대하는 전망투표에서는 집권 이후의 통치 능력과 비전을 전망하게 하는 투표이므로 대개 '긍정 이슈'를 제기하는 후보에게 우호적이다.

이슈는 표다. 이슈는 대중에 의해 평가된다. 성공한 이슈나 실패한 이슈 모두 표로 직결된다. 성공한 이슈는 대중의 마음을 얻고, 실패한 이슈는 대중의 마음을 상대편으로 향하게 한다. 대중이 관심 가질 만한 이슈, 찬성과 반대가 팽팽하게 맞설 수 있는 이슈, 부동층과 중도층까지 끌어안을 수 있는 이슈는 대중을 자기편으로 끌어들일 수 있다. 대중을 자신을 대신할 싸움의 전사로 만들 수 있다. 잘 기획된 이슈 하나가 잘 기획된 정책 열 가지보다 낫다는 평가는 괜히 나온 말이 아니다.

경선에서는 진영, 본선에서는 중도 포지셔닝

마케팅 전략가인 알 리스Al Ries와 잭 트라우트Jack Trut가 제기하고 대중화한 마케팅 이론 중 '포지셔닝Positioning'이라는 개념은 정치 광고에서도 오랫동안 위력을 발휘해왔다. "하나의 제품이나 서비스 혹은 회사를 대중의 인식 속에 특정한 이미지로 자리 잡게 하는 일, 또는 그런 전략"을 일컫는 용어인 포지셔닝은 '정치인'이라는 상품을 대중에게 어떻게, 어떤 방식으로 인식시킬 것인가를 두고 전략의 핵심으로 인정받아왔다. 포지셔닝의 핵심은 단연 '차별화'다. 차별화를 하려면 내가 다른 사람과 어떻게 다른지 먼저 알아야 한다. 이후에 나의 강점을 다른 사람과 어떻게 다르게 인식시킬 것인지, 나의 강점이 대중이나 시대가 요구하는 욕망과 어떻게 부합할 것인지는 조사와 전략의 손을 거쳐야 한다. 나의 스토리를 조사하고, 전략을 거쳐 단순한 표현으로 정리된 결과를 명확하게 전달할 수 있다면 포지셔닝은 완성된다. "자신의 이미지를 어떻게 대중의 마음속에 자리 잡게 할 것인가?", "그 표현과 방법은 무엇인가?" 이 물음에 알 리스와 잭 트라우트는 "빈틈을 찾아 그 자리를 메워라"라고 조언한다. 경쟁 상대의 빈틈을 찾아 그 자리를 메우는 방식으로 자신을 포지셔닝 하라는 것이다.

김대중은 자신의 약점을 강점으로, 상대의 빈틈을 찾아 그 자리를 자신의 경쟁력으로 포지셔닝을 한 최고의 전략가였다. 1971년 40대의 나이로 대통령에 출마한 후 총 네 차례의 도전을 한 대선출마 4수생, 70대의 고령, 노회한 정치인, 친북 정치인, 대통령병 환자, 권력의 화신 등 그를 수식하는 부정적 이미지를 긍정적 이미지로 환치시켰다. '준비된 대통령'으로의 포지셔닝은 그의 핸디캡을 하루아침에 어드밴티지로 바꿔놓았다. IMF 국난은 빈틈이었고, 상대 후보들의 역량과 경륜은 김대중에 미치지 못했다. 대중이 소구하는 이상점과 김대중의 포지셔닝이 절묘하게 맞아떨어진 것이다.

2018년 제7회 지방선거에서 경기도지사로 출마한 이재명의 포지셔닝 전략도 눈여겨볼 만하다. FGI에 나타난 이재명의 이미지는 '선명한', '개혁적인', '추진력 있는', '유능한', '일 잘하는', '사이다처럼 시원한' 등으로 나타났다. '선명한 개혁성'과 '일 잘하는 유능함'은 이재명에 대해 대중이 인식하는 두 가지 대표적 이미지였다. 유능함과 선명함이라는 두 가지 이미지 가운데 어떤 이미지를 앞에 내세울 것인가는 지지층의 성향으로 결정할 수 있다. 진보층이 이념적인 선명한 개혁성을 선호하기는 하지만 중도층은 중립적인 유능함을 더 선호한다. 본선에서의 경쟁력을 고려한다면 중도층이 더 선호하는 중립적 이미지로 포지셔닝을 해야 한다. 경선에서는 진영을 대변할 이미지가 유리하지만 본선에서는 중도 확장 이미지로 위치 이동을 하는 것이 옳다. 지금까지 대선에서 승리한 모든 후보의 전략이었다. 경선에서는 자기 진영의 논리를, 본선에서는 중도의 논리로 확장해야만 더 많은 표를 얻을 수 있기 때문이다.

'일 하나는 이재명'이라는 슬로건은 그렇게 나왔다. 이념적·진보적 색채를 빼고 누가 봐도 중립적인 '일'이라는 '능력'을 강조하고 포지셔닝을 함으로써 중도 확장력을 노린 것이다. 이재명이 성남시장 당시 업무를 잘 수행했기 때문에 '일을 잘한다'라는 이미지도 탄탄하게 받쳐주고 있었다. 더불어민주당 지지층뿐만 아니라 다른 정당 지지층에서도 이재명이 일 하나만큼은 잘한다고 인정하는 분위기였다. '일 잘하는 이재명'으로 포지셔닝을 하면 본선에서 충분히 이길 수 있을 것이라 여겼다. 무엇보다 일 잘한다는 이미지를 적극적으로 알리는 것이 당시 가족 문제와 개인사 논란의 파장을 잠재울 현실적인 방안이기도 했다. 이재명은 56.4%라는 압도적인 득표율로 35.51%를 얻은 자유한국당 남경필을 20% 이상 따돌리며 여유 있게 당선됐다.

포지셔닝은 스포츠에서 포지션과 같다. 포지션은 자신의 능력과 기술, 강점과 약점을 바탕으로 게임의 한 축을 맡고 책임지는 위치다. 포지션이 없으면 특별한 주특기가 없고 특별한 역할이 없다는 것과 마찬가지다. 포지션이 없으면 어디서 무엇으로 쓰이든 크게 상관없다. 반면 아무리 자기 포지션에서 뛰어난 선수라 하더라도 생소한 포지션에 배치되면 헤매게 된다. 투수에게 포수를 맡기고, 공격수에게 수비수를 맡기는 것을 상상해보라. 스포츠에서 포지션마다 제각각의 역할이 다르고 모두 중요하듯 정치도 이와 다르지 않다. 자신의 포지션을 찾아서, 자신의 역할과 책임을 찾아서 자신을 포지셔닝해야 대중이 기억하기 쉽다. 포드머스탱의 아버지로 불리며 미국 자동차산업의 전설로 유명한 리아이아코카Lee Iacocca 크라이슬러 전 회장은 "성공은 당신이 아는 지식 덕분이 아니라, 당신이 아는 사람들과 그들에게 비치는 당신의 이미지를 통해 찾아온다"라고 말했다. 대중의 기억 속에 자신을 남길 이미지와 전략, 포지셔닝이 중요한 이유다.

14

시대가 원하는
슬로건과
메시지로 승부하라

시대마다 시대가 요구하는 슬로건이 있다. '못 살겠다 갈아보자'를 요구하던 시대가 있었고, '위대한 보통사람의 시대'를 요구하던 시대가 있었다. '준비된 대통령'을 요구하던 시대, '새로운 대한민국'과 '국민성공시대'를 요구하던 시대, '나라를 나라답게'를 요구하던 시대도 있었다. 대통령 선거의 슬로건은 시대가 요구하는 시대정신이 반영된 결과물이다. 당대의 시대 상황과 대중이 처한 현실에서 그것이 바라는 시대상과 시대의 과제, 리더의 상이 결합되고 응축된 것이 대통령 선거의 슬로건이다. 좋은 슬로건과 메시지는 시대정신과 대중의 바람이 올곧이 함축되어 있다.

정치와 선거는 말의 성찬이다. 말의 예술이고 말의 전쟁이다. 말로 시작해서 말로 싸우고 말로 결정짓는다. 촌철살인이며 촌철활인이다. 한마디 말로 사람을 죽이기도 하고 살리기도 한다. 말 한번 잘해서 대중의 표심을 얻고, 말 한번 잘못해서 대중의 표심을 잃어버리는 일이 부지기수로 일어난다. 노무현은 "이런 아내를 버려야 합니까?"라는 말 한마디로 살아났고, 정동영은 "노인분들은 투표하지 말아 주십시오"라는 말 한마디로 주저앉았다. 설화舌禍는 모두 말에서 기인한다. 말 한마디에 수만 표를 얻고 말 한마디에 수만 표를 잃는다. 정치인의 설화는 혼자만의 독배가 아니라 같은 뜻을 품고 같은 길을 걷는 자당의 동료들까지 궁지로 몰아넣는다. 그래서 선거 캠페인 기간에 정당들은 '말조심'이라는 특명을 내리기도 한다. 함부로 말을 내뱉는 당원들은 제명당하기도 한다. 정치와 선거에서는 말이 가장 중요하다. 말은 불신을 낳기도 하고 신뢰를 주기도 하고 희망이 되기도 한다.

말이 함축된 것이 메시지이고 슬로건이다. 정치에서의 메시지와 슬로건은 프로파간다propaganda의 성격을 띤다. 대중의 마음을 움직이려면 선동성이 포함될 수밖에 없다. 독일 나치 시대에 대중 선동에 앞장섰던 괴벨스는 강력한 하나의 문장이 가지는 선동의 힘을 이렇게 표현했다. "선동은 한 문장으로도 가능하다. 그런데 그것을 반박하려면 수십 장의 문서와 증거가 필요하다. 무엇보다 그것을 반박하려고 할 때는 대중은 이미 선동되어 있다." 정치에서의 메시지와 슬로건은 대중의 마음을 움직일 수 있어야 한다. 목표하는 방향으로 대중을 나아가게 하는 힘이 담겨야 한다. '군대'와 '함성'이라는 슬로건의 어원에 담긴 의미처럼, 지지자를 끌어모으고 자신이 지지하는 정치인을 위해 기꺼이 투표장으로 가게 하는 힘이 있어야 한다.

1992년 미국 대선에서 아칸소주의 40대 촌뜨기 빌 클린턴의 슬로건은 정치 슬로건의 역사에 방점을 찍었다. 클린턴은 '바보야! 문제는 경제야'라는 슬로건으로 조지 부시를 꺾었다. 이 슬로건은 강력한 힘을 발휘하며 1980년대 대선에서 승리한 뒤 1992년까지 집권한 보수 공화당의 시대에 마침표를 찍었다. 당시 미국 경제가 장기간 침체기에 빠져 있었기 때문에 클린턴이 내건 슬로건은 시대정신을 담고 있었고 선동적이었다. 클린턴은 선거 캠페인 기간 내내 모든 메시지의 화력을 경제에 퍼부었다. 빌 클린턴과 민주당의 승리 비결은 시대와 대중의 마음을 읽은 슬로건과 메시지를 한곳으로 모은 집중의 힘이었다. 시대정신과 대중의 바람을 담은 한 줄의 슬로건은 이렇게 막강한 힘을 자랑하면서 역사의 물줄기를 바꾼다.

'못 살겠다 갈아보자', '보통사람', '준비된 대통령'

대한민국 정치사에서도 슬로건은 '전쟁'이란 말이 붙을 만큼 후보와 정당 간의 각축전의 산물이었다. 대중의 마음을 읽는 것에서부터 대중의 마음을 얻고 지지로 이어지게 하는 핵심이 바로 슬로건이라고 해도 과언이 아니다. "좋은 슬로건 하나가 100번의 연설이나 1,000명의 선거운동원보다 낫다", "잘 만든 슬로건 하나, 열 정책 안 부럽다"라는 말이 나오는 이유다.

대한민국 정치사에서 본격적인 대선 슬로건이 등장하기 시작한 때는 1956년 제3대 대선 때부터다. 여당인 자유당 이승만과 야당인 민주당 신익희의 대결로 헌정사상 여야가 처음으로 맞붙은 대선이었다. 민주당과 신익희는 자유당 이승만 정권의 부정부패에 흉악해진 민심과 정권 교체를 원하는 시대정신을 읽고 '못 살겠다 갈아보자'라는 슬로건을 들고나왔다. 이 슬로건은 지난 2020년 21대 총선에서 미래통합당이 다시 들고나올 정도로 지금까지 회자됐던 역대급 슬로건이었다. 당시 제3당이었던 진보당의 조봉암도 '갈지 못하면 살 수 없다'라는 메시지를 들고나왔다. 자유당과 이승만은 갈아봤자 별거 없다는 '구관이 명관이다'라는 슬로건으로 맞불을 놓았지만 화력이 세지 않았다. 신익희가 유세 도중 급작스럽게 서거하는 바람에 정권 교체는 실현되지 못했지만 '못 살겠다 갈아보자'는 반세기가 넘도록 대한민국 정치사에서 가장 걸출한 슬로건으로 꼽힌다. '못 살겠다 갈아보자'는 회고선거와 심판선거의 상징적인 구호로도 곧잘 호출된다. 아류 슬로건도 왕왕 등장한다. 1971년 제8대 대선에서 신민당의 김대중은 '10년 세도 썩은 정치, 못 참겠다 갈아치자'라는 슬로건을 내걸었지만 아류는 원전의 아우라를 뛰어넘지 못했다. 공화당의 박정희는 '보다 밝고 안정된 내일을 약속합니다!'라는 슬로건으로 김대중을 꺾었다. 94만 6,000여 표 차로 신승한 박정희는 이후 유신을 선포했다. 1971년 제8대 대선을 끝으로 15년 동안 대선 슬로건이 필요 없는 시대가 이어졌다.

1987년 6월 민주항쟁으로 직선제 개헌이 이뤄지면서 다시 대선 슬로건의 시대가 열렸다. 그해 12월 16일에 실시된 제13대 대통령 선거에서 민정당의 노태우, 통일민주당의 김영삼, 평화민주당의 김대중, 신민주공화당의 김종필이 맞붙었다. 노태우는 민주화와 개헌 이후 '안정'이 시대정신이라고 보고 '이제는 안정입니다'를 내세웠다. 김영삼은 '군정종식', 김대중은 '평민은 평민당, 대중은 김대중'으로, 김종필은 공식적인 슬로건을 내세우지 않았다.

13대 대선에서 대중의 기억에 남는 구호는 단연 노태우의 '보통사람'이었다. 노태우는 선거 캠페인 내내 '보통사람 노태우'를 외쳤고, '위대한 보통사람의 시대'를 열겠다고 강조했다. 노태우는 스스로를 '보통사람'을 자처했다. 12.12 군사반란을 일으키고 5.18 광주민주화운동을 유혈로 진압한 막강한 권력을 가진 군인 출신이라는 약점을 보완하는 것으로 친근한 이미지의 '보통사람'을 내세운 것이다. 또 김영삼, 김대중은 민주화운동의 영웅이고 김종필도 박정희와 함께한 정치적 거목이라는 점을 들어, 나머지 후보에 비하면 자신은 일반 대중과 별 차이 없는 평범한 '보통사람'이라는 점을 부각했다. 전략은 주효했다. '안정'과 '보통사람'의 시대를 열겠노라는 노태우의 슬로건이 대선 승리를 가져다준 것이다. 영웅의 시대에서 보통사람의 시대로, 불안정한 정국에서 안정된 정국으로의 변화를 원하는 대중의 심리를 제대로 읽어낸 것이다.

1997년 12월 18일에 치러진 제15대 대선의 슬로건도 유명세를 탔다. 새정치국민회의의 김대중은 '준비된 대통령'으로 정권교체라는 역사를 이뤄냈다. 김대중은 잦은 출마로 식상한 이미지를 깰 비책이 없으면 또다시 낙선의 고배를 마실 가능성이 컸다. 역사의 아이러니일까. IMF라는 국난이 김대중 개인의 대권 가도에 호재로 작용했다. 시대는 국난을 극복할 리더를 원했다. 침몰하는 대한민국호를 살려낼 연륜과 경륜, 지혜와 통찰을 갖춘 리더를 부르고 있었다. '준비된 대통령'은 바로 그런 시대정신과 자신의 강점이 담기고, 자신의 약점을 보완하면서 상대 진영의 약점까지 들춰내는 최고의 슬로건이었다. 신한국당의 이회창은 '깨끗한 정치 튼튼한 경제'를 내세웠고, 국민신당의 이인제는 '젊은 한국 강한 나라'를 들이밀었다. 이회창, 이인제의 슬로건은 다분히 김대중을 겨냥해 만든 것이었지만 '든든해요. 김대중', '준비된 대통령'이라는 슬로건의 파급을 뛰어넘지 못했다. 김대중이 만들어낸 준비된 사람과 준비 안 된 사람이라는 프레임은 위기에 처한 대한민국의 현실에서 준비된 사람의 손을 들어줄 수밖에 없도록 한 신의 한 수였다.

시대의 변화에 따라 대통령 선거의 슬로건도 바뀐다. 새로운 시대에는 새로운 형식과 내용이 주목을 받는다. 슬로건도 형식과 내용 모든 면에서 과거와는 다른 모습을 띠기 시작했다. 단순하면서 운율을 살린 문구 속에 담았던 거대담론이나 국가지향의 목표는 점점 사라지고, 그 자리를 대중의 삶의 변화와 함께하는 슬로건들이 채우기 시작했다. 2007년 제17대 대선에서는 한나라당 이명박이 '국민성공시대', 대통합민주신당의 정동영이 '가족이 행복한 나라'를 슬로건으로 내걸었다.

정책 슬로건의 등장, 노동시간 단축과 '저녁이 있는 삶'

2011년 민주통합당의 대통령 경선에서 손학규가 제시한 '저녁이 있는 삶'은 새로운 슬로건의 시대를 연 신호탄이었다. 민주당 당대표 시절 손학규는 새로운 복지사회를 열어갈 성장모델을 놓고 고민했다. 유럽과 같은 복지국가모델을 한국 사회에서 구현하기 위해서는 낡은 한국식 성장모델과 추격경제에서 우선 벗어나야 했다. 장시간 노동은 더 이상 한국 경제의 희망이 될 수 없었다. 노동시간 단축은 새로운 성장모델과 복지사회를 열기 위한 전제조건이었다.

무엇보다 대한민국 사회는 지쳐있었다. 노동자 대부분이 밥 먹듯 되풀이되는 야근과 시간외근무 등 장시간 노동에 노출되어 있었다. 압축성장의 그늘이었다. 노동시간 단축으로 사회적 창의력과 일자리 창출, 삶의 질을 개선하는 세 마리 토끼를 잡는 것만이 새로운 복지사회를 열어갈 원동력이 될 것이다. 손학규가 젊은 시절 영국 옥스퍼드 대학에서 유학하면서 겪었던 '일할 때는 일하고 쉴 때는 쉬는' 유럽인들의 삶도 '저녁이 있는 삶'을 이루는 한 조각이 됐다. 저녁을 즐기려고 일하는 유럽인들과 저녁도 없이 종일 일하는 한국인들의 삶의 질 차이는 컸다. 경제력과 삶의 질 등 국가경쟁력은 두말할 나위도 없다.

'저녁이 있는 삶'은 멋을 부리려고 일부러 멋지게 만든 말이 아니다. 노동시간의 단축은 물론이고 '저녁'의 의미를 새겨보자는 뜻이 담겨 있다. 저녁이면 모두 집으로 돌아가듯 저녁은 인간이 쉴 수 있는 가장 인간다운 시간이다. 저녁은 하루 중 자신을 돌아보고 가족들과 함께 휴식을 보낼 수 있는 유일한 시간이다.

'저녁이 있는 삶'이 대한민국 정치사에서 슬로건의 새로운 지평을 열었다는 평가를 받는 이유로 정책을 슬로건으로 만들었다는 점도 빼놓을 수 없다. 그동안 정치적 메시지 일색이던 슬로건이 정책적 메시지를 냈다는 것은 이제 우리 사회에서 정치적 이슈보다 정책적 이슈의 중요성이 높아졌음을 시사한다. '저녁이 있는 삶'이라는 여섯 글자만으로 그동안 대한민국 사회가 노정한 경제, 사회, 교육, 문화 등 모든 분야에서 '저녁이 없는 삶'에 대한 성찰과 대안을 환기했다는 점은 이 슬로건이 가지는 매력이 극대화됐다는 것을 말해준다. 수채화 같은 느낌, 낭만적인 저녁 풍경을 선사받았다는 대중의 평가로 '저녁이 있는 삶'은 노래로도 만들어졌다. 직장인들의 건배사로도 애용됐고, 야근을 금지하는 회사들의 모토로도 활용됐다. 대통령 선거에서 승리라는 최종 목적을 달성하지는 못했지만 우리 사회에 남긴 영향과 파급으로 봤을 때 '저녁이 있는 삶'은 성공한 슬로건이라고 할 수 있다.

2017년 대선은 대중의 분노가 폭발한 촛불혁명과 맞물리면서 정책 슬로건보다는 정치 슬로건이 대중의 표심을 움직였다. 더불어민주당의 문재인은 촛불과 적폐청산의 시대정신을 읽고 '이게 나라냐!'라고 했던 대중의 질문에 응답하는 식으로 '나라를 나라답게'를 슬로건으로 삼았다. 자유한국당의 홍준표는 탄핵과 적폐청산 프레임에서 벗어나고자 '지키겠습니다! 자유대한민국'을 내걸었고, 국민의당의 안철수는 '국민이 이긴다', 바른정당의 유승민은 '당신의 능력을 보여주세요!', 정의당의 심상정은 '노동이 당당한 나라'를 슬로건으로 채택했다.

2017년의 대중은 새로운 나라와 새로운 대통령을 원했다. 헌정을 수호하고 불공정과 불의로부터 나라의 기강을 바로잡으면서 과거로부터 쌓여온 적폐를 바로잡는 나라와 대통령을 원했다. 새로운 시대가 열리길 바랐다. 시대가 원하고 대중의 염원에 부합하는 슬로건은 무엇이었을까. 단연 문재인이 내세운 '나라를 나라답게'였다. 다른 후보들이 내세운 슬로건들은 2017년의 시대정신과 대중의 염원이 올곧이 반영됐다고 보기는 힘들다. 대중의 표심은 더불어민주당과 문재인의 손을 들어주었다. 역대 대선 슬로건을 보면 이긴 쪽의 슬로건은 시대정신과 부합하고 단순 명료해서 대중이 받아들이기도 쉽다. 그러나 패배한 쪽의 슬로건은 시대정신과 동떨어지거나 메시지가 모호하고 선명성이 떨어진다.

'노동당은 일하지 않는다', '미국에 다시 찾아온 아침'

정치에서는 슬로건 하나로 이슈를 만들고 대중의 마음을 얻어 표를 받아낼 수 있다. 잘 만든 슬로건은 정치판을 흔들고 선거 결과를 좌우한다. 외국도 마찬가지다. 1864년 대통령 선거 재선에 나선 미국의 에이브러햄 링컨은 '개울을 건널 때는 말을 갈아타지 말라'는 슬로건을 내걸었다. 남북전쟁의 와중이었고 야당이던 민주당이 링컨과 대립하며 삐걱대던 매클렐런George McClellan 장군을 후보로 내세웠다. 링컨은 전쟁 중에는 장수를 바꾸지 않는다는 뜻의 '개울을 건널 때는 말을 갈아타지 말라'는 슬로건을 강조하며 미국 대중에게 지금은 대통령을 바꿀 때가 아니라는 점을 인식시켰다. 승리는 링컨의 몫이었다.

　1979년 영국 보수당이 내놓은 총선캠페인의 슬로건도 보수당을 승리로 이끈 주역이었다. 보수당을 이끌던 마거릿 대처는 집권 노동당의 무능을 공격하고자 '노동당은 일하지 않는다'를 슬로건으로 내놓았다. 당시 노동당이 집권한 영국은 높은 실업률로 몸살을 앓았다. 보수당이 내건 선거 포스터에 실린 실업자들이 인력 사무소 앞에 길게 줄지어 선 모습과 '노동당은 일하지 않는다'라는 슬로건은 바로 '영국에는 보수당이 낫습니다'라는 메시지였다. 노동을 가장 중요시하는 노동당이 일하지 않는다는 메시지는 강력했다. 길게 늘어선 실업자의 사진과 강렬한 두 줄짜리 메시지는 영국 대중의 마음을 움직였다. 이 캠페인으로 대처와 보수당은 네 번 연속으로 총선에서 승리했다.

1984년 미국 대통령 선거에 나선 로널드 레이건이 내건 '미국에 다시 찾아온 아침'이라는 슬로건은 정치평론가들에게 미국 대선 역사상 최고의 슬로건으로 평가받는다. 미국의 화려한 시절을 그리워하며 부흥을 원했던 대중은 레이건의 슬로건에 열광했다. 배우 출신이었던 레이건은 탁월한 이야기꾼이었고 '가장 위대한 커뮤니케이터'라는 별명도 갖고 있었다.

대중 앞에 선 레이건은 "최고의 날들은 이미 지나간 날들이 아니라 아직 우리 앞에 남아 있는 나날들"이라며 미국의 희망과 부흥을 역설했다. 상대 후보였던 민주당의 월터 먼데일Walter Mondale이 내세운 '미국은 변화가 필요하다'라는 슬로건은 별다른 강점을 갖지 못했다. '변화가 필요하다'라는 뻔한 슬로건처럼 먼데일의 패배는 당연했다. 레이건은 초선 때 '당신은 4년 전보다 잘 살고 있습니까?'라는 슬로건으로 이미 민주당의 지미 카터를 누르고 승리한 전력이 있었다. 가장 위대한 커뮤니케이터라는 별명답게 레이건은 대중과 소통할 줄 알았고, 대중이 원하는 것을 슬로건과 메시지로 표현할 줄 알았다.

1992년 미국 대선에서 빌 클린턴의 '바보야! 문제는 경제야'는 세계적으로 공전의 히트를 쳤다. 클린턴의 선거 전략가 제임스 카빌이 만든 것으로 알려진 이 슬로건을 전면에 내세우고 모든 이슈를 경제에 쏟아부은 덕분에 클린턴은 재선까지 무사히 안착했다. '문제는 경제야! 해법은 정치야!', '바보야! 진짜 문제는 정치야', '바보야! 문제는 사람이야' 등 한국 사회에서도 널리 인용되고 변용될 정도로 구전의 효과 역시 강렬했다.

역사적으로 성공한 슬로건은 시대정신을 관통한다. 짧은 몇 마디 글자에 시대가 원하고 대중이 원하는 바람과 비전을 담고 있다. 후보에게는 승리를 가져다주었고, 대중에게는 위안과 감동을 안겨주었다. 시대와 역사의 물줄기를 바꾸기도 했다. 특정 소비자를 목표로 하는 상업 광고의 슬로건과 달리 정치 슬로건은 모든 계층의 대중을 아울러야 한다. 그만큼 대중의 마음에 파고드는 슬로건을 만들어내기란 쉽지 않다.

좋은 슬로건, FGI 거치고 되물어보기로 검증

좋은 슬로건은 대중의 마음을 얻고 표심으로 이어지는 슬로건이다. 시대정신을 담고 후보의 강점이 드러나면서 약점이 보완되고, 경쟁 상대와의 차별화를 갖는 슬로건이 좋은 슬로건이다. 상업 광고의 슬로건은 소비자의 구매욕과 상품의 특장점, 회사의 이미지와 연결되고 연상되는 지점을 강조한다. 정치 광고의 슬로건도 크게 다르지 않다. 다른 점을 꼽자면 상업 광고가 구매 계층을 고려한다면 정치 광고는 다양한 대중이 타깃 대상이라는 점이다.

'의사들이 가장 많이 피우는 담배는 카멜입니다'(CAMEL) '삶은 비자를 필요로 한다'(비자카드) '최고의 드라이빙 머신'(BMW) '입에서만 녹고 손에서는 안 녹아요'(m&m's 초콜릿) '지구상 가장 큰 강, 지구상 가장 큰 서점'(아마존) '당신은 소중하니까요'(로레알) '밥보다 더 맛있는 밥'(햇반) 등 상업 광고의 슬로건을 만들 때는 상품의 특장점을 상징화하는 것을 먼저 고려할지, 브랜드의 가치를 먼저 고려할지, 다른 상품과 어떻게 차별화할지 고민한다. 소비자의 구매욕을 당기는 다른 상품과의 차별화가 가장 큰 차별화 전략이기 때문이다. 상업 광고의 슬로건에는 고도의 마케팅 전략이 담겨 있다. 전략과 카피가 절묘하게 조화를 이룬다. 정치 슬로건도 다르지 않다. 후보를 상품으로, 대중을 소비자로 인식하고 질문을 던져보자.

시대가 원하는 것은 무엇인가?
대중이 바라는 것은 무엇인가?
후보의 특장점은 무엇인가?
당의 가치는 무엇인가?
내세울 정책은 무엇인가?

좋은 슬로건과 나쁜 슬로건을 감별하는 방법은 의외로 간단하다. 슬로건에 대해서 되물어보는 것이다. 되물어서 시대정신에 부합하고 후보의 특장점이 살아나면서 상대와 차별화가 된다면 좋은 슬로건이다. 익숙한 문법에서 벗어난 새로운 시도와 낯선 어감, 낯선 표현을 익숙한 언어로 전달하는 슬로건도 참신한 느낌을 준다. '위대한 보통사람의 시대'라든가, '특권과 반칙 없는 사회', '저녁이 있는 삶' 등은 당시에 낯설면서 새롭고 신선한 느낌을 주었다.

당연한 슬로건은 좋은 슬로건이라 할 수 없다. 이를테면 '대한민국 대통령'이라거나 '좋은 대통령' 같은 슬로건은 상상의 여지가 부족하다. 구체적으로 어떤 대통령을 말하는지 이미지를 떠올리기가 어렵다. 슬로건을 처음 들었을 때 당연하다고 느끼는 슬로건은 쌀로 밥 짓는 이야기처럼 감흥이 없다. 또한 오래 기억되는 슬로건은 추상적이거나 관념적인 것보다 눈에 보이거나 손에 잡힐 듯한 구체적인 것이어야 한다. '못 살겠다 갈아보자', '준비된 대통령', '저녁이 있는 삶'과 같은 슬로건이 여기에 해당한다. 아울러 '빚', '화', '걱정', '부패' 등의 부정적 표현보다는 '희망', '꿈', '미래' 등 긍정적 표현이 효과적이다. 특히 후보가 하고 싶은 말보다 대중이 듣고 싶어 하는 말을 하는 게 좋다. 일방통행이 아닌 쌍방통행이 중요하다.

슬로건을 내놓기 전 FGI를 해보는 것도 좋다. 대중이 원하고 바라는 시대와 리더상이 무엇인지 FGI를 해보면 가닥이 잡힌다. 면접자들에게 슬로건을 몇 가지 제시하고 좋은 슬로건이 무엇인지 묻는 방식으로 선택지를 줄여가는 것도 방법이다. 19대 대선의 문재인이 내놓은 '나라를 나라답게'가 바로 FGI를 거쳐 만들어낸 슬로건이다. 이렇게 대중과 소통되고 공감을 이루는 슬로건이 좋은 슬로건이다. 물론 좋은 슬로건이 당선행 티켓을 바로 쥐여 주진 않는다. 그러나 좋은 슬로건은 대중에게 당대의 시대정신과 당대가 바라는 리더의 요건, 비전을 인식시켜준다. 좋은 슬로건은 시대정신과 대중의 바람을 함축하기 때문이다.

슬로건은 정책을 효과적으로 홍보하고 대중이 쉽게 정책을 받아들이도록 한다는 점에서 공공영역 등에서도 다양하게 활용되어야 한다. 만약 '주52시간 근무', '노동시간 단축'으로만 정책을 제시했다면 '저녁이 있는 삶'과 같은 효과를 내기 어려웠을 것이다. 정책을 준비하거나 정책을 발표할 행정가들은 대중의 정책 수용성을 높이는 브랜드 네이밍 작업에 소홀하면 안 된다. 정책을 만들어내는 만큼 그 정책을 받아들일 대중의 정책 인식과 수용성도 중요하다. 아무리 좋은 정책이라도 대중이 받아들이지 못하면 현실에서 실현되기 어렵다. 좋은 정책을 현장에서 실현시키는 것도 행정가의 몫이자 책임이다.

짧고 강한 메시지, 차별화된 메시지가 대중의 심금을 울린다

사람은 자신이 종사하는 일과 직업에 따라 구사하는 언어체계도 다르다. 시인의 언어와 정치인의 언어는 다르고 체계도 다르다.

시인의 언어가 은유와 비유와 직유와 상징 등의 수사들이 동원 된다면 정치인의 언어는 단순과 직설과 공격이 대부분이다. 시인 의 언어가 어루만지는 것이라면 정치인의 언어는 찌르는 것이다. 정치인이 자신의 마음을 '내 마음은 호수다'라고 돌려서 표현한 다면 대중은 무슨 말인지 알아듣지 못한다. 반대로 시인이 '내 마 음은 착잡하다'라고 직접적으로 표현한다면 시인으로 대접받기 힘들다. 시인의 언어는 시인다워야 하고 정치인의 언어는 정치인 다워야 한다.

정치인의 메시지는 정치인의 가장 큰 무기다. 나쁜 메시지로 궁지에 빠지기도 하고 좋은 메시지로 전세를 역전하기도 한다. 링컨의 뒤를 이어 미국 제17대 대통령직을 승계한 뒤 대통령에 당선된 앤드루 존슨Andrew Johnson이 말 한마디로 선거의 판세를 뒤집은 일화는 유명하다. 존슨은 3세 때 아버지를 여의고 가난 으로 학교 문턱도 밟아보지 못했지만 힘겹게 성공한 입지전적인 인물이었다.

존슨은 대통령 후보로 유세를 다닐 때마다 상대 후보로부터 맹렬한 공격을 받았다. 공격의 이유는 뻔했다. 미국을 이끌어갈 대통령이 초등학교도 못 나와서야 되겠느냐는 공격이었다. 그럴 때마다 존슨은 침착하게 대답했다. "여러분! 저는 지금까지 예수 그리스도가 초등학교를 다녔다는 말을 한 번도 들어본 적이 없 습니다. 그러나 예수님은 오늘날까지 세계를 구원의 길로 인도하 고 있습니다." 이 말 한마디로 존슨은 역전에 성공해 미국 대통령에 올랐다. 존슨은 "미국을 이끌어나갈 힘은 학력에서 나오는 것이 아니라 긍정적인 의지와 행동에서 나온다"라고 이야기하고 다녔다. 이 앤드루 존슨이 훗날 러시아 제국으로부터 쓸모없는 땅 알래스카를 헐값에 사들여 세계에서 천연자원이 가장 풍부한 땅으로 변모시킨 장본인이다.

김영삼, 김대중, 김종필 이른바 3김은 정치 9단답게 '어록'이라고 할 만큼의 수많은 메시지를 남겼다. 김영삼은 1979년 국회의원에서 제명되자 "닭의 모가지를 비틀어도 새벽은 온다"라는 말을 남겼다. 지지자들로부터 비난을 받았던 1990년 3당 합당 때는 "호랑이를 잡기 위해 호랑이 굴로 들어간다"라고 했다. 대통령이 된 후 1995년 장쩌민江澤民 중국 국가주석과 정상회담 후 가진 기자회견에서 일본 정치인의 망언에 대해 "일본의 버르장머리를 고쳐놓겠다"라고 단언했다. 1999년 한나라당 총재 이회창과 회동에서 "국민을 잠시 속일 수는 있어도 영원히 속일 수는 없다"라고 했고, 2001년 한나라당 부총재였던 박근혜를 평가하면서 "아버지와 딸은 다르다"라고 했다. 2003년 단식 중이던 한나라당 대표 최병렬을 방문해 "나도 23일간 단식해봤지만, 굶으면 죽는 것은 확실하다"라는 말을 남겼다. 김영삼은 오랜 민주화운동과 저항에서 우러난 간결하면서도 직설적인 화법을 즐겨 사용했다.

김대중은 '김대중 선생'이라고 불릴 만큼 논리적이면서 사변적인 메시지를 많이 남겼다. 유신 정권의 서슬이 퍼렇던 1975년

4월 시국강연회에 참석한 김대중은 "행동하지 않는 양심은 결국 악의 편"이라고 말했다. 또 "방관은 최대의 수치, 비굴은 최대의 죄악"이라고 일갈했다. 김대중은 평소에 "서생의 문제의식을 가지고 상인의 현실감각으로 문제를 풀라"라는 말을 자주 했다. 1980년 5월 관훈클럽 초청 연설에서는 "자유가 들꽃같이 만발하고 정의가 강물처럼 넘쳐흐르며 통일에의 희망이 무지개같이 아롱지는 시대가 되기를"이라는 말을 남겼다.

1980년 12월 옥중수필에서는 "나에 대한 모든 악을 일체 용서할 것을 선언한다"라고 했고, 1982년 청주교도소에서는 "국민보다 반 발짝 앞서 나가야 한다"라고 했다. 1998년 일본 국회에서 한 연설에서는 "기적은 기적적으로 이뤄지지 않는다"라고 했고, "정치는 생물이다", "정치는 예술이다"라는 말도 남겼다. 김대중의 메시지는 민주화운동으로 겪은 수감 생활과 사형선고 등의 경험이 낳은 사색과 성찰의 성격이 강했다.

김종필은 군인 출신이었지만 예술적 재능이 풍부한 인물이었다. 한학을 공부하고 바둑을 즐겼으며 그림을 잘 그렸다. 시·서·화를 즐기는 낭만과 남다른 재치, 총기를 가진 언변으로 '촌철살인'의 능변가로 불리기도 했다. 그런 재능은 그의 메시지에도 잘 드러났다. 1963년 일본과의 비밀협상이 반발을 불러오자 김종필은 "제2의 이완용이 되더라도 한일 국교를 정상화하겠다"라고 했다.

1963년 4대 의혹 사건과 관련해 외유를 떠날 때 "자의 반 타의 반"이라는 말을 남기며 자신이 처한 상황을 에둘러 표현했다. 1990년 노태우를 대통령 후보로 추대하면서는 "나는 대통령의 그림자도 밟지 않는다"라고 했고, 1997년 김영삼 정부를 평가하는 자리에서는 "내가 제일 보기 싫은 것은 타다 남은 장작이다. 나는 완전히 연소해 재가 되고 싶다"라고 했다. 정치의 세계에서 40년 이상 있으면서도 "정치는 허업이다"라는 말을 남겼고, 세상을 바꾸고 싶었다는 포부를 "서산을 붉게 물들이고 싶었다"라는 말로 표현하기도 했다.

정치인은 남들과는 다른, 자신만의 언어로 자신을 드러내는 메시지를 남겨야 한다. 쉽고 간결하면서 그 메시지가 나온 이유가 떠오른다면 더할 나위 없다. 정치권에서 흔히 하는 말로 중학생들도 알아들을 수 있는 말을 자신의 스타일로 표현하는 게 좋다. 단순하고 명료하고 누구나 이해할 수 있는 메시지가 좋다는 뜻이다. "내가 하면 로맨스 남이 하면 불륜", "호박에 줄 긋는다고 수박 되나", "빈손으로 오면 빈손으로 갈 것", "늑장 대응보다는 과잉 대응이 낫다", "포퓰리즘이 아닌 리얼리즘"과 같은 메시지들이 기억하고 받아들이기 쉽다.

메시지의 일관성도 중요하다. 한 번 던진 메시지는 기조를 쉽게 바꾸어서는 안 된다. '정권 재창출' 혹은 '정권심판', '정권 교체'과 같은 메시지를 던졌다가 기조를 바꾸면 대중이 받아들이기 어렵고, 신뢰에도 금이 간다. 기조는 유지하되 표현을 조금씩 바꿔나가는 것이 효과적이다. 자주 반복하는 것도 메시지의 효과를 극대화하고 신뢰감을 높여준다. 단순 – 일관 – 반복 – 지속의 선순환을 유지하면 메시지의 힘이 강화되고 대중의 뇌리에 메시지를 남게 해준다.

괴벨스는 "한 번의 거짓말은 거짓말로 남지만 수천 번 되풀이한 거짓말은 진실이 된다"라고 했다. 거짓말이라도 자주 반복해서 말하면 대중은 믿게 되고 결국은 자기 자신도 믿는다는 것이다. 미국 대통령을 지낸 닉슨Richard Nixon도 메시지 반복의 효과에 대해서 강조했다. "언론에 새로운 기사를 써달라고 하지 마라. 지금 효과가 나고 있는 말을 계속해라. 사람들이 기억할 때까지 네 번 이상은 반복해야 한다. 모두 하나의 메시지를 계속 반복해야 한다. 링컨은 같은 말을 백 번 이상 반복했다"라고 했다.

개그맨들이 유행어를 만드는 방법도 반복이다. 반복은 기억을 강화해주고 신뢰감을 준다. 대통령이 되기 전의 김대중은 '정권 교체'를 수없이 반복했다. 어딜 가나 '정권 교체'를 언급했다. 심지어 잘 아는 사람들과 밥을 먹을 때도 '정권 교체'를 늘 이야기했다고 한다. 노무현은 '사람 사는 세상', '특권과 반칙'을 반복했고, 민주노동당 대표를 역임했던 권영길은 '살림살이 좀 나아지셨습니까?'라는 메시지를 반복했다. 이명박은 '내가 해봐서 아는데'와 '4대강'을 반복했고, 문재인은 '기회 평등, 과정 공정, 결과 정의'를 반복했다.

상업 광고에서도 반복의 효과는 강조될 수밖에 없다. 광고의 최종 목표는 소비자가 타 브랜드의 상품과 비교해 광고된 브랜드와 상품을 적극적으로 구매하는 것이다. 구매는 소비자가 브랜드를 알아보고 브랜드의 특징을 이해하는 인지cognitive effect 단계, 광고된 브랜드를 좋아하고 다른 브랜드보다 선호하는 감정affective effect 단계, 광고된 브랜드를 구매하겠다는 구매의도가 있는 행동의도cognitive effect 단계를 거친다.

광고에 지속적으로 반복 노출되면 소비자의 인지, 감정, 행동의도에 영향을 끼쳐 궁극적으로 상품을 구매하게 된다는 것이 광고계의 정론이다. 정치인도 기업의 브랜드와 다르지 않다. 정치인도 일종의 상품이다. 시장에 자신을 내놓고 팔아야 하며 잘 팔려야 정치적 목표를 이룬다. 대중이 자신을 인지하고, 좋은 감정을 갖게 하고, 지지와 표로 연결되는 행동의도를 갖게 하는 것이 정치인의 목표다. 여론조사가 인지도, 호감도, 선호도, 지지도 조사를 반복적으로 되풀이하는 것도 시장조사와 같은 맥락이다.

결국 정치와 선거는 말의 전쟁이다. 메시지 경쟁이고 메시지를 설득시키는 과정이다. 정치인의 언어에 치밀한 전략이 뒷받침되어야 하는 이유다. 듣기에 좋은 말, 멋있는 말, 낭만적인 말만으로는 절대 좋은 슬로건이나 메시지가 될 수 없다. 대중에게 어떤 인식을 심어주어서 어떤 목적을 얻을 것인지를 정밀하게 계측해야 한다. 나아가 정치인의 언어가 말의 잔치, 말의 예술, 말의 전쟁에서 끝날 것이 아니라 행동으로 이어질 때 말의 진가가 발휘될 것이다.

결국 행동이 담보될 때 슬로건과 메시지도 힘을 얻는다. '마케

팅의 아버지'로 불린 필립 코틀러Philip Kotler는 "가장 좋은 광고
는 만족한 고객이다"라고 했다. 아무리 좋은 말이라도 대중의 마
음이 불편하고 정치적 행동으로 이어지지 않는다면 좋은 슬로건
과 메시지가 될 수 없다. 좋은 슬로건과 메시지는 대중의 마음을
편하게 하고 대중이 정치에 만족할 때 비로소 탄생한다.

15

승리의 법칙, 대중을 아는 자가 이긴다

──────── "행복한 가정은 모두 엇비슷하지만 불행한 가정은 불행한 이유가 제각각 다르다." 톨스토이Leo Tolstoy가 쓴 《안나 카레니나》에 나오는 유명한 첫 구절이다. 톨스토이는 행복한 가정은 여러 필수 요건을 갖추고 있지만 행복한 가정이 갖춘 요건 중에 어느 하나라도 부족한 가정은 불행하다고 봤다. 행복과 불행, 성공과 실패, 승리와 패배를 이야기할 때 자주 언급되는 법칙 중의 하나가 '안나 카레니나 법칙'이다. '안나 카레니나 법칙'은 성공은 여러 가지 요소를 모두 갖추어야 가능하며 어느 한 가지 요소라도 갖추지 못하면 실패할 수밖에 없다는 것을 뜻한다. 《총·균·쇠》라는 책으로 유명한 진화 생물학자 재레드 다이아몬

드Jared M. Diamond가 《안나 카레니나》의 첫 구절에서 착안해 이 법칙의 이름을 붙였다. 그는 어떤 동물은 가축이 되지만, 어떤 동물은 가축이 되지 못하고 야생동물로 남는다고 한다. 가축이 된 동물은 가축이 되는 데 필요한 요건을 충족했고, 그 요건 중 하나라도 충족하지 못한 동물은 가축이 되지 못했다. 인간 사회를 예로 들면 행복의 조건이 건강, 돈, 외모, 지위, 학벌 등이라고 가정했을 때 오로지 건강하다거나 돈만 많다거나 외모만 빼어나거나 학벌만 좋아서는 행복할 수 없다. 행복하려면 다섯 가지 조건을 다 갖추어야 한다. 그중에서 하나만 빠져도 불행할 수 있다는 것이다.

이기는 사람들에게는 이기는 이유가 있다. 지는 사람들에게는 지는 이유가 있다. 노태우, 김영삼, 김대중, 노무현, 이명박, 박근혜, 문재인이 이겼을 때는 이길 만한 이유가 있었다. 김종필, 정주영, 이인제, 이회창, 정동영, 홍준표, 안철수가 졌을 때는 질 만한 이유가 있었다. '안나 카레니나 법칙'에 따르면 이기는 사람들은 이기는 이유를 거의 제대로 갖추고 있는 반면 지는 사람들은 이기는 사람들이 갖춘 이유를 다 갖추지 못하고 있다.

물론 정치와 선거에서 이기는 요건을 '가축'이 되는 데 필요한 요건처럼 생물학적으로 설명하기는 어렵다. 획일적이거나 천편일률적으로 제시할 수도 없다. 또 정치와 선거에서 이기는 법칙이 '안나 카레니나 법칙'에 의거할 리도 만무하다. 시대와 환경, 조건 등의 상황도 얼마든지 달라질 수 있다. 그럼에도 정치와 선거에서 《안나 카레니나》의 첫 문장을 빌리면, "승리한 후보는 모두 엇비슷하지만 패배한 후보는 패배한 이유가 제각각 다르다." 정치와 선거에서 시대와 상황을 꿰뚫는 불변의 승리 법칙이 있다면 바로 대중의 마음을 읽고 얻는 자가 이긴다는 것이다. 대중의 마음을 읽는 독심, 대중의 마음을 얻는 득심, 대중의 지지를 받는 표심의 연결고리가 이어진다면 승리로 가는 길은 탄탄대로다.

상품 시장과 정치 시장에서 소비자나 대중의 마음을 얻고 구매나 지지를 받아내는 과정은 비슷하다. 한 상품이 시장에 나왔을 때 소비자들은 대개 4단계의 감정 변화를 일으킨다. 1단계는 상품을 인식하게 되는 인지도 단계, 2단계는 상품에 대해 호불호의 감정을 가지는 호감도 단계, 3단계는 상품을 선택하게 하는 선호도 단계, 4단계는 그 상품만을 구입하는 로열티loyalty 단계다. 호감도와 선호도의 단계를 지나면 사실상 충성도 높은 구매자가 되어 구매 패턴을 쉽게 바꾸지 않는다.

정치와 선거 시장도 마찬가지다. 인지도를 넓히고 호감도를 올리고 선호도를 높이고 로열티를 얻는다면 승자가 될 확률은 커진다. 정치인이 대중에게 로열티를 얻기까지는 많은 시간과 노력이 필요하다. 시대 상황과도 맞물려야 한다. 아무리 스스로가 뛰어난 자질과 능력을 갖추고 있다 하더라도 시대와 맞지 않으면 안 된다. 그렇다면 정치와 선거에서 승자와 패자를 가르는 요건, 승리하는 데 갖추어야 할 요건은 무엇일까? 정치 현장 경험과 여론조사를 하면서 만났던 수많은 대중, 데이터를 바탕으로 승자나 리더가 갖추어야 할 일곱 가지 승리의 법칙을 제시해본다.

제1법칙, 대중(여론)을 아는 자가 세상을 지배한다

정치인은 대중과 함께해야 한다. 선거는 자신을 지지하는 대중을 한 명이라도 더 많이 투표장으로 끌어내면 승리하는 게임이다. 주식 투자 성공의 진리가 '싸게 사고 비싸게 파는 것'이라면 선거는 나의 편이 한 명이라도 더 나에게 투표하게 하면 된다. 핵심은 대중이다. 대중을 알아야 하고 대중의 마음을 얻어야 한다.

"국민보다 반 발짝 앞서 나가야 한다"라고 했던 김대중은 늘 대중과 함께하려고 했다. 김대중은 대중의 마음을 읽는 독심술이 탁월했다. "운동하는 사람은 대중의 지지를 얻어야 한다. 대중이 못 따라오면 서서 기다려야 하고 설득해야 하고 왜 안 따라오는지 배워야 한다. 네가 안 따라오는 것이 네 잘못이라고 하면서 혼자 앞으로 가면, 대중으로부터 유리되고, 그렇게 되면 통일이나 민주주의를 원치 않는 사람들한테 악용만 당하게 된다." 1982년 청주교도소에서 쓴 《옥중사색》에 나오는 글귀다. 김대중은 철저히 대중과 함께했다. 그래서 정치인이 앞서 나가더라도 '반 발짝'만 앞서 가야 한다고 했다. 이미 시대를 앞서갔던 김대중은 대중보다 몇 걸음 더 앞서 시대를 통찰한 정치인이었지만, 그는 철저히 '반 발짝'만 앞서 걸으려 했다. 그 이상 욕심을 내면 대중과 동떨어지게 되고 대중과 동떨어진 정치는 무의미하다고 보았다. 쿠바의 정치인이자 혁명가였던 체 게바라Che Guevara도 마찬가지다. 그는 "가슴속에는 불가능한 꿈을 품자. 그러나 현실에서는 리얼리스트가 되자"라고 했다. 혁명과 이상을 가슴속에 품어도 현실에서는 대중과 함께 하는 현실주의자가 되는 것만이 결국 혁명도 성공시킬 수 있고 이상도 실현할 수 있는 길이라고 믿었다. 대중과 현실은 그렇지 않은데 정치인이 혁명과 이상을 좇는다고 현실에서 실현되는 것이 아니다.

자신이 발 딛고 있는 현실 속에서 대중과 함께하는 정치만이 성공할 수 있다. 그렇다면 대중을 잘 알 수 있는 방법은 무엇인가. 대중을 잘 알려면 여론조사를 적극 활용해야 한다. 자동차 회사 '포드'를 만든 헨리 포드Henry Ford는 "성공의 비결이란 것이 있다면 그것은 타인의 관점을 잘 포착해 그들의 입장에서 사물을 볼 수 있는 재능, 바로 그것이다"라고 했다. 타인의 관점을 잘 포착하고 그들의 입장에서 세상을 볼 수 있는 방법은 무엇일까. 바로 여론조사다. 여론조사야말로 현대 사회에서 가장 많은 대중의 가장 깊은 심리를 꿰뚫어 볼 수 있는 거의 유일한 방법이다.

2020년 4월 15일에 치러진 21대 총선에서도 여론조사 결과는 투표 결과와 거의 비슷했고, 2021년 4월 7일에 치러진 서울·부산시장 재보궐선거에서도 여론조사 결과는 투표 결과와 거의 일치했다. 21대 총선에서 더불어민주당에 완패하리라는 예측을 끊임없이 내놓은 여론조사를 미래통합당은 믿지 않는다고 했다. 4.7 재보궐선거에서 서울시장 선거 20%p, 부산시장 선거 30%p 격차를 보였던 여론조사 결과를 더불어민주당은 믿지 않는다고 했다. 보고 싶고 믿고 싶은 것만 보는 것이 여론조사가 아니다. 여론조사는 당대 당시 대중의 심리와 흐름을 보여준다. 정치와 선거에서의 여론조사뿐만이 아니라 기업과 공공조직에서 활용하는 여론조사는 대중의 심리를 측정해서 계량화하고 통계화한다. 여론조사를 믿고 잘 활용해서 시대와 대중의 요구를 알고 이를 승리의 기반으로 삼아나갈 수 있는 사람과 조직이 결국 승리한다.

정치와 선거는 대중의 인식과 함께해야 한다. 대중의 마음을 얻느냐가 관건이다. '대중은 항상 옳다'는 믿음으로 대중이 바라는 정견이나 정책, 메시지를 끊임없이 대중에게 보내야 한다. 대중을 수신자로 두는 정치가 승리로 가는 가장 빠른 길이다.

제2법칙, 전략이 모든 것이다

인생이 없으면 전략도 없다. 인생은 전략이다. 전략은 인생의 깊이에서 우러나온다. 삶을 살아가면서 우리는 삶의 곳곳에서 전략적 판단을 한다. 생존을 이어가기 위해서는 전략이 필수이다. 그래서 우리는 누구나 전략가다. 다만 누구나 뛰어난 전략가는 아니다. 뛰어난 전략가는 늘 전략적 사고를 견지한다. 세상에 끌려다니지 않고 세상을 이끌려면 상대와 맞서 이겨야 한다. 상대와 맞서는데 전략을 모른다면 무기 없이 전쟁터에 나가는 것과 같다.

리더나 승자가 되고 싶은 사람은 뛰어난 전략가가 되어야 한다. 전략은 단순히 경쟁에서 앞서거나 게임에서 승리하는 데 필요한 도구가 아니다. 자신의 삶이나 자신이 이루고 싶은 꿈을 이루는 길에 필요한 가장 강력한 수단이다.

노예 해방을 이뤄낸 링컨도 뛰어난 전략가였다. 링컨이 도덕적 가치만을 중시한 인물로 생각하는 사람이 많지만 링컨은 오히려 전략적 현실주의자였다. 링컨은 노예 해방과 신분 철폐라는 도덕적 가치의 제도적 완성을 위해 매표와 관직 거래까지 시도하는 전략을 구사한다. 의사 정족수를 미달시켜 다수 의견의 통과를 막고 상대의 동원력을 무력화하는 전략으로 노예 해방의 단계를 밟아나갔다. 링컨의 정치력은 치밀한 계산이 뒷받침된 전략에서 나왔다. 링컨은 선한 결과를 얻기 위해 전략을 이용한 철저한 전략가였던 것이다.

정치적 소수파였던 김대중은 DJP연합이라는 집권전략으로 역사적인 수평적 정권 교체에 성공했다. DJP연합으로 집권한 김대중은 진보적인 지지자들에게 거센 비난을 받기도 했지만 집권과 수평적 정권 교체를 이루기 위한 현실적 전략의 길을 선택했다. 집권 이후에도 보수적 관료들을 등용해 호시탐탐 정권을 흔들려고 하던 보수적 주류의 비판을 불식하면서 사회적 과제를 해결해나갔다. 국민기초생활보장법 제정, 국가인권위원회 설치, 여성부 신설, 차별금지법 제정, 고용평등법 개정, 남북정상회담 개최 등의 과업은 정치적 소수파였던 김대중의 계산된 전략이 아니었다면 이뤄내기 어려웠을 것이다.

스스로가 뛰어난 전략가가 아니라고 생각한다면 다른 사람의 머리라도 빌려야 한다. 탁월한 참모를 두거나 좋은 컨설턴트를 만나면 된다. 유방劉邦은 장량張良의 머리를 빌려 한조를 연 황제가 됐고 이성계는 정도전의 머리를 빌려 조선을 열었다.

박정희는 김종필, 전두환은 장세동, 노태우는 박철언, 김영삼은 김덕룡, 김대중은 박지원, 노무현은 이해찬과 같은 전략가형 참모를 가까이에 두었다. 빌 클린턴에게는 정치컨설턴트 딕 모리스가 있었다. 정치와 선거에서 전략은 A부터 Z까지 사실상 모든 것이라고 할 수 있다. 전략 없는 승리도 없고 전략 없는 집권도 없다. 집권 이후에는 국가 경영 전략이 있어야 한다. 외교 전략, 경제 전략, 국방 전략, 대북 전략 등 모든 것이 다 전략이다. 리더는 전략가가 되어야 한다. 승자들은 뛰어난 전략가들이었다. 프랑스 시인 폴 발레리Paul Valery는 "생각대로 살지 않으면 사는 대로 생각하게 된다"라고 했다. 전략 없이 전쟁에 나선다면 결국 돌아오는 것은 패배다. 정치와 선거는 총성 없는 전쟁이다.

제3법칙, 인생은 타이밍이다

인생은 타이밍이다. 인생의 모든 성공은 타이밍에 달려 있다. 타이밍의 사전적 의미는 "동작의 효과가 가장 크게 나타나는 순간" 또는 "그 순간을 위하여 동작의 속도를 맞춤"이라고 정의되어 있다. 가장 큰 효과를 맛보는 시기, '사물의 진행이나 발전이 최고의 경지에 달한 상태'를 일컫는 정점의 의미가 담겨 있고, 절정의 때라고 해도 무방하다. 밀고 당기는 '밀당'도 타이밍의 기술에 달려 있다. 밀당이 극에 이르러 마침내 합의가 결렬되거나 혹은 성사됐을 때 대중이 받는 울림도 커진다. 타이밍의 예술이다.

크라이슬러 회장을 지냈던 리 아이아코카는 경영에서 가장 중요한 요소로 타이밍과 결단력을 꼽는다. "인생은 타이밍이다. 95%의 확증만 있으면 일을 실행에 옮겨라. 5%를 채워 100%에 도달한 후 실행하려 하면 늦는다. 그때는 이전에 확보한 95%의 정보가 무용지물이 되고 만다. 시장이 변하기 때문이다. 총을 쏴서 움직이는 물오리를 명중시키려면 총구를 항상 움직여야 한다"면서 타이밍과 결단력의 중요성을 강조했다. 시간은 사람을 기다려주지 않는다. 해야 할 일의 때를 놓치면 그때를 다시 만나기가 쉽지 않다.

정치도 타이밍이다. 정치권에서는 "정치는 타이밍의 예술"이라는 말을 금과옥조로 삼고 있다. 메시지와 행보의 타이밍을 간파하고 결단을 내리는 것에 따라 정치인의 운명과 정당의 운명이 갈린다. 기다려야 할 때와 추진해야 할 때를 알고, 나아갈 때와 물러설 때를 알면서 진퇴를 결정짓는 정치인이 진짜 정치인이다. 성패는 그 타이밍에 달려 있다. 한발 늦어서 사건과 사안의 흐름에 끌려다니거나 혹은 한발 앞서서 힘을 빼는 경우 정치적 생명도 위협을 받는다.

김영삼은 감이 뛰어난 타이밍의 귀재로 불렸다. 3당 합당을 추진할 때, 대통령이 되어 하나회를 숙청할 때, 공직자 재산공개와 금융실명제를 단행했을 때, 누구도 김영삼의 결단을 눈치채지 못했다. 김영삼은 타이밍을 잡고 이때다 싶으면 빠른 결단을 내리길 즐겼다. 측근들에게조차 귀띔하지 않았다. 빠른 결단과 실행이 효과를 극대화한다고 보았다.

김영삼이 신속한 용단형 정치인이라면 김대중은 신중한 심사숙고형의 정치인이었다. 노태우의 합당 제의 거부와 DJP연합, 네 차례의 대권 도전의 과정과 성공, 최초의 남북정상회담 추진 등은 오랜 숙고의 결과였다. 노무현도 타이밍을 아는 정치인이었다. 정몽준과의 단일화 결정 및 협상 타결은 타이밍의 예술이었다. 40%대에서 10%대까지 급락했던 노무현의 지지율은 단일화 성사로 다시 급격하게 반등했다. 두 달 만에 이뤄진 일이었다.

정치와 선거에서 이슈를 주도하려면 타이밍이 중요하다. 누가 이슈 주도권을 쥐느냐에 따라 정국이 움직이고 대중을 움직인다. 리더라면 타이밍을 잘 맞춰야 한다. 대중의 요구 수준이 정점에 올라왔다고 여겼을 때 메시지를 던지고 결단을 내려야 대중의 주목을 끌 수 있다. 타이밍을 놓쳐서 제기된 이슈를 따라가는 사람은 리더가 되기 어렵다.

타이밍을 놓치는 정치인에게는 몇 가지 공통점이 있다. 첫째, 생각이 많다. 검토하고 고려하고 판단할 것이 많다. 이것저것 다 검토하고 고려하면서 판단하다 보면 여기저기 눈치를 봐야 한다. 좌고우면할 수밖에 없다. 둘째, 행동에 신중하다. 100% 확신이 섰을 때 움직이면 늦는다. 100% 확신은 갖기 어렵다. 뒤늦은 행동에 나섰을 때는 이미 경쟁자들이 먼저 행동에 나서 있다. 셋째, 용기가 부족하다. 메시지를 던지고 행동에 나설 때 상대 진영이

나 반대편에서 날아올 비난과 비판에 맞설 배짱이 없는 것이다. 대중의 평가가 두려운 것이다. 정치는 모두를 만족시킬 수 없다. 자신을 지지하고 힘을 실어주는 대중을 우선 고려해야 한다.

누구에게나 '별의 순간'은 올 수 있다. 그러나 그것이 별의 순간인지 벼락의 순간인지는 스스로가 가장 잘 알 수 있다. 별의 순간을 잡지 못하면 벼락의 순간을 맞을 수도 있다. 별의 순간을 잡는 것도 벼락의 순간을 맞는 것도 타이밍에 달려 있다. 자신을 위한 완벽한 시간은 존재하지 않는다. 시간은 모두에게 공평하지만 모두가 그 시간을 자신의 시간으로 만들지는 못한다.

승리와 성공은 시간을 자기편으로 만들어가는 과정과 결정에 달려 있다. 완전한 확신도 존재하지 않기에 70%의 확신만 있으면 실행에 옮길 수 있어야 한다. 나머지는 다른 것들과 함께 만들어가는 것이다. 부족한 부분은 지지자들이 보태주기도 하고 때로는 변수와 천운이 보태주기도 한다. 100% 확신은 불가능하지만 만에 하나 가능하더라도 그 확신을 가진 후 실행하려고 하면 이미 늦는다. 나폴레옹 보나파르트Napoléon Bonaparte는 "숙고할 시간을 가져라. 그러나 행동할 때가 오면 생각을 멈추고 뛰어들어라"라고 했고 "공간은 회복할 수 있지만 지나간 시간은 절대 회복 불가능하다"라고 했다. 승리는 타이밍과의 싸움이다.

제4법칙, 스토리텔러에게 매력을 느낀다

사람의 역사는 이야기의 역사다. 사람들은 하루하루의 삶을 이야기로 경험하고 이야기로 엮어낸다. 하루하루가 쌓여 일 년이 되고 일 년이 모여서 역사를 이룬다. 이야기가 없다면 역사도 없다. 이야기꾼은 역사를 만드는 사람들이다. 이야기꾼 앞에는 사람들이 모인다. 정치에서 승리를 꿈꾸는 사람이라면 이야기꾼이 되어야 한다.

정치는 근본적으로 말과의 싸움이고 이야기와의 대결이다. 같은 뜻의 말이라도 어떤 이야기를 어떻게 어떤 식으로 풀어나가는가에 따라 대중의 선호가 갈린다. 같은 말이라도 재미없게 하는 사람과 재미있게 하는 사람, 자신의 경험과 진심을 담아서 하는 사람과 그렇지 않은 사람의 선호도는 뚜렷하다. 스토리텔링이 중요한 이유다. 정치인에게 스토리텔링storytelling이란 자신이 전하고자 하는 메시지message를 스토리story에 입혀서 텔링telling 하는 과정이다.

훌륭한 리더들은 자신만의 '특별한' 이야기가 있다. 자신의 '생각'을 이야기에 담아 대중에게 전달할 줄 안다. 이야기로 자신을 알리고 이야기로 자신의 비전과 꿈을 알리는 데 능숙하다. 발터 벤야민Walter Benjamin은 "위대한 이야기꾼은 민중의 삶에 뿌리를 두면서 자신의 삶의 경험과 타인의 삶의 경험에서 조언과 교훈, 지침으로 삼을 만한 이야기를 만든다"라고 했다.

링컨은 뛰어난 이야기꾼이었다. 링컨은 정식 학교 교육을 받지 못했지만 글을 읽고 지식을 얻으려는 열정이 뛰어났다. 너무 가난했던 탓에 책은 모두 빌려서 읽었고 빌려 읽은 책은 전부 외울 정도였다. 이야기꾼으로 소문난 아버지의 영향을 받은 것도 있었다고 하지만 링컨 본인도 노력형 이야기꾼이었다. 그래서 링컨의 연설에는 이야기가 있다. 유명한 게티즈버그 연설은 단 2분이다. 고작 272개 단어, 10개 문장으로 이루어진 그 연설은 대중을 설득시키기에 충분한 이야기였다. "국민의, 국민에 의한, 국민을 위한 정부"라는 메시지가 담긴 연설에는 자유와 평등을 위해 싸웠던 미국의 역사가 녹아 있다.

"우리가 두려워해야 할 것은 두려움 그 자체다"라는 취임사로 유명한 프랭클린 루스벨트Franklin Roosevelt는 노변담화로 대공황 이후 미국을 짓누르던 두려움과 공포를 용기로 바꿔나가는 리더로 성공했다. 루스벨트의 노변담화는 화려한 은유나 비유가 아닌 평범한 일상의 언어로 미국인들에게 다가갔고 미국인들을 설득했다. 링컨이나 루스벨트는 이야기의 힘을 믿었다. 대중은 다른 어떤 것보다 이야기에 쉽게 감동받고 감명을 얻는다는 사실을 누구보다 잘 알고 있었다. 정치인과 리더의 성공적 자질 가운데 하나가 스토리텔러임을 스스로 입증한 인물들이었다.

스토리텔러는 단순히 이야기를 전해주는 차원을 넘어 자신이 전달하고자 하는 메시지에 담긴 가치와 신념을 전하는 사람이다. 가치와 신념을 스토리에 얹어 텔링하는 텔러는 자신감에 찬 목소리가 나올 수밖에 없다. 스스로 자신이 옳다고 믿고 정의감에 불타오른다. 선동적인 정치가의 인상을 띠기도 한다. 상대와 대중을 설득하려면 자신의 생각을 확신해야 한다. 확신은 신념으로 이어진다. 자신이 말하는 이야기를 스스로 믿어야 한다. 그래야 상대와 대중을 설득시킬 설득의 힘, 설득력이 나온다.

김대중은 명연설가였다. 전설적인 대중 연설가로서 위상을 유감없이 발휘했다. 격정적인 연설로 대중의 주목을 끌었고 대중의 마음을 움직였다. 특유의 논리와 유머, 뛰어난 달변은 김대중의 트레이드마크였다. 1964년 국회 본회의장에서 5시간 19분 동안 의사진행 발언을 한 필리버스터는 김대중이 남긴 하나의 진기록이었다. 군사정권은 탁월한 스토리텔러 김대중을 두려워했다. 1971년 제7대 대통령 선거 장충단공원 유세에는 첫 대통령 후보가 된 '똑똑하고 말 잘하는' 김대중을 보려고 당시 야당 추산 100만 명이 넘는 인파가 장충단공원을 가득 메웠다.

김대중은 "이번에 박정희 씨가 승리하면 앞으로는 선거도 없는 영구집권의 총통제를 한다는 데 대한 확고한 증거를 나는 가지고 있습니다"라면서 기염을 토했다. 김대중의 예언은 들어맞았지만 이후 김대중은 인생과 정치에서 가시밭길을 걸었다. 정적들의 끊임없는 견제와 감시로 죽을 고비를 수차례 넘긴 것은 물론이고 법정에서 사형선고를 받고 사형수가 되기도 했다. 미국 망명 생활도 했다. 하지만 정치적 역경은 김대중의 스토리에 더 큰 감동을 주었다. "저는 지난 40년간을 저 나름대로의 꿈을 이루기 위해 살아왔습니다. 제 꿈은 자유가 들꽃같이 만발하고 정의가 강물처럼 흐르고, 통일의 희망이 무지개처럼 솟아오르는 그런 세상을 보는 것입니다." 김대중은 대중의 머리와 가슴을 사로잡는 방법을 알고 있었다. 역경의 삶과 그 경험에서 배어 나온 스토리, 철학이 담긴 메시지를 잘 버무린 스토리텔러 김대중은 결국 대권 도전 4수 만에 대통령의 자리에 오른다.

사형수에서, 만년 야당 후보에서, 고졸 학력으로, 호남 출신으로, 재혼자로, 70대 고령으로 대통령 당선이라는 역사를 김대중은 써 내려갔다. 김대중은 당선 이후의 길도 녹록지 않았다. 축복과 자신의 비전을 펼치기에 앞서 국난을 수습해야 하는 고행이 펼쳐졌다. IMF 국난 극복이라는 과제 앞에서 김대중은 솔직하게 이야기했다. "잘못은 정치가 해놓고 고통은 국민에게 전가되고 있습니다. 국민에게 고통이 따를 것입니다. 그러나 우리 국민은 위대한 국민입니다. 함께 고난을 극복해냅시다"라는 내용의 연설들은 대중의 마음을 움직였다. 대중은 역경을 딛고 일어선 김대중의 히스토리와 경륜에서 우러나온 이야기와 리더십을 믿고 따랐다. 분단으로 인한 민족의 염원, 혈육의 한으로 풀어낸 모티브로 평화와 화합, 통일의 당위성을 이야기함으로써 남북정상회담을 성사시킨 김대중은 대한민국 최초로 노벨평화상을 받았다.

노무현도 스토리텔러로서 둘째가라면 서러울 인물이었다. 노무현은 그 특유의 질박하고 솔직한 화법, 유머러스한 이야기로 대중을 매료했다. 노무현의 지론 가운데 하나는 '스스로 글을 쓸 수 없는 사람은 리더가 되지 못한다'였다. 노무현은 말과 글을 정치인과 리더의 중요한 자질이자 자산으로 보았다. 노무현의 삶도 그 자체가 히스토리였다. 가난과 특권, 반칙에 맞서 싸워온 그의 히스토리는 노무현을 단호하지만 따뜻한 스토리텔러로 만들었다.

노무현의 스토리는 군더더기가 없었다. 그가 즐겨 쓴 단문만큼 명쾌했고 단도직입적이었다. 초선 의원이었던 5공 청문회에서는 칼로 찌르는 듯한 논리와 거침없는 패기로 장세동, 정주영 등의 거물들을 몰아붙였다. 정주영을 향해서는 "시류에 순응하는 것이 힘이 있을 때는 권력에 붙고 없을 때는 권력과 멀리하여 자라나는 청소년에게 가치관의 오도를 가져오게 하고 정의를 위해 목숨을 바친 수많은 양심적인 사람들의 분노를 일으켰다고 보지 않습니까?"라고 물으며 정주영의 말문을 닫게 만들었다.

김영삼이 3당 합당을 결의할 때는 같은 소속당원 대부분이 찬성할 때 노무현은 "이의 있습니다. 반대토론을 해야 합니다"라고 목소리를 높였다. 제13대 국회 임시국회 대정부 질의에서는 "제가 생각하는 이상적인 사회는 더불어 사는 사람 모두가 먹는 거, 입는 거 이런 걱정 좀 안 하고, 더럽고 아니꼬운 꼬라지 좀 안 보고, 그래서 하루하루가 좀 신명 나게 이어지는 그런 세상이라고 생각합니다"라며 솔직담백한 입담으로 질의를 이어나갔다.

스토리텔러로서의 노무현의 능력은 대통령 후보 경선 유세장에서 유감없이 발휘됐다. 장인의 좌익경력으로 곤란했을 때 노무현은 "그럼 아내를 버리란 말입니까?"라는 말 한마디로 일거에 전세를 역전시켰다. 새천년민주당 대통령 후보 수락 연설에서는

"조선 건국 이래 600년 동안 우리는, 권력에 맞서서 권력을 한 번도 바꿔보지 못했습니다. 비록 그것이 정의라 할지라도, 비록 그것이 진리라 할지라도, 권력이 싫어하는 말을 했던 사람은, 또는 진리를 내세워 권력에 저항했던 사람은 전부 죽임을 당했다. 그 자손들까지 멸문지화를 당했고 패가망신했습니다… 저희 어머니가 제게 남겨주었던 저희 가훈은 "야 이놈아, 모난 돌이 정 맞는다. 계란으로 바위 치기다. 바람 부는 대로 물결치는 대로 눈치 보며 살아라"라는 말을 남겼다.

현장의 분위기를 살리고 대중의 마음을 움직이고자 노무현은 종종 원고도 없이 즉석연설을 펼쳤다. 친근하고 투박하며 솔직한 그의 화법에 대중은 열광했다. 대통령 재임 시에 연설한 "독도는 우리 땅입니다. 그냥 우리 땅이 아니라 40년 통한의 역사가 뚜렷하게 새겨져 있는 역사의 땅입니다"라고 시작하는 독도연설문은 군더더기 없는 짧고 힘이 있는 메시지로 대중의 뇌리에 깊은 인상을 남겼다.

문재인도 스토리텔러의 면모를 갖추었다. 문재인에게는 '운명'적인 스토리가 있었다. 문재인은 현실정치와는 동떨어진 삶을 살고 싶어 했다. 고향 부산에서 변호사, 시민운동가로 활동하면서 정치와는 철저히 거리를 두었다. 여러 차례의 출마 권유에 손사래를 쳤다. 그러나 "노무현의 친구 문재인이 아니라 문재인의 친구 노무현"이라고 표현할 만큼 문재인을 신뢰했던 평생 동지 노무현이 대통령에 오르면서 그의 인생은 달라졌다. 노무현의 간

곡한 부탁으로 참여정부에서 민정수석, 시민사회수석, 비서실장을 역임했다. 대통령을 도와 열심히 일했지만 자신은 정치와 맞지 않는다고 생각했다. 건강이 나빠지기도 했다. 산을 좋아해서 히말라야를 오르기도 했다. 늘 정치 밖에서 살기를 꿈꿨다.

노무현이 대통령에서 퇴임한 후 자연인의 삶을 살았지만 그것도 잠시였다. 운명은 그를 가만히 두지 않았다. 노무현의 급작스러운 서거로 떠나고 싶어 했던 현실정치에 다시 뛰어들 수밖에 없었다. 그리고 "사람이 먼저입니다"를 외쳤다. 18대 대선 낙선과 정치적 시련의 시간을 견디고 마침내 대통령의 자리에 올랐다. 문재인의 '운명'은 많은 대중의 가슴을 파고들었고 팬덤을 만들어냈다.

긍정심리학 분야의 대가인 《바른 마음》의 저자 조너선 하이트Jonathan Haidt는 뇌는 논리적인 프로세서라기보다는 이야기 프로세서라고 주장한다. 그는 천재들만 이야기를 잘 만드는 것이 아니라 누구든 이야기를 잘 만들려고 노력한다고 설명한다. 다만 이야기를 더 잘 만들려면 내 마음과 다른 사람의 마음이 어떻게 작동하는지 계속 질문을 던져야 한다고 말한다.

대중을 상대하는 정치인과 대중을 이끌어가길 꿈꾸는 리더는 대중의 마음을 움직일 수 있도록 자신만의 스토리를 발굴하고 대중과 끊임없이 소통하며 스토리를 만들어내는 훌륭한 스토리텔러가 되어야 한다. 삶을 살아가는 데 필요한 덕목인 희망, 인내, 끈기, 극복, 용기, 열정, 이성, 감성, 사랑, 도덕, 정의 등의 가치를 스토리에 담아낼 수 있어야 한다. 자신의 경험이 녹아들고 담겨야 하는 것은 물론이다. "희망이 있으면 두려울 게 없다"라고 한 오바마의 연설은 무명의 흑인 청년 리더를 순식간에 정계의 다크호스로 만들었고, "나에게는 꿈이 있습니다"로 시작되는 마틴 루서 킹Martin Luther King 목사의 연설은 워싱턴에 모인 25만여 명 대중의 가슴에 불을 지폈다. 대중은 스토리텔러에게 매력을 느낀다. 대중은 스토리텔러에게 자신의 스토리와 자신이 듣고 싶은 스토리를 듣고 싶어 한다. 대중은 스토리텔러에게 신뢰와 지지를 보낸다. 위대한 리더들은 이야기를 통해 메시지를 던지고 교훈과 꿈을 심어준다. 이기고 싶다면 스토리텔러가 되어야 한다.

제5법칙, 공격이 최상의 방어다

정치와 선거는 스포츠나 게임과 비슷하다. 득점을 해야 이길 수 있는 것이 스포츠와 게임이다. 아무리 뛰어난 수비력을 보여주어도 얻을 수 있는 최상의 결과는 무승부다. 수성전守城戰은 공성전攻城戰을 이길 수 없다. 절대 뚫리지 않는 방패라도 절대 부러지지 않는 창을 이길 수 없다. 이기기 위해서는 "성벽 뒤에서는 누구나 용감해진다"라는 영국 웨일스의 속담을 뚫고 성 밖으로 나서야 한다.

공격만이 최고의 승리이자 최상의 방어다. 선거에서도 방어적인 선거운동으로는 승리할 수 없다. 공격하고 싸울 줄 아는 파이터로 거듭날 때 승리에 한 발 더 가까이 다가갈 수 있다. 대중은 이슈를 만들고 싸울 줄 아는 정치인에게 기대와 희망을 건다. 대중은 나를 대변해줄 사람, 나를 위해 싸워줄 사람, 내가 바라는 것, 내가 원하는 세상을 위해 한판 붙어줄 리더를 찾는다.

　김영삼, 김대중, 노무현은 공격하고 싸울 줄 아는 정치인이었다. 김영삼, 김대중은 평생을 군사독재정권에 맞서 싸웠고, 민주화를 쟁취하려고 싸우면서 정치지도자로 성장했다. 대선 과정에서 김영삼은 자신의 3당 합당을 합리화하려고 상대들을 공격했다. 대통령이 된 후에는 하나회를 해체하고, 금융실명제 등을 실시하면서 기득권층과 대립하고 싸웠다.

　김대중은 IMF사태를 불러온 김영삼 정부의 경제 무능을 공격했고 상대적으로 자신의 유능을 과시했다. 노무현은 특권과 반칙에 맞서 싸웠다. 3김의 낡은 정치와 권위주의, 지역주의를 공격했다. 언론개혁과 검찰개혁을 위해 언론, 검찰과의 정면승부도 피하지 않았다. 이명박은 무모한 계획이라는 여론의 비판 속에서도 청계천 복원과 중앙 버스전용차로제, 4대강 사업을 밀어붙였다. 반대를 뚫고 나갔고, 반대자들을 공격했다. 이재명도 이슈 파이팅을 하면서 자신의 급을 높이고 존재감을 키워나갔다. 성남시장 재임 시절에는 청년 배당을 밀어붙여 전국적 이슈로 만들었고, 코로나19로 인한 재난지원금 효과로 기본소득제를 자신의 어젠다로 만들었다. 이재명이 대선 주자급으로 떠오른 것도 그가 가진 공격성과 추진력이 한몫을 했다.

정치적 승자들은 모두 공격으로 승리를 쟁취했다. 상대의 공격에 대한 반격도 공격이다. 방어적 자세로는 승리를 얻을 수 없다. 방어적 자세를 취했던 상대들은 모두 패배하거나 2등 혹은 3등에 머물렀다. 승자들은 이슈를 제기하고 주도하면서 상대를 이슈의 링으로 끌어들여 공격과 반격을 거듭했다. 반대를 두려워하지 않았다. 이슈가 커지고 반대가 거세질수록 찬성도 거세지고 지지율은 상승한다. 신체적·정치적 고난과 역경을 극복하고 민주당 출신으로 미국 역사상 유일무이한 4선 대통령을 역임한 프랭클린 루스벨트는 이렇게 조언한다. "문제에 정면으로 대응해라. 공격을 받으면 반격해라. 자신의 주장을 꿋꿋하게 고수해라. 정치적 자산을 통해서라도 목적을 달성해라. 추진하는 일이 방해받으면 해결책을 찾아라."

제6법칙, 승부수를 띄울 줄 알아야 한다

승부勝負, 승부의 사전적 의미는 이김과 짐이다. 승부를 가리자는 말은 이기고 지는 것을 가려보자는 것이다. 승부수勝負手는 승부를 결착하려고 두는 수다. 바둑에서는 국면의 열세를 만회 혹은 전환하고자 두는 승부와 직결된 강수를 승부수라고 한다. 불리한 판세를 뒤엎거나 판을 흔들면서 대세를 승리 쪽으로 몰고 갈 최선의 술수라는 의미에서 결정수라고도 한다. 승부수는 말 그대로 잘하면 승리할 수도 있지만 잘못하면 패배할 수도 있다. 승착이 될지 패착이 될지는 예단하기 어렵다. 극도의 위험이 따르는 이유다. 위험이 따르기 때문에 바둑에서도 대개 불리한 측이 승부수를 던져서 역전을 노린다.

정치와 선거의 링 안에서 뛰는 선수들은 때때로 승부수를 던진다. 대권을 앞두고 김영삼은 3당 합당이라는 승부수를 던졌고, 김대중은 DJP연합이라는 승부수를 던졌다. 노무현은 정몽준과의 단일화라는 승부수를 던졌고, 여론조사 결과로 승부를 가리자는 제안을 수락했다. 박근혜는 천막당사 승부수로 차떼기당이라는 오명을 벗어냈고, 경제민주화로 중도층을 공략했다. 문재인은 김종인을 영입해 전권을 주며 총선을 뒤집었다. 이들은 때로 자신이 걸어온 길과 가치에 역행하는 선택으로 지지자들로부터 비난을 받기도 했지만 배수진을 치는 심정으로 승부수를 던졌다. 출마의 마지막 기회라고 생각하고 불리한 국면과 구도를 전환하거나 정치적 사면초가 혹은 백척간두의 위기에 몰린 이들은 돌파구를 찾기 위해 거침없이 도전한 것이다.

승부수는 보통 두 가지를 상정할 수 있다. 완전히 새로운 판을 만들 수와 기존에 있는 판 혹은 예상되는 판을 흔들며 강하게 올라타는 수다. 완전히 새로운 판을 만드는 수가 가장 세다. 누구도 예상하지 못한 새로운 판의 등장은 쓰나미처럼 정국을 휩쓴다. 주목도도 높아지고 상대의 대응도 쉽지 않다.

김영삼과 김대중은 누구도 예상하지 못한 완전히 새로운 '새

판짜기'라는 승부수를 던졌다. 김영삼은 민주화운동 동지인 김대중 세력과의 협력이 아닌 군사정권 주역들과의 협력을 택했다. 김대중도 민주진보 진영과의 협력이나 단일화가 아닌 김종필, 박태준과 협력의 길을 택했다. 노무현은 예상되는 판에 강하게 올라타는 승부수를 선택했다. '후단협'이 결성될 정도로 후보단일화 요구가 거세지자 단일화 참여라는 강한 결단력으로 승부수를 던졌고, 여론조사에서 드러난 단일화 여론도 받아들였다. 승착이 될지 패착이 될지 결과는 누구도 장담할 수 없었지만 김영삼, 김대중, 노무현, 박근혜, 문재인은 모두 '정치적 죽음'을 불사하고 운명의 승부수를 던졌다.

결과적으로 대권을 향한 이들의 마지막 승부수는 승착이 됐다. 노무현은 대통령 재임 기간에도 승부사 기질을 발휘했다. 새천년민주당과 결별하고 열린우리당을 창당하는 승부수를 던졌고, 탄핵 후폭풍으로 과반 의석을 확보했다. 평검사와의 대화로 검찰개혁이라는 판을 흔들었고 야당과의 대연정 카드로 국면전환을 시도했다. 지지층의 반대에도 불구하고 이라크 파병 결정과 한미FTA를 밀어붙였다. 불발과 무위로 끝난 적도 있었지만 그가 던진 승부수는 극적 반전의 효과를 불러오기도 했다.

박근혜도 승부사의 기질을 유감없이 발휘했다. 한나라당이 차떼기당으로 폐당의 길을 걷고 있을 때 당대표로 선출된 박근혜는 여의도 공터에 천막당사를 차렸다. 17대 총선을 불과 22일 남겨두고 차린 천막당사였다. 박근혜는 부패정당, 기득권정당에서 완전히 벗어나 새롭게 출발하겠다면서 마지막 기회를 달라고 호소했다. 그의 호소는 패망의 위기에 몰려 있던 한나라당을 살려냈다. 50석도 못 건질 것이라는 예상을 뒤엎고 121석을 얻어냈다.

18대 대선에서는 당내 반발을 무릅쓰고 김종인을 영입해 경제민주화정책을 전격 수용했다. 보수정당에서 경제민주화정책을 펼쳐나가겠다는 승부수를 띄울 수 있었던 것은 박근혜였기에 가능했다. 중도층을 지지자로 끌어들인 박근혜는 대권을 거머쥐었다. 문재인도 반전을 위해 승부수를 띄울 줄 아는 결단력을 보였다. 더불어민주당 당대표 시절 18대 대선에서 박근혜를 도왔던 김종인을 총선을 진두지휘할 선거대책위원장으로 영입했다. 당내의 반감과 비판을 감수하고 던진 승부수였다. 김종인에게 선거를 이끌 전권을 주었다. 결과는 적효했다. 20대 총선에서 참패할 것이라는 예상과 달리 새누리당을 누르고 원내 제1당이 됐다. 문재인은 20대 총선 승리를 바탕으로 19대 대선에서도 승리를 거머쥘 수 있었다.

정치권에서 흔히 하는 이야기가 있다. 당선되려면 먼저 선거에 출마해야 한다는 것이다. 당연한 이야기다. 후보 등록을 하지 않고 당선된 사람은 없고, 선거포스터를 붙이지 않고 당선된 사람도 없다. 이 당연한 이야기가 정치권에서 바이블처럼 여겨지는 것은 정치를 통해 무엇이 되고 싶고, 무엇을 하고자 하는 목표가 있다면 선거에 나가서 이겨야 한다는 논리가 내포되어 있기 때문이다.

아무것도 하지 않으면 아무것도 될 수 없다. 지키려고만 하면 잃을 수 있다. 승자가 되려면 모든 것을 잃거나 모든 것을 내려놓을 각오로 목표를 향해 돌진할 수 있어야 한다. 상황이 불리하거나 판세가 기울어져서 목표에 도달하기 어렵다고 판단된다면 승부수를 던질 줄 알아야 한다. 다만 승부수는 너무 자주 던져서는 안 된다. 바둑에서도 묘수 세 번이면 필패라는 말이 있듯, 정치와 선거에서도 잦은 묘수는 묘수가 아니다. 아무리 좋은 수라도 이벤트성 이슈를 던진다면 깜짝쇼에 지나지 않거나 오히려 자충수나 무리수로 돌아오게 마련이다. 사활을 건 진심의 승부수만이 대중의 지지를 얻어낼 수 있다.

제7법칙, 같은 꿈을 꿀 때 승리한다

손자孫子는 승리하는 군대의 첫 번째 특징으로 '상하동욕자승上下同欲者勝'을 꼽았다. 장수와 병사, 윗사람과 아랫사람이 모두 같은 목표, 같은 꿈을 가지면 반드시 승리한다는 것이 손자의 지론이었다. 승리의 제1원칙이었다. 손자는 장수의 리더십을 중요하게 여겼다. 뛰어난 장수의 리더십이란 병사들의 마음을 장수와 같은 마음으로 '일심동체' 하는 것이다.

죽어도 같이 죽고 살아도 같이 산다는 동고동락同苦同樂, 공생공사共生共死의 자세로 전쟁에서 어떤 위험도 두려워하지 않고 함께 싸울 수 있는 조직으로 만드는 것이다. 동서고금을 막론하고 승리하는 조직은 상하 모두 같은 꿈을 꾼다. 목표에 대한 조직원들의 공감 지수가 클수록 그 조직은 목표에 쉽게 도달하고 꿈을 이뤄낼 수 있다. 이순신이 절대적으로 불리한 상황에서도 23전 23승을 올릴 수 있었던 비결은 바로 상하동욕의 리더십에 있었다.

오늘날까지 미국인의 사랑과 신뢰를 받는 위대한 리더이자 정치지도자들이 가장 존경하는 정치인인 링컨도 상하동욕의 리더십을 발휘했다. 링컨은 사업 실패, 낙선, 패배, 자살 시도 등으로 얼룩진 인생과 어려운 정치 상황에서도 정적들을 이겨내고 마침내 미국 대통령 자리에 올랐고, 남북전쟁을 종식했다. 노예 해방으로 만인 평등이라는 인류의 가장 소중한 가치를 실현해냈다. 링컨은 미국인에게 용기, 결단력, 포용, 인내, 신뢰의 리더십을 보여주며 분열된 미국을 통합한 지도자였다.

링컨은 정적을 포용하는 것을 넘어 적대 세력에게까지 일관된 관용의 덕을 보여주었다. 자신과 미국의 목표를 위해 정적들과 상대당 정치인들에게도 함께 가자고 손을 내밀었다. 소통을 두려워하지 않았고 반대자들을 설득했다. "나는 천천히 걷는 사람이지만 결코 뒷걸음치지는 않는다"라고 했던 링컨은 통합과 미래로 나아가기 위해 과거의 전력과 진영은 개의치 않았다. 인재를 등용할 때도 자신을 비판하고 심지어 악의를 품고 있는 사람조차 기꺼이 포용했다. 큰 목표를 위해 작은 현실의 이익은 양보했다. 같은 길, 같은 꿈으로 이끌어나가는 링컨의 리더십은 눈앞의 작은 승리에 머문 것이 아니라 먼 미래의 더 큰 승리를 바라보고 있었다.

"목적과 방향을 공유한다는 의식을 심어주라." 프랭클린 루스벨트도 상하동욕의 리더십을 지향하고 발휘했다. 대공황이라는 국가적 위기 앞에서 공동체의 결속과 연대가 요구될 때 루스벨트는 대중 앞에서 허심탄회하게 함께 위기를 극복하자고 이야기했다. "우리가 두려워할 것은 두려움 그 자체"라면서 대공황과의 전쟁을 선포했고 전쟁의 선두에 섰다. 노변담화를 통해 두려워하는 대중과 교감했고 위로했고 소통했다. 대중이 리더에게 무엇을 기대할 수 있고 리더가 대중에게 무엇을 기대하는지 솔직하고 담백하게 이야기했다. 대중은 루스벨트를 신뢰했다. 루스벨트의 꿈이 미국의 꿈이라고 믿었다. 루스벨트의 상하동욕 리더십은 원칙과 신뢰에서 나왔다.

대한민국 정치에서도 상하동욕의 리더십을 가진 정치인들이 성공하고 승리했다. 김대중이 가진 상하동욕의 리더십은 IMF 국난 극복을 이끌었다. 자발적 지지자들이 결성되고 그 지지자들이 자기 일처럼 열성적으로 발 벗고 나서면서 든든한 배경이 되주었다. 선거를 승리로 이끌었고 대권도 거머쥐었다. 목표를 달성하고 승리를 쟁취하는 리더십은 대중의 마음을 얻고 움직일 줄 아는 리더십이다. 대중을 감동시키고 대중과 함께 가치를 공유하고 대중이 자발적으로 행동할 수 있게 만드는 리더십이다. 리더는 욕을 먹고 비난을 받더라도 개인보다는 조직을, 사익보다는 공익을 우선할 때, 가치를 함께할 지지자들을 만들어나갈 때 승리할 수 있다. 같은 꿈을 꾸는 조직과 리더가 승리한다.

④

제
20
대
대
통
령

16

2022년 5대
대선 이슈

———————— 2022년 제20대 대통령 선거전의 서막이 올랐다. 대선은 전쟁이다. 대한민국의 대선은 'All or Nothing' 게임이다. 전부 아니면 전무, 모 아니면 도다. 사느냐 죽느냐는 비단 햄릿의 문제만이 아니다. 대선에 참여하는 정치권의 모든 구성원이 사활을 걸고 총성 없는 전쟁에 임한다. 과연 승자는 누가 될 것인가. 어느 정당이 승리를 거머쥐고 대한민국을 이끌어나갈 것인가.

승자는 이슈를 주도한다. 이슈는 대중을 투표장으로 이끄는 가장 강력한 동력이다. 이슈는 찬성 혹은 반대를 끌어낸다. 찬성을 표하려고 투표장에 나오기도 하지만 반대를 표하려고 투표장에 나오기도 한다. 4.7 재보궐선거의 민심은 국민의힘을 지지하려는 것이 아니라 더불어민주당을 심판하려는 것이었다. 민심이 더불어민주당을 이반한 이유는 부동산 이슈가 가장 컸다. 정부여당의 연이은 부동산정책 실패로 분노가 누적된 민심이 LH사건을 만나 폭발하였다. 이처럼 이슈는 폭발력을 가지고 있다. 어떤 이슈를 제기하고 어떻게 관리하느냐에 따라 선거 승패의 향방이 가려진다.

2021년 한 해를 가늠해볼 신년조사를 살펴보면 대중의 관심사가 어디에 있는지 알 수 있다. 한국리서치는 KBS 의뢰로 2020년 12월 27~29일 3일간 신년여론조사를 실시했다. 이 조사에서 대중은 2021년 현재 한국 사회에 가장 필요한 정책으로 코로나19 방역(28.3%)을 꼽았다. 그다음으로 부동산 시장 안정 24.7%, 일자리 마련 15.1%, 검찰개혁 14.4% 순이었다. 이하로는 노동자 고용안정 6.3%, 국가균형발전 6.1%, 한반도 평화 1.4%, 재벌개혁 1.1%로 나타났다.

이 조사를 통해 대중의 관심사가 코로나19와 부동산, 일자리 등의 경제·민생 대책, 검찰개혁 순임을 알 수 있다. 4.7 재보궐 선거 이후 각종 여론조사나 간담회에서 드러난 대중의 인식도 신년조사의 범주에서 크게 벗어나지 않았다. 이를 바탕으로 20대 대선 승리의 향배를 좌우할 이슈를 분석해봤다. 핵심 이슈는 대략 다섯 가지로 요약된다.

끝나지 않는 코로나19, 일상 회복이 관건

첫째, 코로나19 이슈다. 끝이 보일 것 같았던 코로나19는 변이 바이러스의 등장으로 다시 확산세를 보이며 여전히 끝나지 않는 전쟁으로 남아 있다. 세계는 방역, 치료제, 백신 개발 및 백신 확보 등으로 코로나19와 여전히 사투 중이다. 세계보건기구WHO에 따르면 2021년 6월 16일 현재 누적 확진자는 1억 7,598만 명, 누적 사망자는 381만 명에 달하는 것으로 집계됐다. 인도에서 시작된 델타 변이 바이러스에 대한 우려와 확산세도 심상치 않다. 확진자가 상대적으로 적어 한시름 놨던 우리나라도 4차 대유행과 힘겨운 싸움을 벌이고 있는 중이다. 백신 접종에도 불구하고 코로나19 조기종식은 쉽지 않을 전망이다.

대중의 관심사는 여전히 코로나19에 쏠려 있다. 자신과 가족, 회사와 공동체의 생명과 안전, 생존의 문제가 직결되어 있기 때문이다. 코로나19가 종식되어야 비로소 모든 것이 다시 새롭게 시작될 듯한 분위기다. 사실상 코로나19 방역이 최대의 민생대책으로 떠올랐다. 문재인 정부의 최대 성과는 세계의 모범으로 불린 K-방역이었다. 그러나 코로나19 정국이 장기화되고 방역과 백신 확보 문제가 정치화되면서 코로나19에 대한 대중의 피로도가 크게 증가했다.

초기에 비해 긴장감이 떨어진 상황이다. 백신 확보 늑장 대응에 대한 정부 비판이 늘어난 상황에서 백신 수급에 대한 계약 체결 등 백신 확보에 숨통이 트였다. 6월 기준 1억9천300만 회(1억

명)분의 백신이 확보된 것이다. 60~74세 고령층 백신 접종 예약률이 80.6%에 달했고, 바이든 대통령이 보내온 얀센 백신은 불과 18시간 만에 접종 예약이 마감됐다. '잔여 백신' 신드롬도 불었다. 한미정상회담의 성과인 '글로벌 백신 허브'의 길이 활짝 열리고 있다.

KBS가 케이스탯리서치에 의뢰해 2021년 6월 4~6일까지 실시한 결과에 따르면 '백신을 안 맞겠다'는 국민은 6.9%에 불과했다. 국민의 75.5%는 '백신을 맞겠다'고 응답했고, '모르겠다'는 응답은 11.5%였다. 백신 접종이 빠르게 늘어나면서 정부의 코로나19 방역에 대한 긍정평가가 크게 올랐고, 코로나19에 대한 심각성도 많이 줄어들었다. 그동안 백신 접종 의향이 낮았던 대구·경북 지역과 20대의 인식이 눈에 띄게 개선되며 2021년 11월 집단면역을 낙관하는 의견도 크게 증가했다.

4차 대유행을 거치면서 정부 방역에 대한 불만이 커지고 있지만 방역 당국에 대한 기본적 신뢰가 유지되고 있고, 국가 백신 접종이 계획대로 이어질 경우 4차 대유행이 잠잠해지면 정부에 대한 긍정 평가가 다시 형성될 것이다. 이제 관건은 차질없는 백신 접종과 백신에 대한 안전성이다. 정부여당이 주장한 11월까지 집단면역이 형성되느냐, 형성되지 못하느냐에 따라 여야의 지지세에도 영향이 미칠 것이다.

집단면역에 도달한다 해도 곧장 마스크를 벗고 일상을 찾지 못할 수 있지만, 집단면역이 형성되면 일상 회복이 가까이 온다는 것은 분명한 사실이다. 더불어민주당 입장에서는 대선 전에 마스크를 벗게 하는 것이 최상의 선거 전략이다. 문재인 정부가 '위기 극복 정부'로 평가받을 수 있다면 더불어민주당으로서는 더할 나위가 없다. 국민의힘은 백신 부족과 부작용을 이슈화하며 한때 반사이익을 얻었지만 이는 자칫 방역에 대한 '발목잡기'로 비칠 우려가 있다. 다른 효과적인 대안을 제시하지 못한다면 과도한 대응은 자제해야 한다.

유능함의 바로미터는 부동산정책, 1인가구 대책이 중요

둘째, 부동산 이슈다. 부동산 이슈의 핵심은 집값 안정화와 내 집 마련에 있다. 물론 여기에는 공정성의 문제도 포함되어 있다. 먹고사는 문제에서 '먹는' 문제는 어느 정도 해결이 됐다고 보는 것이 일반적인 시각이다. 남은 문제는 '일자리'와 '주거'다. 이 중에서도 '주住'가 가장 큰 문제로 남아 있다. 과거에 비추어보면 집 장만은 주로 20~30대에는 전세로 살다가 40대에는 저축에 대출을 보태 집을 장만하는 패턴이었다. 그런데 지금은 그 패턴이 깨지고 있다.

더 이상 과거의 방식이 통하지 않는다. 가중된 불안 심리는 '영끌'(영혼까지 끌어모은다는 뜻의 신조어) 현상까지 등장시켰다. '영끌'은 미래수요를 현재수요로 끌어들임으로써 공급 부족을 심화했다. 부동산 가격 급등과 공급 물량의 부족은 시장의 불안정으로 이어지며 부동산 시장 문제를 더욱 악화시켰다. 여기에는 1인 가구 증가에 따른 수요 예측 실패도 한몫했다.

부동산정책에 대한 민심의 불만과 불안은 한목소리다. "이제 서울에서는 집을 평생 못 살 것 같아요. 일단 집값은 안정적인 수준으로 유지가 되어야 한다고 생각해요. 집값이 안정되어야 사람들한테 계획을 세울 기회를 주고, 집을 언제라도 살 수 있다는 기대감이랑 희망을 줄 수 있잖아요. 긍정적인 신호, 예측 가능한 신호를 주는 게 제일 중요한 것 같아요." 간담회에 참가한 40대 남성의 호소처럼 대중의 요구는 크게 다르지 않다. 이만한 돈이면 언제든 집을 살 수 있다는 신호를 줄 수 있을 만큼 집값을 안정시켜야 한다는 것이다. 집을 살 수 있고, 사야겠다는 계획을 세울 수 있는 희망을 주는 것이 가장 중요한 정책이라고 대중들은 입을 모은다.

1인가구에 대한 대책도 현실성 있게 바뀌어야 한다는 목소리가 높다. 2019년 통계청 인구총조사에 따르면 대한민국의 1인가구 비율은 전체 가구의 30.2%에 달한다. 1인가구 수는 614만 7,516가구에 이르며, 해마다 증가 추세다. 서울시가 2021년 4월 29일에 발표한 「2020 서울시 복지실태조사」에 따르면 2020년 서울시 1인가구는 전체 가구의 33.3%로 역대 최다를 기록했다. 1인 청년가구가 41.2%로 가장 많았고, 노인가구가 22.6%, 중장년가구가 16.2% 순으로 나타났다. 청년가구의 81.5%는 직장, 학교와의 거리 문제로 1인가구 생활을 하고 있었고, 중장년가구의 68.5%와 노인가구 80.3%는 이혼, 별거, 사별 등의 이유로 1인가구 생활을 시작했다. 1인가구가 겪는 5대 고통은 안전, 질병, 빈곤, 외로움, 주거 등으로 나타났다.

1인가구는 2인 이상 가구에 비해 사회적 지원이나 혜택이 낮거나 없다. 부동산정책에 대한 비판이 높아질 수밖에 없는 상황이다. 간담회에 참가한 30대 1인가구 여성은 "부동산정책으로 제일 피해를 많이 본 사람은 1인가구 무주택자들이에요. 무주택자 1인가구들은 어떤 혜택도 받지를 못하거든요. 대출금도 제한이 많이 걸려 있고 그래서 손해를 제일 많이 본다고 생각을 하고 있어요"라고 토로한다. 청약제도가 1인가구에 불리하게 설계된 현실을 꼬집은 것이다. 현실은 1인가구에 대한 부동산정책은 물론이고 1인가구를 위한 복지제도가 본격적인 사회정책으로 등장해야 할 때임을 암시한다. 대선과 지방선거에 나설 후보들은 1인가구 공약에 집중해야 한다.

대중이 인식하는 부동산정책의 가장 큰 불만 요인은 '집값 상승', '세 부담', '대출규제' 등 세 가지다. 무엇보다 무주택자 관점과 무주택자 중심으로만 바라보는 공급 대책 중심의 정책은 대중의 눈높이에 미치지 못한다. 1주택자들도 부동산정책에 불만이 많다. 중산층 정서와 무주택자 입장을 동시에 고려해야 하는 이유다. 보유세 강화정책의 기조는 유지하면서도 부동산 가격이 급등한 만큼 보유세, 종부세 등의 부과 기준과 공시지가 현실화 기준을 부동산 가격 상승폭과 연동해야 한다는 주장이 나오고 있다. 실거주용 주택은 보호하면서 대출규제는 완화하는 방향이 필요하다. 나아가서 근본적으로 투기를 근절하고 공정성을 확보하는 대책이 나와야 한다. 부동산 시장의 목표를 주거안정에 두되 가격은 '안정화'가 아닌 '하향 안정화'에 두어야 한다. 그래야 부작용을 최소화할 수 있다.

4.7 재보궐선거는 부동산에 관한 대중의 심리와 욕구가 폭발한 선거였다고 해도 과언이 아니다. 부동산을 매개로 한 계급투표가 선거판을 지배했다고 해도 무리가 없다. 특히 서울시장 선거가 그랬다. 서울의 1주택자들은 집값 급등으로 좀 더 좋은 아파트로 갈아탈 기회를 잃은 데다 재산세가 늘어 불만이었다. 무주택자와 청년들은 내 집 마련 기회가 박탈됐다고 분통을 터트렸고, 다주택자들은 무거워진 세금으로 인해 처분하기도 힘들고 보유하는 것도 부담으로 여겼다.

2021년 3월에 발표한 국토교통부의 「2021년도 공동주택 공시가격안」에 따르면 전국 평균 공동주택 공시가격 상승률은 19.08%로 집계됐다. 서울은 19.91%, 경기는 23.96% 올랐다. 흥미로운 현상은 2020년 서울지역 공동주택 공시가격 상승률이 14.75%였는데, 공시가격이 크게 오른 지역일수록 4.7 재보궐선거에서 국민의힘 오세훈이 압도했다는 점이다.

2018년 더불어민주당 박원순의 득표율과 2021년 박영선의 득표율을 25개 구별로 분석해보면 박영선의 득표율이 크게 낮아진 지역일수록 공시가격 상승률의 폭도 컸다. 그만큼 대중이 공시가격에 민감하게 반응했다는 뜻이다. 공시가격이 오르면 재산세는 물론이고 건강보험, 국민연금 등도 자동적으로 오른다. 공시가격 현실화 기준에 따라 2021년 공동주택 공시가격 현실화율은 2020년 대비 불과 1.2%p만 올랐지만, 아파트 가격이 급등해시세가 엄청나게 뛴 것이 문제였다. 그러다 보니 공동주택 공시가격 상승률이 역대급으로 높아졌다.

1주택 보유자들의 세 부담이 크게 늘어나자 서울지역 중산층들의 심리적 저항감도 솟구쳤다. 조세저항운동이 일어날 법한 상황이 형성되었다. 종부세 대상자도 늘었다. 서울의 종부세 대상자는 39만 3,000명으로 전년 대비 31.9% 증가했다. 전임 시장시절 지체된 재개발·재건축에 대한 반발도 터져 나왔다. 재개발·재건축 대상지역 주민들은 신속한 추진을 요구하고 나섰다. 4.7 서울시장 보궐선거는 이렇게 자산가치 상승에 대한 욕망을자극한 선거였다. 바닥 민심이 선거를 주도한 것이다. 대개 무주택 서민들은 산발적이고 비조직적인 반면 아파트를 보유한 중산층들은 연대의식이 높고 비타협적이고 조직적인 모습을 보인다. 4.7 재보궐선거 기간 여권 인사들의 임대료 논란 등 '내로남불' 사태는 여기에 기름을 부은 격이었다. 아파트값이 많이 올랐으니세금도 많이 내야 하지 않느냐는 상식적인 논리는 통하지 않았다. '공정'의 가치와 부동산이 결부되면서 민심은 더 뜨겁게 타오를 것이다.

더불어민주당이 권익위원회에 의뢰한 국회의원 부동산 전수

조사에서 12명의 비리의혹이 제기됐고, 당 지도부는 탈당, 출당 권유 조치를 즉각 단행하는 등 신속한 조치를 내렸다. 경찰의 수사결과를 지켜봐야겠지만 몇몇은 정치적 타격이 불가피해 보인다. 국민의힘도 좌불안석이다. 혹시나 더불어민주당보다 의혹이 제기되는 의원 수가 많거나 더 심각한 비리의혹이 제기될 것을 염려하고 있다. 야당 의원들의 부동산 전수조사 결과가 심각하게 나온다면 상황이 급반전될 수도 있다. '부동산 투기 근절' 프레임이 정치권을 강타할 것이고, 흠집이 크게 난 상태에서는 야권이 주도권을 다시 잡기 어려워진다.

여권의 부동산 과제는 공급을 늘리고 대출규제를 완화하되, 집값을 잡는 일이다. 아울러 투기를 확실히 근절하는 일이다. 자산 불평등의 심화로 대중의 경제적 욕망이 커졌다. 자산 확보에 관심이 높은 중산층과 청년층의 정서까지 잘 어루만져 부동산 반발의 강도를 낮춰야 한다. 그래야만 부동산 문제만 보고 무조건 차기 대선에서 여권은 찍지 않겠다고 뿔이 나 있는 유권자들의 마음을 돌려세울 수 있다. "부동산 문제는 해결하지 못했지만 코로나19 방역은 잘했잖아. 누굴 찍을지 고민되네"처럼 인식의 전환을 이루는 것이 여권의 숙제다.

대중은 유능한 정치 리더와 세력을 가르는 기준으로 부동산정책을 최우선 자리에 두고 있다.

'이남자'는 보수화 아닌 실용화, '불공정'에 대한 분노 높아

셋째, '이남자'(20대 남자) 이슈다. 4.7 재보궐선거 이후 이남자에 대한 정치권의 구애 작업은 한층 더 뜨거워졌다. 4.7 재보궐선거에서 국민의힘 오세훈 서울시장 후보에게 보낸 20대 남성의 지지도는 72.5%라는 압도적인 수치로 나타났다. 이는 60대 이상 여성의 지지도 73.3% 다음으로 높은 수치다. 이를 두고 전통적으로 2030세대로부터 강한 지지를 받았던 진보 진영은 적신호로 받아들였고, 보수 진영은 청신호로 해석했다. 문재인 정부에 대한 20대 남성의 국정지지율은 21대 총선 이후 30%대를 유지하다가 2021년에 들어서면서 20%대로 내려앉았다. 여성우위정책, 청년실업 장기화, 부동산 가격 급등 등으로 꿈을 빼앗겼다는 상실감과 박탈감이 주요 하락 원인으로 지목된다.

4.7 재보궐선거 이후 20대 남성의 이념 성향과 세대·성별 특성을 둘러싼 논쟁에 불이 붙었다. 젊은 보수 세대의 등장, 페미니즘에 대한 반작용, 여성 혐오 세력의 확산, 불공정에 대한 반감, 저성장의 피해 세대, 부모 세대인 586세대에 대한 반항 등 20대 남성의 국민의힘 지지 경향을 놓고 갖가지 해석이 분출하고 있다. 여성 징병제, 모병제, 군 가산점 부활 등을 추진하자는 목소리도 나온다. 30대의 이준석이 국민의힘 당대표가 되는 파란을 일으키면서 이남자에 대한 정치권의 관심은 더 커졌다.

그렇다면 20대 남성의 실체는 무엇일까? 그들은 어떤 존재인가. 그들은 보수화된 것인가. 그들은 반페미니즘과 여성 혐오 세력인가. 그들은 젠더갈등을 부추기는 세력인가. 수년간 FGI와 간담회를 통해 만난 20대 남녀들의 생각, 특히 20대 남성들이 가지고 있는 대한민국 사회에 대한 분노는 예상과는 달리 여성보다 차별을 만드는 사회문화와 제도, 정책을 향해 있었다. 분노는 '영끌'이라는 신조어로 집약된다. '영끌'을 해도 역부족인 세상에 대한 분노가 20대 남성들의 심리와 영혼을 지배하고 있었다. 거기에 대고 '라떼는(나 때는) 말이야'로 시작하는 집과 직장에서의 부모 세대, 특히 '가부장'적인 586 남성 세대는 그야말로 '꼰대' 그 자체로 인식되고 있다.

"윗사람들(부모, 상사, 권력층)이 어떤 말을 할 때 20대 남자들이 박탈감을 느끼게 하는 말들이 많아요. 같은 말이라도 왜 저렇게 하지?라는 느낌이 들 때가 많고요. '남자'니까 참아라, '남자'가 좀 손해 봐야지, '남자'가 해야지 하는 말들…. 정부가 어떤 정책을 내놓았을 때도 '여성할당제' 등 여성들한테 더 집중하는 느낌이 들고 박탈감이 생겨요." 간담회에서 만난 20대 남성이 한 말에는 20대 남성들이 받는 차별 인식이 고스란히 드러난다. "젠더 갈등을 이야기하는 20대 남성은 극히 소수예요. 제 주변에는 거의 없어요. 인터넷 커뮤니티에서 몇몇이 서로 싸우는 것이 과대포장되는 것 같아요." 젠더갈등에 대해서도 20대 남성들은 일부의 주장이 과잉표출되는 것으로 인식하고 있었다.

여론조사를 통해 본 20대 남성들의 분노는 정부정책과 사회문화에 닿아 있었다. 20대 남성들의 불만은 크게 세 가지로 요약

된다. 첫째, 정부가 청년 문제를 해결할 뾰족한 방안을 내놓지 못했다는 점이다. 실업문제가 해결되지 않고, 부동산이나 코인정책 등에서 소외감을 느끼면서 결국 정부가 20대 남성들을 버렸다는 인식에 이르렀다.

둘째, 기성세대는 미래세대에 관심이 없다는 인식이 팽배해있다. 정부나 정치권이 미래세대를 위한 정책을 만드는 데 앞장서야 하는데 그러지 못하고 있다는 것이다. 그 기성세대가 바로 자신들의 부모 세대인 586세대이고, 특히 아버지 세대인 586세대 남성들이라고 보는 것이 이들의 인식이다. 문재인 정부의 실세들이 586세대 남성이다 보니 정부정책에 대한 불만, 기성세대에 대한 분노가 문재인 정부와 집권여당인 더불어민주당에 쏠렸다.

셋째, 젠더 이슈. 20대 남성은 가정이나 사회에서 '남자'라고 해서 특혜나 우대를 받은 적이 없이 자란 세대다. 586세대만 해도 남아선호사상의 특혜를 받고 '가부장' 문화의 덕을 보았다. 그러나 지금의 20대는 가정에서 아들딸 차별 없이 자랐다. 사회에서도 남녀평등의 문화와 제도 속에서 성장했다. 남자라고 해서 더 우대받지도 혜택을 보지도 않았다고 생각한다. 도리어 남자여서 손해를 본 것이 많다고 생각한다.

그런 생각의 기저에는 군대가 자리 잡고 있다. 이남자는 군대 복무기간에 따른 사회적 공백기와 제대 후 같은 연령의 여성에 비해 취업이나 직장에서 뒤처지는 것이 불합리하고 불공정하다고 인식한다. 상대적 박탈감이 있는데 거기에 기성세대들, 특히 아버지 세대들은 '라떼는 말이야'로 80년대식 '살벌한' 군대 문화를 자랑삼아 내세우고, 방 한 칸으로 시작해서 집 장만에 성공한 이야기를 무용담으로 늘어놓는다. '약자'는 정작 자신들인데 권력층에 속한 586세대 남성은 여성만을 '약자'로 보고 여성우대정책을 펼침으로써 자신들을 더 궁지로 몰아넣는다고 인식하고 있다.

이남자는 결혼문화에서도 스스로를 '약자'로 여기고 있다. 남자들에게 과도한 짐이 부과되는 것이 불공정하다고 느끼는 것이다. 성범죄의 경우에도 재판 과정에서 '무죄 추정의 원칙'이 지켜지지 않는다고 분개한다.

20대 남성들은 특정 정당에 대한 일체감 강도가 약하다. 진보정당이나 보수정당 어느 한쪽 편에 서 있지 않다. 보수정당에 대해서도 기대감이 크지 않고 여전히 '올드', '비리', '꼰대'라는 이미지를 가지고 있다. 정책 어젠다에 따라 투표하고 언제든 갈아타는 스윙보터가 가능하다. 20대 남성들이 정치적으로 보수화됐다고 단정 짓기에는 무리가 있고 섣부르다. 보수화보다는 실용화, 개인주의화로 보는 것이 더 적합하다.

젠더갈등에 대해서도 20대 남성들은 실생활에서 잘 느끼지 못한다. 온라인상의 소모적 논쟁일 뿐이라는 시각이 지배적이다. 젠더갈등의 본질은 '젠더'에 있는 것이 아니라 '공정'에 있다고 인식하기 때문이다. 그들은 '우대'나 '차별'이 아닌 '공정'을 요구한다. 이들이 인식하는 '공정'은 '비정규직의 정규직화'가 아니다.

열심히 공부하고 시험 잘 봐서 부정 없이 당당하게 정규직으로 들어가는 것이 공정이다.

젠더정책의 본질은 공정한 경쟁 시스템의 훼손에 있다고 인식한다. 젠더정책으로 오히려 남성에 대한 성차별만 커졌다고 본다. 기계적 균형은 불공정하다는 인식으로 이어진다. "교육의 기회, 취업의 기회가 동등해야 하는데 왜 굳이 그런 걸 누구에게 더 줘야 하는지 이해가 안 되죠. 결국에는 남녀평등으로 가야 하는 것이 옳다고 봅니다."(20대 남성), "그냥 똑같은 기준으로 뽑으면 그게 남자든 여자든 상관이 없다고 생각하거든요. 하지만 무작정 여성 임원, 여성 군인, 여성 경찰, 이렇게 늘리라고 하는 거, 할당은 결과의 공정은 아니라고 생각해요."(20대 남성), "공정을 희망했는데 지금은 공정이 없어요. 기득권에 따라서 공정의 기준이 달라지고 어디서나 비리나 부정이 일어나서 공정은 없다고 생각해요."(20대 여성)

다음 선거에서 20대의 표심은 어디로 향할까. 단정할 수 없다. 20대 청년의 표심을 얻으려면 20대 남성 '이남자'뿐만 아니라 20대 여성 '이여자'를 위한 정책과 감수성 모두를 얻어내야 한다. 한쪽이 올라가면 한쪽이 내려가는 시소 게임이나 한쪽이 이익을 얻으면 한쪽이 손해를 보는 제로섬 게임으로는 20대 청년 모두를 잃을 수 있다. 청년의 심리를 알고 그 마음과 감성을 파고드는 정책이 필요하다.

그동안 이남자를 대변해온 30대의 이준석이 당대표에 당선된 것도 청년 층의 표심을 흔들고 있다. '이남자'들은 열광하고 있지만 '이여자'들은 페미니즘을 향한 그의 거친 과거 언사를 기억하며 이준석을 예의주시하고 있다. 정부여당은 청년 자산형성 지원 정책, 청년특임장관제 도입 등을 제시하며 돌아선 청년층 구애에 나서고 있다. 하지만 유념해야 할 것은 청년정책보다 청년들과의 '공감대' 형성이 더 먼저라는 것이다. 여야 대선 후보들은 너나 할 것 없이 청년정책을 전진 배치할 것이다. 어떤 정책과 어떤 인물이 '이남자'의 마음을 얻을 수 있을까?

검찰개혁 · 언론개혁, 개혁해야 vs. 기득권 싸움

넷째, 검찰개혁 · 언론개혁 등 개혁 이슈다. 검찰개혁 · 언론개혁 등은 진보 정권의 숙원이었다. 김대중, 노무현 정부에서도 검찰개혁을 원했지만 이루지 못했다. 미완의 개혁과제는 문재인 정부로 넘어왔다. 2016~2017년 광화문광장의 촛불은 적폐청산과 권력기관 개혁을 강력하게 부르짖었다.

문재인 정부 출범 직후에 CBS의 의뢰로 리얼미터가 2017년 5월 10~12일 실시한 여론조사를 되짚어보면 '문재인 대통령에게 바라는 개혁과제'로 검찰개혁이 24%를 얻어 1순위로 꼽혔다. 그 뒤를 정치개혁 19.9%, 언론개혁 13.7%, 노동개혁 12%, 재벌개혁 11.1%, 관료개혁 8.3%로 조사되었다.

한겨레경제사회연구원 의뢰로 글로벌리서치가 2020년 6월

6~11일 실시한 조사에서도 '문재인 정부의 최우선 개혁과제'로 검찰개혁을 꼽는 응답자가 34.1%로 1순위에 올랐다. 이어 정치제도개혁이 21.5%, 관료개혁이 11.1%, 재벌개혁이 8.8% 등으로 나타났다. 그러나 2020년 하반기부터 격화된 추미애 법무부 장관과 윤석열 검찰총장 간의 갈등, 징계 시도 등이 연일 논란이 되면서 검찰개혁에 대한 인식의 변화가 감지된다.

2021년 1월 1일 한겨레가 발표한 신년여론조사를 보면 검찰개혁에 대한 미묘한 인식의 변화가 눈에 띈다. 한겨레 의뢰로 케이스탯리서치가 2020년 12월 27~30일 조사한 여론조사에서 응답자의 17.2%는 검찰개혁의 취지와 절차·방법이 모두 옳다고 보았고, 41.9%는 취지는 옳았지만 절차·방법에 무리가 있다고 인식한 것으로 나타났다. 취지와 절차·방법이 모두 잘못됐다고 본 응답자는 33.9%였다. 응답자의 75.8%가 검찰개혁의 절차와 방법에 문제가 있다고 지적하였다. 그러나 검찰개혁을 이뤄내야 한다는 여론은 여전히 60% 가까운 수치로 절반을 넘는다.

더불어민주당이 참패한 4.7 재보궐선거 이후인 4월 9~10일에 실시한 문재인 정부의 남은 1년 국정운영 기조에 대한 한국사회여론조사연구소의 조사를 보면 1, 2순위 합산 기준으로 일자리 창출이 29.2%, 불평등·양극화 해소가 24.8%, 사회통합이 23%, 검찰·사법부 개혁이 22.2%, 언론개혁이 20% 순으로 나타났다. 더불어민주당 지지층만 놓고 보면 언론개혁이 1순위로 20.9%로 꼽힌다.

1, 2순위를 합산하면 검찰·사법부 개혁이 37.3%로 언론개혁 32.2%보다 큰 것으로 나타났다. 절차와 방법에 무리가 있긴 하지만 개혁과제에 대한 취지와 시대정신은 여전히 살아 있음이 증명되었다. 특히 진보층과 여권 지지층에서 '수사권과 기소권의 분리', '중대범죄수사청 신설' 등 제도개혁에 초점을 둔 검찰개혁 시즌 2에 대한 기대가 높음을 알 수 있다.

여론조사에 나타난 검찰개혁·언론개혁 등 개혁과제에 대한 대중의 인식은 문재인 정부 집권 초기에 비해 평균적으로 양분된 것으로 나타난다. 개혁의 시대정신을 지지하는 정권 지지층은 검찰개혁·언론개혁을 강력하게 추진하기를 바라고 있다. 무당층을 포함한 정권 비토층은 개혁이 결국은 기득권 싸움일 뿐이라는 인식을 가지고 있다. "검찰개혁은 꼭 해야 합니다. 무소불위의 절대 권력을 행사하며 국민적 지탄을 받았던 만큼 개혁 대상 1순위라고 생각해요." 간담회에서 만난 더불어민주당을 지지하는 40대 남성의 말이다.

반면 더불어민주당을 지지하는 또 다른 50대 남성은 "개혁에는 공감하지만 제 삶과 특별히 관계가 없어서 개혁과제들이 피부에 와닿지 않아요. 우리 같은 사람들이 체감할 수 있는 민생개혁에 집중했으면 좋겠어요"라고 말한다. 개혁의 필요성에는 공감하지만 검찰개혁·언론개혁이 민심을 잡을 개혁과제라는 것에는 동의하기 어렵다는 것이다. 더불어민주당을 지지하지 않는 무당층이나 비토층의 인식은 "누가 더 권력을 갖느냐의 싸움으로 보여요"라고 말한 50대 여성의 말에 함축되어 있다.

검찰개혁·언론개혁 이슈는 여전히 불씨가 살아 있는 이슈다. 다만 어떻게 동력을 다시 확보하느냐가 문제다. 조국의 등장과 《조국의 시간》이 검찰개혁을 재점화하는 불쏘시개가 될 수도 있다. 윤석열 장모 구속을 계기로 윤석열 일가의 비리의혹이 더 커진다면 검찰개혁의 동력이 되살아날 수 있다. 조선일보의 '조국 가족' 일러스트 파문으로 언론개혁에 대한 공감대도 높아지고 있다. 검찰개혁·언론개혁 등 개혁과제는 대중들과 함께 가야 하는 길이다. 개혁의 방향을 제대로 잡고 대중의 인식 지점을 파악하면서 대중을 설득해나가야 한다. 더 많은 대중을 설득하는 쪽이 결국 이긴다. 대선의 향방을 좌우할 개혁과제 시즌 2는 어느 쪽이 더 많은 대중의 지지를 받을 개혁동력을 확보하느냐, 절차의 정당성을 인정받고 다수 대중의 동의를 구할 수 있느냐에 그 성패가 달려 있다.

재난지원금·손실보상제 어떻게 할 것인가

다섯째, 재난지원금·손실보상제 등 코로나19 관련 민생대책 이슈다. 재난지원금과 손실보상제는 정부의 영업 제한 조치로 피해를 본 소상공인·자영업자들에게 손실을 보상해주고, 사각지대는 전국민재난지원금을 통해 보완하겠다는 취지로 검토되고 있다. 그런데 재난지원금과 손실보상제의 지원 방식을 놓고 여야와 정치권이 엇갈린 행보를 보이고 있다. 보편지급이냐, 선별지급이냐, 소급적용이냐, 피해지원이냐를 놓고 이슈화되고 있는 것이다. 정부는 부족한 재원, 형평성 문제, 위헌 가능성을 이유로 소급적용 불가 방침을 고수하고 있지만, 국민의힘과 정의당 등의 야권을 비롯해 여권에서도 소급적용을 주장하고 있다.

손실보상제는 2021년 1월 참여연대와 소상공인들이 헌법소원을 내면서 쟁점으로 떠올랐다. 정부가 방역 조치로 영업 제한을 강제했으므로 이로 인해 손실을 본 소상공인·자영업자들에게 보상을 해주어야 마땅하다는 것이 이들의 주장이다. 헌법 제23조 제3항에는 "공공필요에 의한 재산권의 수용·사용 또는 제한 및 그에 대한 보상은 법률로써 하되, 정당한 보상을 지급하여야 한다"라고 명시하고 있다. 그런데 지금까지 법률에는 보상 규정이 없어서 위헌 소지가 존재해왔다. 때마침 정부가 손실보상제를 법제화하기로 하면서 위헌 소지 논란은 잦아들었으나 소급적용 여부를 놓고 정부와 정치권이 갈라서 있다.

4.7 재보궐선거 참패 이후 더불어민주당에서도 소급적용에 대한 긍정적 입장들이 나왔다. 선거 참패의 이유 가운데 하나로 4차 선별적 지원금 지급을 결정한 당 지도부의 오판이 한몫했다는 지적이 나왔기 때문이다. 그러나 충분치 않은 재원과 재난지원금과의 중복 문제, 소급적용 범위와 시점, 대상자 지정 과정에서 형평성 문제가 불거질 수 있다는 이유로 반대의 목소리도 적지 않다. 여권은 정부와 조율 끝에 손실보상제를 도입하되 소급

적용은 하지 않고 추경을 통해 피해지원을 폭넓고 두텁게 하겠다는 입장이다.

조사에서 나타난 대중의 재난지원금에 대한 인식은 대체로 선별과 보편이 팽팽하게 맞서 있고, 손실보상제 소급적용 역시 찬반이 팽팽한 상황이다. 보편적 지급을 선호하는 이들은 '세금은 모두가 내는데 선별지급은 불공정하다', '피해를 본 건 누구나 마찬가지다', '경제적 효과가 있다'라는 이유를 들고 있다. 반면 선별적 지급을 선호하는 이들은 '국가 재정부담'을 이유로 꼽는다. 손실보상제의 소급적용에 대해서는 '세금 낭비'라고 인식하거나 '국민에게 세 부담 전가' 등 갈등을 야기할 수 있다는 이유로 반대하는 목소리가 많다. 간담회에 참석한 40대 여성은 "선별적 지원도 필요하지만 보편적 지원으로 모두에게 약간의 위로를 해줄 필요가 있다고 생각해요"라고 말한다. "역차별 문제 때문에 전 국민을 대상으로 주긴 해야 할 것 같아요. 세금은 다 같이 내는데 누구는 주고, 누구는 안 주고. 오히려 불공정한 것 같아요"라고 밝히는 50대 남성도 있다. 또한 40대 남성은 "선별해야 한다고 생각해요. 아무 피해가 없는 사람들한테는 줄 필요가 없고 정부 정책에 따르다가 사정이 어려워진 소상공인들, 자영업자에게는 100%까지는 아니더라도 충분한 보상이 이뤄져야 한다고 생각해요"라고 목소리를 냈다.

코로나19 장기화에 따른 재난지원금·손실보상제 이슈에는 지원 금액에 대한 기대감과 하루라도 빨리 실질적이면서 신속하

게 지원이 이루어지길 바라는 소상공인·자영업자들의 희망사항
이 담겨 있다. 법과 재정이 허용하는 범위 안에서 위기 상황에 처
한 이들의 사회적 고충을 헤아리는 것이 정치라고 한다면 누가
어느 쪽이 좀 더 재량권을 발휘할 수 있는가가 대중의 지지 여부
를 결정할 수 있을 것이다.

2022년 20대 대선은 코로나19가 남긴 민생의 상처를 누가
더 잘 보듬고 치유해나갈 것인가, 어떤 세력이 현재의 위기를 잘
마무리하고 새로운 희망의 미래를 열어나갈 것인가가 승패의
관건이다. 지금의 코로나19는 그 실험대다. 5대 이슈를 잘 관리
하고 대안을 제시하는 인물과 세력이 대선에서 승리를 거머쥘
것이다.

17

2022년 대선
승부처

──────── 전국 단위 단일 선거로 치러지는 대통령 선거에는 승부를 가르는 승부처가 있다. 역대 대통령 선거에서도 승패의 향방을 갈랐던 승부처가 있었다. 승부처는 지역이 되기도 하고 세대, 계층, 성향이 되기도 한다. 이 중에서 눈에 띄는 승부처는 지역과 세대다. 계층은 선거 결과 데이터를 놓고 좀 더 심도 있는 분석이 요구된다. 이를테면 서울의 강북이나 강남을 가르는 표심은 분석을 깊게 하지 않아도 계층에 해당된다. 성향은 이념 성향을 나타낸다. 호감도도 중요한 지표다. 진보-중도-보수가 어느 한쪽으로 확연히 기울어진 운동장이 됐거나 후보나 정당의 비호감 지표가 높으면 어느 한쪽은 불리하다.

21대 총선이나 4.7 재보궐선거처럼 한쪽이 일방적으로 우세한 선거를 제외하고는 박빙의 선거가 펼쳐질수록 승부처가 중요하게 작용하다. 전국 단위 단일 선거에 해당하는 대선은 전국에서 얻은 표의 합계로 승패가 갈리므로 후보와 정당은 모든 지역에서 최선을 다해야 하는 것이 원칙이다. 그러나 선택과 집중을 추구함으로써 실리를 취하려 한다면 승부처에서라도 최선을 다해야 한다.

　역대 선거 결과를 보면 유권자의 절반이 집중되어 있는 서울·경기 지역 등 수도권이 승부처로 꼽힌다. 지역주의 경향을 띠면서 결속력이 강한 영남·호남권 등도 승부처다. 특히 박빙일 경우 영남과 호남에서 어느 세력의 결집력이 강한가의 여부에 따라 판세가 엇갈렸다. 압승일 경우 서울·경기 등 수도권에서만 100만 표 차 이상이 벌어졌다. 반면 100만 표 이내의 박빙 승부에서는 영남과 호남 표심의 결속력이 승부처였다. 박근혜와 문재인이 맞붙은 18대 대선을 살펴보면 박근혜는 영남에서 문재인에게 313만 표를 이겼고, 호남에서 250만 표를 뒤졌다. 영남과 호남을 합해 63만 표를 문재인보다 더 얻었다. 박근혜는 서울에서 20만 표 뒤졌지만 경기에서 9만 표, 인천에서 6만 표를 더 얻고 그 밖에 강원에서 22만 표, 충청에서 28만 표를 더 얻어 총 108만 표 차의 승리를 거뒀다. 영남에서의 결속력이 승부의 향방을 가른 것이다.

　세대별로는 50대가 승부처다. 인구도 대폭 늘었다. 17대 대선에서 50대 유권자 수는 581만 2,000여 명으로 전체 유권자의 15.4%를 차지했으나 18대 대선에서는 778만여 명으로 19.2%를 차지했다. 5년 만에 3.8%가 증가하였다. 반면 20~40대 유권자 수는 줄었다. 50대의 선택은 박근혜 당선의 결정적 요인이었다.

2002년 16대 대선과 2007년 17대 대선에서 노무현과 이명박은 모두 20대와 30대, 40대 득표율에서 이기고 당선됐다. 그러나 18대 대선에서 문재인은 20대와 30대, 40대에서 모두 이기고도 박근혜에게 지고 말았다. 박근혜를 지지하는 50대의 압도적인 표심이 승부를 갈랐다. 82%의 높은 투표율을 보인 50대는 박근혜에게 62.5%라는 몰표를 던지며 37.4%의 표를 얻는 데 그친 문재인을 누르고 박근혜가 승리하는 데 결정적 역할을 했다. 10년 전인 2002년 16대 대선에서 40대였던 이들이 노무현 48.1%, 이회창 47.9%의 팽팽한 지지율을 보였다가 10년 만에 완전히 돌아선 것이다.

승부처는 박빙의 선거에서 위력을 과시한다. 가장 최근의 전국 단위 선거였던 21대 총선에서 더불어민주당은 180석 확보라는 압도적인 승리를 거두었지만, 실제 지역구 후보들의 평균 득표율은 더불어민주당 49.9% 대 미래통합당 41.5%의 비율이었다. 전체적으로 보면 대략 8%p밖에 차이가 나지 않는 결과다. 서울과 부산에서 치러진 4.7 재보궐선거에서 국민의힘 후보들이 큰 표 차이로 더불어민주당 후보들을 이겼지만, 전국 단위 선거가 아닌 데다 대선이 1년여 남아 있는 시점이어서 대선까지 그 결과가 이어진다는 보장은 없다.

대선은 대개 진영 간 치열한 대결구도로 치러진다. '인물선호도'보다는 '세력선호도'가 기본구도를 형성한다. 물론 인물도 중요하다. 그러나 각 진영과 양대 정당의 지지 세력들이 얼마나 결속력을 보이느냐, 호감도를 가지고 있느냐에 따라 승패의 향방이 갈린다. 20대 대선은 사실상 진보와 보수의 일대일 대결 가능성이 높다. 제3지대 시장이 불투명하다. 대표 주자도 없고 뒷받침할 정치세력도 미약하다. 18대 대선과 유사한 흐름이 형성될 듯하다. 각종 여론조사가 보여주는 정당 지지도와 인물 지지도를 종합해보면 다음 대선도 1, 2위 간 격차가 5%p 내외의 박빙 승부가 전개될 것이다. 관건은 누가 진영의 대표주자로 우뚝 설 될 것인가, 이후 중도층과 무당층을 누가 얼마나 흡수하며 중원을 확장해나갈 것인가가 될 전망이다.

보수는 중도, 진보는 집토끼 사수 후 중원으로

지방선거와 국회의원선거, 재보궐선거는 대개 현 정권에 대한 중간평가 성격을 띤다. 일종의 회고용 선거로 정권의 과거를 돌아보며 평가하는 심판선거다. 그러나 대선은 전망선거다. 과거보다는 미래를 본다. '정권 유지'를 지지하는 쪽은 정권 재창출을 바라는 대중이고, '정권 교체'를 지지하는 쪽은 정권심판을 바라는 대중이다. 한국갤럽이 2021년 6월 29일~7월 1일에 실시한 조사 결과는 2022년 대선의 향방을 가늠해볼 수 있는 좋은 자료다. 이 조사에서 '다음 대통령 선거 결과 기대'를 측정하기 위해 던진 '현 정권 유지'(여당 후보 당선)와 '정권 교체'(야당 후보 당선)를 묻는 질문에 '현 정권 유지' 의견은 38%, '정권 교체' 의견은 49%로 집계됐다. 정권 교체를 바라는 대중의 의견이 더 높게 나타났다.

같은 조사에서 2020년 11월까지만 해도 '정권 유지' 의견이 5%p 정도 더 높았다. 그러던 것이 2020년 12월을 거치며 역전되었다. 이념 성향별로 살펴보면 보수층의 경우에는 '정권 유지'가 17%, '정권 교체'가 77%, 진보층의 경우에는 '정권 유지'가 63%, '정권 교체'가 27%, 중도층의 경우에는 '정권 유지'가 37%, '정권 교체'가 52%의 수치를 보였다. 보수층은 '정권 교체'로 결집하는 반면, 진보층의 '정권 유지' 결집도는 떨어졌다.

중도층은 '정권 교체' 쪽으로 기울어져 있다. 보수 진영이 확실한 '정권 교체'를 이뤄내려면 중도층을 더 끌어들여야 한다. 반대로 진보 진영이 판세를 뒤집고 '정권 유지'를 이뤄내려면 진보층의 결속력을 더 높이고 중도층을 더 끌어들여야 한다. 보수 진영은 중도를 더 잡는 쪽으로, 진보 진영은 진보와 중도 모두를 잡는 방향으로 나아가야 한다.

대선 경선에서는 집토끼(진보)를 결집시키고, 본선에서는 중도 확장성을 갖춘 인물이 필요할 것으로 보인다. 한편 한국갤럽이 2021년 4월 27~29일 사흘간에 걸쳐 실시한 조사 결과에서는 자신의 '주관적 정치 성향'에 대해 '보수'라고 응답한 층은 26%, '중도'라고 응답한 층은 33%, '진보'라고 응답한 층은 26%로 나왔다. 중도를 가운데 놓고 양쪽이 거의 비슷하게 갈라서 있음을 확인할 수 있는 수치다.

정당 호감도도 관건이다. 21대 총선 이후 한국갤럽이 2020년 6월 23~25일에 조사한 정당별 호감도, 비호감도 결과를 보면 더불어민주당에 대해 '호감이 간다'가 50%, '호감이 가지 않는다'가 38%로 나왔다. 미래통합당은 '호감이 간다'가 18%, '호감이 가지 않는다'는 69%가 나왔다. 비호감도가 호감도보다 세 배 이상 높은데, 이는 선거에서 어떤 수를 써도 승리가 불가능한 수치다.

21대 총선의 결과는 미래통합당의 참패였다. 4.7 재보궐선거 이후 비호감도 1위 정당은 더불어민주당이다. 더불어민주당은 20~34세 남성층에서 호감도가 특히 낮았는데, 전통적 우군이었던 2030세대가 흔들리고 있다는 방증이다. 더불어민주당에 대한 비호감 지점은 '내로남불'과 같은 오만한 태도, 개혁드라이브의 미진함, 미숙한 부동산정책 등 문제 해결 능력의 취약성이 꼽힌다. 국민의힘에 대한 비호감 지점은 정권에 지나치게 딴지를 거는 태도, 색깔론, 구태 등 낡은 주장의 되풀이와 잘못에 대해 반성하지 않은 태도 등이 꼽힌다.

정치 고관여층 '오남자'가 관건, MZ세대에 공들여야

세대별 20대 대선의 승부처는 단연 2030 MZ세대(밀레니얼·Z세대)와 50대다. 무엇보다 50대에서 일합을 겨뤄야 한다. 인구구조의 변화에 따라 50대는 여야 할 것 없이 가장 중요한 전략적 승부처가 됐다. 2020년 12월 현재 행정안전부 주민등록 현황에 따르면 50대 인구수는 864만 5,000여 명으로 연령대별 인구 비율이 가장 높다. 이어 40대가 830만여 명으로 뒤따르고 있고 30대가 687만여 명, 20대가 681만여 명, 60대가 674만여 명이다. 사회 주도층이자 인구수가 가장 많은 50대에서 밀린다면 대선에서 이길 가능성은 희박해진다. 이미 18대 대선 결과가 이를 입증해주었다. 50대에서 이겨야 승리할 수 있다.

한국갤럽이 2021년 5월 4~6일에 조사한 결과를 보면 세대별 정당 지지도를 확인할 수 있다. 더불어민주당을 지지하는 세대별 지지도는 40대는 39%, 50대는 35%로 나온다. 국민의힘을 지지하는 세대별 지지도는 50대는 33%, 60대는 40%다. 여권의 핵심 지지층은 35~45세이고, 야권의 핵심 지지층은 60대 이상이다. 50대는 진보, 보수 양쪽 모두 엇비슷한 지지도를 보인다. 50대가 캐스팅보트를 쥐고 있는 셈이다. 19대 대선(출구조사)에서도 50대의 표심을 더 많이 얻어낸 문재인이 대통령에 당선됐다. 50대 표심은 더불어민주당 문재인에게는 36.9%, 자유한국당 홍준표에게는 26.8%, 국민의당 안철수에게는 25.4%의 지지를 보냈다. 4.7 재보궐선거에서 50대의 표심은 더불어민주당 박영선에게는 42.4%, 국민의힘 오세훈에게는 55.8%의 표를 던져주었다. 50대의 표심이 당락의 향배를 가른 것이다. 특히 정치 고관여층인 '오남자'의 마음을 얻는 것이 유리하다. 오남자는 50대 남자, 자영업 종사자의 줄임말이다. 오남자는 누구보다 정치에 관심이 많다. 오남자의 정치적 영향력은 상당하며, 오남자의 한 마디는 다른 이들의 열 마디와 진배없다. 오남자는 정치 뉴스를 보고, 정치 유튜브를 시청하며, 종편 등 방송사 시사 프로그램의 열혈 애청자다. 술자리에서 정치 이야기를 선도하고, 누구보다 사명감을 갖고 선거 캠페인에도 자발적으로 참여한다. 지지하는 후보의 당선을 위해 발 벗고 나서는 '오남자'의 마음을 잡는 쪽이 이 시대의 선거에서 기선을 잡을 것이라는 데 토를 달 사람은 없다.

2030 MZ세대에게도 공을 들여야 한다. MZ세대란 1980년대 초부터 2000년대 초에 출생한 밀레니얼 세대와 1990년대 중반부터 2000년대 초반에 출생한 Z세대를 아우르는 말이다. 1985년생인 이준석 국민의힘 당대표도 MZ세대다. MZ세대는 SNS, 유튜브 등 디지털 환경에 익숙하다. 최신 트렌드를 좇으며 색다른 자신만의 취향과 경험을 추구하는 특징을 보인다. 1980년부터 2004년생을 포함하는 MZ세대는 통계청 조사 결과 2019년 현재약 1,700만 명으로, 국내 인구의 34%를 차지한다. 이들의 표심도 중요한 승부처다. 특히 20대 남성인 '이남자'들의 표심이 중요하다. 이들은 19대 대선에서 더불어민주당을 지지했지만 지금은 문재인 정부에 등을 돌렸다. 물론 이남자와 '이여자'의 문재인

지지 강도는 다르다. 19대 대선에서도 이여자의 문재인 지지도는 이남자보다 20%p가량 더 높았다. 이남자의 문재인 정부에 대한 불만은 청년 실업의 장기화, 미흡한 청년정책, 젠더 이슈, 정부의 여성우대정책 기조 등으로 집약된다. 최근에는 30대 초반 남성층에서도 이들과 유사한 기류가 엿보인다. 부동산정책에 대한 불만이 이탈을 가속화하였다. 더불어민주당과 문재인 정부를 추동하는 핵심동력은 3040세대다. 이들은 19대 대선 당시 문재인에게 연령별 득표율 1위를 안겼다. 이후 대통령 지지율도 가장 높았다. 30대는 21대 총선에서도 40대와 함께 더불어민주당 압승의 일등공신이었다.

40대는 1970년대생으로 청년 시절 노무현에 열광했고, 광우병 파동과 금융 위기를 겪은 기억을 가진 세대다. 세월호와 탄핵 촛불을 경험하며 보수 진영에 비호감을 가장 많이 갖고 있는 연령대다. 더불어민주당과 문재인 정부를 뒷받침하는 것은 바로 이들이다. 이들이 흔들리면 더불어민주당의 정권 재창출은 어려워진다. 이는 국민의힘에 반사이익을 가져다줄 것이다. 이탈한 20대 남성과 이탈 조짐을 보이는 30대 초반 남성, 2030세대의 표심을 누가 붙잡는가에 대선 승패가 달려 있다. 2030세대에서 두 자릿수 이상 격차를 내지 못하면 더불어민주당의 대선 승리는 어렵다.

각 세대가 지닌 사회갈등 요소를 파악하면 세대별 문제의식을 엿볼 수 있고, 정책 대안도 마련할 수 있다. 서울연구원이 연구 발표한 「서울시 사회갈등 이슈 진단과 정책 시사점」(조권중, 2020. 12. 31)에 나타난 서울시민의 도시사회 갈등 인식조사에는 '세대별로 가장 심각하게 느끼는 사회갈등' 요소가 잘 드러나 있다. 보고서에 따르면 20대는 남녀갈등을 가장 심각한 사회갈등으로 인식하고 있었다. 그다음으로는 진보·보수갈등, 부동산정책, 빈부격차, 기성세대와의 갈등 순이었다. 30대는 부동산정책을 가장 심각한 사회갈등으로 인식하고 있었고, 그 뒤로 진보·보수갈등, 빈부격차, '갑'과 '을', 남녀갈등 순으로 꼽았다. 40대 이상에서는 진보·보수갈등을 가장 심각한 사회갈등으로 인식하고 있었고, 부동산정책, 빈부격차, '갑'과 '을', 정규직·비정규직 갈등 순으로 심각성을 인식한다고 나타났다. 이 결과를 놓고 보면 20대는 젠더 이슈, 30대는 부동산정책, 40대는 정치적 지향에 관심이 높은 것으로 분석된다. 따라서 젠더갈등과 부동산정책, 정치적 지향점이 세대별 정책의 승부처가 될 것이다.

소상공인 자영업자 표심, 수도권에서 얻어야 이긴다

후보에 따라 성별 지지패턴도 달라진다. 이재명은 40대와 남성층에서 강세고 여성층에서는 약세다. 윤석열은 남녀 지지도가 비슷하고, 60대 이상에서 지지율이 높게 나타난다. 더불어민주당 지지표는 여성층에서 더 많이 나온다. 국민의힘 지지표는 60대 이상에서 높게 나온다. 투표율은 남성보다 여성이 더 높은 추세다.

18대 대선에서 처음으로 여성의 투표율이 남성을 앞섰다. 18대 대선에서 여성 투표율은 76.4%, 남성 투표율은 74.8%로 여성 투표율이 1.6% 더 높다. 19대 대선에서도 여성 투표율은 77.3%, 남성 투표율은 76.2%로 여성 투표율이 1.1% 더 높다. 무상보육 등 복지 이슈가 많았던 점이 투표율을 높인 것으로 분석된다. 여성 지지층을 잡으려면 역으로 2030 남성들의 안티페미니즘을 잘 관리해야 하는 것도 중요하다.

코로나19 정국과 관련해 자영업자 640만 명의 표심도 승부의 분수령으로 작용한다. 한국갤럽의 2021년 6월 1~3일 조사 결과에서 자영업 종사자들의 지지 성향을 살펴보면 어느 한쪽을 뚜렷하게 지지하는 경향이 나타나지 않는다. 문재인 대통령의 직무수행 평가에 대해서는 자영업 종사자의 37%가 '잘하고 있다', 54%가 '잘못하고 있다'고 보았고, 현 정권 유지와 정권 교체에 대한 의견에서는 38%가 '현 정권 유지'를, 52%가 '정권 교체'를 지지했다. 차기 '대통령감'으로는 33%가 이재명을, 28%가 윤석열을 지지하고 있다. 정당 지지도는 더불어민주당 33%, 국민의힘 33%로 나타났다. 이들의 표심은 코로나19 대책과 손실보상제, 전국민재난지원금과 관련한 수습책에 따라 움직일 것으로 보인다.

지역적으로는 '경기도를 잡으면, 대권을 잡는다'는 속설도 있고 '충청도에서 이기면, 대선에서도 이긴다'는 말도 있다. 모두 타당성과 근거가 있는 주장이다. 그러나 20대 대선에서 여야 모두가 사활을 걸어야 할 지역은 서울이다. 서울의 중산층 표심이 중요한 승부처가 될 것이다. 더불어민주당이 서울에서 진다면 대선에서의 승산은 기약할 수 없다. 대선에서 승리를 추인할 힘의 동력이 어디로 쏠릴지, 어디가 승부처가 될지, 어떻게 맞서야 할지는 시시때때로 변화하는 여론의 추세를 잘 살펴야 가늠할 수 있을 것이다. 조사를 바탕으로 한 과학의 힘이 중요한 이유다.

18

진보의 인물들

──────── 이제 본격적인 대권 레이스가 펼쳐진다. 대중의 시선은 레이스를 펼치는 주자들에게 집중되고 있다. 누가 골인 지점을 먼저 통과할 것인가? 2022년 3월 대선에 도전장을 내민 진보 성향 인물들의 장단점을 살펴본다. 모두 더불어민주당 소속 인물들로, 이미 방송이나 유튜브 등 여러 매체에서 내놓았던 인물평이다. 대선 본선과 함께 더불어민주당 경선 레이스에도 도움이 되길 바라는 마음에서 가감 없는 조언을 해본다.

이재명

#추진력 #순발력 #포퓰리즘 #싸움꾼 #능력 #맷집

이재명은 시대의 풍운아다. 여의도 문법이 아닌 현장의 문법을 가지고 끊임없이 도전하고 싸우면서 성장한 정치인이다. 그의 말처럼 정치 세계의 외톨이고 변방장수다. 뚝심과 성과로 자신만의 단단한 성을 쌓은 인물이다. 선 굵은 의제를 던지고 현안을 회피하지 않아 늘 화제의 중심에 서며 지방행정의 독보적인 존재가 됐다. 이재명은 개척자다. 판단과 행동이 빠르고 영민하며, 이슈를 키우고 집단지성도 이용할 줄 안다. 지지 강도 또한 단단하다. 이재명의 지지자들은 그의 허물을 알면서도 능력과 개혁성에 매료된 사람들이다. 어지간해서는 흔들리지 않는다.

이재명이 가면 길이 된다. 지역화폐, 전국민재난지원금, 기본소득, 기본주택, 기본대출 등 자신만의 정책 브랜드로 치고 나간다. 이재명의 태도나 자세를 못마땅해하고, 급진적이라 불안해하는 이들도 일 하나는 시원시원하게 잘한다며 고개를 끄덕인다. 어느덧 '유능한 진보'의 상징이 됐다. 이재명은 친문 색채가 옅은 데다 '586 책임론'에서도 자유로운 위치여서 야당의 정권심판론 공세에도 상대적으로 타격이 적다.

이재명은 그동안 정치적 고비를 여러 번 맞았다. 그러나 막다른 골목에 몰렸을 때도 끝까지 버티고 결국 성취했다. 숱한 부침에도 살아남은 비결은 무엇일까? 소싯적부터 풍파를 헤치며 단련된 것이 위기에 흔들리지 않는 이재명을 만든 게 아닐까? 그는 뻔뻔할 정도로 강하다. 그의 '멘탈'과 '맷집'을 당해낼 자가 없을 정도다. 이런 정신적 자산과 아울러 그간의 '성과'가 위기 탈출의 버팀목이 됐다. 난관을 뚫고 나갈 강인한 정신력은 대선판에서 큰 강점으로, 지지층에게 안도감을 준다.

이재명은 캐릭터가 묘하다. 개혁적이고 비타협적이지만 정책을 뜯어보면 꽤 실용적이다. 스스로도 보수주의자라고 칭한다. 고집이 세고 독선적으로 비치지만 참모나 전문가들과 격의 없이 토론하고 경청하는 모습을 보면 꼭 그렇지도 않다. 소탈한 스타일로 '촌놈' 티가 묻어난다. 이재명은 인사권자는 관료들에게 목표를 정확히 제시해야 한다고 강변한다. 그러다 보니 대중에게는 권위주의적 리더로 비춰질 때가 많다. LH직원의 일탈, 기재부의 답답함을 접해본 이들은 여당이 관료에게 끌려가지 말고 주어진 권한을 제대로 행사하길 바란다. 이 점이 이재명에게 기회다.

2022년 3월 대선에서 승리를 맛보려면 이재명은 경선의 벽을 넘어야 한다. 지지도가 높고 열성 지지층이 굳건하지만 팬덤 정치는 장점 못지않게 폐해도 크다. 지지자의 일탈 행동을 제어할 방도가 없다. 이재명도 이 점이 걱정될 것이다. 민주당 내에 '안티 이재명', 이른바 문파가 꽤 된다. 경선의 문턱을 넘는다 하더라도 비토 세력의 반발 강도를 낮추고 최대한 끌어안아야 본선에서 이길 수 있다. 형수 욕설 파문, 배우와의 스캔들 논란 등도 선거일까지 그를 괴롭힐 것이다. 모두 만만치 않은 과제다.

문파와는 19대 대선 때부터 골이 깊은 상태인데, 온라인 공간에서 문파와 이재명 지지층의 설전이 여전히 뜨겁다. 대중은 싱거운 게임을 원하지 않는다. 야권에 비해 여당의 경선 흥행 요소가 적을까 봐 더불어민주당 내에서는 걱정이 많다. 추미애의 부상으로 '이재명 vs. 반이재명' 구도는 흐릿해질 것 같지만, 더불어민주당 경선이 '이재명 vs. 반이재명' 전선으로 확고하게 형성되면 '결선투표제'에서 반이재명 세력이 연대해 판을 뒤엎을 수도 있다. 반대로 정권 재창출이 쉽지 않은 상황에서 이재명밖에 없다는 중론이 형성되면 '묻지마 정서'가 더 커져 이재명의 승리가 쉬워질 수도 있다. 결국 중간지대 당원들이 경선의 향방을 결정할 것이다. 하지만 이들은 욕설, 비방 등 꼴불견 행태에 염증을 느끼고 있다. 열성 지지자 관리와 이미지 쇄신에 공을 들여야 한다.

20대 대통령이 되려면 이재명이 무엇을 해야 할까? 첫째는 세상을 바꿀 참신한 신진기예들을 모으고 앞세워야 한다. 둘째는 편안함과 따뜻함, 겸손함을 장착해야 한다. 그래야 여성층의 마음을 열 수 있다. 셋째는 2030 세대를 민주당 지지로 돌려세우는 데 기여해야 한다. 당의 효자 노릇을 해야 한다는 뜻이다. 넷째는 대표정책을 더 치밀하게 다듬어야 한다. 반격의 빌미를 주지 않아야 한다. 도덕성 논란에서 자유롭지 못한 상대를 만난다면 이재명에게는 큰 행운으로 작용할 것이다. '능력 대결의 장'이 펼쳐질 수 있기 때문이다.

이낙연

#품격 #경륜 #감칠맛 #뒷북 #우유부단 #항공모함

문재인 정부의 황태자로 불리는 이낙연의 시대가 다시 올 수 있을까? 최고의 찬사를 받았던 총리 시절의 인기를 당대표를 하는 동안 많이 까먹었지만 아직 그에게 기회는 있다. 이낙연은 품격과 신중함, 경륜과 국정경험, 화려한 언변까지 대통령으로서 필요한 자질을 고루 갖춘 정치인이다. 총리 시절 본회의장에서의 '뼈를 때리는' 답변은 대통령 지지층에게 청량감을 줬다. 촌철살인의 멘트 속에 해학이 담겨 있었고 감칠맛도 느껴졌다.

강원도 산불 현장에서의 모습 또한 일품이었다. 이재민들에게 불편함이 없도록 꼼꼼하게 묻고 챙기는 그의 모습은 대중이 열광하기에 충분했다. 위기에 강한 그에게 매료되어 대한민국을 믿고 맡길 수 있다고 판단했다. 연일 지지율이 치솟았고, 총리를 마친 후 당에 복귀한 그의 위세는 하늘을 찌를 듯했다. 대선 고지가 손에 다 잡힌 듯했다. 사상 초유의 민주당호 항공모함이 탄생한 것이다. 총선의 압승으로 여당에 대한 기대감이 최고조에 달했다. 180석 여당을 누가 끌고 갈 것인가? 대중의 눈은 이낙연에게 향했다. 성배가 아닌 독배라는 우려가 있었지만 달리 방법이 없었다. 그 역시 리더십을 검증받아야 하는 운명이었다.

이낙연은 거부감이 적은 정치인 유형이다. 중도층이나 중장년층이 선호할 타입이다. 그런데 당대표를 거치면서 그만의 색채는 흐릿해졌고, 쌓아온 자산도 상당 부분 사라졌다. 한 박자 늦은 대처와 모호한 화법 등 우유부단한 리더십도 도마 위에 올랐다. 기대가 크면 실망도 큰 법, 지지자들은 한숨을 쉬었다. 게다가 2021년 새해 벽두에 꺼낸 '사면론'이 실망감에 기름을 부은 격이 됐다. 호남 민심도 돌아서기 시작했다. 여당에 대한 실망을 당대표 이낙연의 탓으로 여기게 되었다. 대선 지지율도 곤두박질치기 시작했다. 보궐선거 패배의 책임까지 떠안게 됐다. 문재인 정부의 부동산정책 실패에 대한 책임에서 자유로울 수 없다는 점도 대선 가도에서 걸림돌이다.

이낙연은 이재명과 정반대 성향의 인물이다. 치밀하고 안정감이 있으며, 과정을 중시하는 스타일이다. 이재명을 경선에서 맞상대할 수 있는 저력이 있다. 이재명이 감정 통제에 실패해 무너지면 이낙연에게 기회가 올 것이다. 총리 시절 '사이다 발언'을 떠올려보면 이낙연은 수비수가 아닌 공격 본능도 갖추고 있는 인물로 보인다. 총리 시절과 당대표 재임 시 무거운 위치 때문에 자신만의 색채를 마음껏 뽐내지 못했지만, 앞으로는 이슈를 주도해야 한다. 그는 단박에 대중의 눈길을 휘어잡는 데 탁월하다. 더불어민주당 예비경선에서 화려한 언변의 소유자답게 '면접왕'에 등극했고, 순식간에 지지율을 끌어올렸다. 본선 경쟁력도 뛰어오르면서 그에 대한 기대가 다시 모아지고 있지만, 지지율이 상승한 만큼 그에 대한 본격적인 검증 국면이 기다리고 있다. 결선투표제 속성상 2위 후보 때리기는 더 거칠어질 수밖에 없다. 특히 당대표 시절에 대한 질타가 집중될 것이다. 이 검증 고비를 넘어서야 결선 투표제의 길이 활짝 열릴 것이다.

　20대 대통령이 되려면 이낙연은 무엇을 해야 하는가? 첫째는 '이낙연의 나라'가 어떤 나라인지 분명한 색채를 보여줘야 한다. 둘째는 화끈함을 장착하고 공격 본능을 살려야 한다. 개혁성 보강도 필수다. 진보 성향의 핵심 지지층과 소통을 늘려야 한다. 셋째는 젊은 캠프로 진용을 짜야 한다. 올드한 이미지가 연상되지 않도록 해야 한다.

추미애
#소신 #강직 #불통 #추다르크 #뻣뻣 #검찰개혁

추미애는 정치신인 때부터 유명세를 떨쳤다. 별명인 '추다르크'는 소신과 강직함의 상징이다. 일찍이 김대중이 총애했고 노무현도 다음 대통령 재목으로 추미애를 언급할 정도였다. 그러나 꽃길만 있었던 건 아니다. 분당, 낙선 등 시련의 시기도 있었다. 그러다 당대표를 하면서 제2의 전성기를 맞았다. 재임 중에 박근혜 대통령의 탄핵을 끌어내고 대선 승리를 일궈냈다. 조국사태가 벌어지자 여권의 구세주로 나섰다. 법무부 장관직은 검찰과 맞서야 하는 자리인 만큼 다들 꺼렸다. 하지만 그는 독배를 마다하지 않았다. 대의를 중시하는 추미애다운 선택이었다.

　장관을 지내는 내내 정국의 중심에 서 있었다. 장관직에 대한 평가도 극단적으로 갈렸다. 한쪽에서는 온몸을 던진 검찰개혁의 상징으로, 다른 한쪽에서는 권력 남용과 불공정의 대표 인사로 꼽았다. 조국 지지층이 추미애 지지층으로 옮겨갔다. 지지자들은 그에게 마음의 빚이 있다. 무혐의 결론이 났지만 아들의 군 특혜 의혹도 언론이 작정하고 이슈를 키웠다고 분개한다. 피투성이가 된 채 비타협적으로 투쟁한 그의 모습은 강력한 팬덤을 형성했다. 그들의 상당수는 더불어민주당의 권리당원으로 이들이 뭉치면 태풍이 불 수도 있다.

추미애는 윤석열과 오버랩된다. 떼려야 뗄 수 없다. 2020년에는 이른바 추·윤 갈등이 정국을 뜨겁게 달궜다. 그 덕에 윤석열이 부상했다. 2020년 국감장에서 '총장이 장관의 부하다, 부하가 아니다'로 옥신각신하는 모습과 검찰총장의 직무배제 및 징계 결정 건이 단연 이슈였다. 결국 징계 건을 사법부가 받아들이지 않자 추미애가 옷을 벗었고, 몇 개월 뒤 윤석열도 자리에서 물러났다. 묘한 운명이다. 역대 정권에서는 장관과 총장이 한식구처럼 움직였는데 이번엔 달랐다. 둘 다 상처를 입었지만 정권에 큰 타격을 주었다. '추미애 책임론'이 멍에처럼 따라다니고 오만과 독선, 내로남불의 딱지가 붙었다.

추미애는 오래전부터 지대개혁론을 주장하는 등 부동산 해법을 갖고 있는 몇 안 되는 정치인이다. 당대표를 지내면서 정책현안에 대한 이해도 밝아졌다. 그가 대선에 뛰어들면 경선 흥행에도 청신호가 켜진다. 다만 따르는 의원이 적어 폭발력이 있을지는 의문이다. 비호감이 높은 점도 약점이다. 그래서 출마를 말리는 의원도 있다. 오히려 야권은 내심 추미애의 대권 도전을 바랐다. 윤석열 띄우기에도 도움이 되고, 더불어민주당을 향한 공격 소재로 써먹기 좋다고 보는 것이다. 그런 추미애에게 뜻밖의 선물이 주어졌다. 조국의 회고록《조국의 시간》이 출간되면서 추미애의 가치도 올라갔다. 지지율도 덩달아 뛰고 있다. 윤석열 장모의 구속도 추미애의 수사지휘권 발동의 공이다. 윤석열 일가의 의혹이 커질수록 추미애는 부상할 것이다.

대통령이 되려면 추미애는 무엇을 해야 할까? 첫째는 부동산 정책으로 판을 흔들어야 한다. 민생의제에 강한 모습을 보여야 한다. 둘째는 검찰·언론개혁, 정부혁신 등 개혁의제를 선점하고, '개혁대통령'으로 포지셔닝을 해야 한다. 셋째는 경청과 소통을 늘리고 대중과 공감하는 정치인으로 이미지를 바꿔야 한다.

정세균
#젠틀맨 #경제 #무색무취 #관운 #식상 #백봉신사상

젠틀맨, 온화한 인상, 기업인 출신. 정세균은 뭐든 맡길 수 있는 사람으로 통한다. 산업자원부 장관, 당대표, 국회의장, 국무총리 등 경력도 화려하다. 관운이 좋은 것도 있겠지만 능력과 자질도 남다르다. 정치하는 내내 백봉신사상도 내리받을 정도로 품위 있고 경우가 밝은 정치인으로 평가받는다. 한번 맺은 인연과 오래가는 스타일이며, 소통과 관리에도 탁월하다. 더불어민주당 내

정세균 계보가 여전히 탄탄한 이유다. 그런데 십수 년 이어지다 보니 신선함이 느껴지지 않는다. 정세균 계파는 역동성이 떨어진다. 그런 이유로 장년층, 노년층 공략은 가능하나 청년층 공략이 불가능할 것이라는 꼬리표가 따라다닌다. 이를 의식해서인지 캠프에 젊은 인재들을 보강했다. 총리 시절 청년정책 컨트롤타워인 '청년정책조정위원회'의 초대 위원장을 맡기도 했다.

대선 행보의 첫 시작으로 스무 살이 되는 사회 초년생에게 20년 적립형으로 1억 원을 지급하겠다는 '신생아 1억 적립' 정책을 내놨다. 저출산 문제의 해결책이자 청년의 출발선이 공정하도록 국가가 나서야 한다는 의미를 담았다. 인구 절벽, 자산격차, 기회의 불공정 등을 겨냥한 대책이다. 2030세대를 흔들지 않고서는 자신의 취약한 지지율을 반등시킬 수 없고, 더불어민주당의 재집권이 어렵다는 절박감이 묻어난다.

'훈련된 일꾼' 정세균은 출마 선언과 함께 '강한 대한민국, 경제 대통령'을 슬로건으로 들고나왔다. '대한민국은 강합니다' 캠페인 콘셉트는 시의적절해 보인다. 총리 시절 코로나19 팬데믹 위기를 나름대로 잘 대처해왔고, 경제전문성, 균형감, 포용력 등 어필할 요소는 충분하다. 그런데 지지율의 변동 속도가 더디다. 한때 홍남기 부총리를 향해 '이 나라가 기재부의 나라냐'라고 일갈할 때 대중은 그에게 환호했다. 그러나 그뿐이었다. 재정 확대 정책에 신중한 기재부의 정책 기조를 바꾸지는 못했다. 지지율로 보면 정세균은 분명 후발주자다. 뒤쫓아가는 입장에서는 인파이터 스타일이 아니면 어렵다. 끊임없이 이슈를 만들고 주도해야 한다. 먼저 본인과 이미지가 겹치는 이낙연을 제칠 때 가능성이 생긴다.

대중은 차기 대통령의 자질로 정책 능력과 비전 능력을 꼽고 있다. 더불어민주당의 제3후보에 대한 기대감도 있다. 이재명, 이낙연이 아닌 다른 후보는 없나 고민하는 대중도 적지 않다. 정세균이 이재명이라는 대항마를 물색 중인 친문 진영의 눈에 찰까? 식상한 이미지는 탈피하고 인간적인 매력은 높여 새로운 이미지를 장착할 수 있을지가 관건이다.

20대 대통령이 되려면 정세균은 무엇을 해야 할까? 첫째는 미래의제에 대한 논쟁을 주도해야 한다. 특히 자신의 장점을 살려 경제정책으로 승부해야 한다. 둘째는 40대 감각으로 이슈에 접근해야 한다. 화이트칼라, 중산층에서 반응이 나와야 주목도가 높아진다. 셋째는 호남의 지지율을 끌어올려야 한다. 호남에서 이낙연을 넘어서야 길이 열린다.

박용진
#이슈메이커 #달변 #한유총 #옹고집 #개인플레이 #쓴소리

'행복국가를 만들 젊은 대통령'을 내세우며 여권에서 첫 대선출마를 선언했다. 박용진은 민주노동당, 진보신당을 거쳐 더불어민주당에 안착한 정치인이다. 삼성 저격수 역할을 수년째 해오고 있고 한유총 문제를 수면 위로 끌어내 갈채를 받았다. 특히 경제 현안 및 민생정책에 대한 이해도가 높다. 말주변이 좋고 이슈 감각이 뛰어난 이슈메이커다. 방송에 자주 나와 인지도도 높은 편이다. 진보정당에 몸담은 전력이 있어 이념적 스펙트럼도 넓고, 중도 인사들과도 호흡을 잘 맞춘다. 1971년생으로 '세대교체' 적임자를 자임하고 있다. '이준석 현상'의 수혜를 볼 수 있는 위치다. 언론도 그에게 매우 우호적이다. 반면에 고집이 세고 팀플레이보다는 개인플레이에 치중한다는 평가도 있다. 특히 내부에서 쓴소리를 자주 하다 보니 권리당원들의 눈 밖에 나 있는 점이 걸림돌이다. 반면 검찰 문제와 언론 문제, 야당의 행태에 대해서는 별다른 언급을 하지 않고 있어 당원에게 미운털이 박혔다. '당성'이 결여되어 있다고 보는 것이다. 박용진 지지도를 분석해보면, 여당 지지층보다 야당 지지층에서 더 우호적이다. 이런 정서가 고착화되면 당내 경선 통과가 어렵다. 이 문제를 뛰어넘는 것이 급선무다.

김두관
#사나이 #리틀노무현 #기본자산 #무책임 #변방 #풀뿌리

두 번째 대선 도전이다. 2012년 대선 경선에 뛰어들어 변방에서 중앙을 흔들려다 맥없이 밀려났다. 지사직을 중도에 그만둔 탓에 경남도민에게 비난을 받았다. 마을 이장부터 군수, 도지사, 장관,

재선 의원까지 가장 밑바닥에서부터 성장해온 입지전적인 인물이다. 김두관은 인간 냄새가 나는 정치인이다. 듬직하고 사나이다워 호형호제하며 따르는 이가 많다. 신의가 두터워 중도, 보수 인사들도 좋아한다. 김포에서 당선된 뒤 당의 요청을 받아 다시 경남 양산에 내려가는 결단을 보여주기도 했다. 기본자산 의제와 국가균형발전에 대한 담대한 구상을 준비하고 있다. 민감한 정치 현안에 대해서도 선명한 입장을 내놓고 있다. 풀뿌리 운동을 함께해 온 단체장이나 국회의원들이 그를 돕고 있다. PK지역을 묶어내고 대표성을 인정받을 수 있을지가 관건이다.

이광재
#기획통 #노무현 #여시재 #여우 #유연함 #삼성장학생

이광재는 노무현의 최측근 인사다. 청와대 국정상황실장을 경험한 후 보수색채가 강한 강원도에서 재선 고지에 올랐다. 큰 인물의 출현을 목말라했던 강원도민의 염원 덕택에 강원도지사로 당선되는 등 한때 승승장구했다. 그러나 그에게도 시련이 닥쳤다. 박연차 게이트에 연루되어 지사직을 상실한 것이다. 이후 싱크탱크 기관이며 국가미래전략을 구상하는 '여시재' 운영에 매달렸다. 그는 두뇌 회전이 빠르고 기획력이 뛰어나다는 평가를 받는다. 특히 미래의제에 관심이 많아 더불어민주당 K-뉴딜본부장을 맡아 활동반경을 넓히고 있다. 국제외교 등 대외 문제에도 능

통한 편이다. 실용적인 마인드를 가졌고 중도 색채가 짙은 편이다. 《노무현이 옳았다》는 책을 냈는데, 이광재도 옳았다고 느끼는 대중이 늘어나야 대권 동력이 확보될 것이다. 개혁성이 강한 권리당원의 거부 정서를 줄이는 것이 시급한 과제다.

양승조
#선비 #원칙주의자 #복지 #유약함 #균형발전 #충청대망론

양승조는 변호사 출신의 4선 의원이며 현재 충남도지사다. 국회 보건복지위원장을 역임하는 등 복지에 대한 열정이 높은 인물이다. 양승조는 복지정책만큼은 이재명의 경기도에 뒤처지지 않는다고 자부한다. 정부 평가에서 충남이 1위를 차지하기도 했다. 한학자 집안 가풍의 영향인지 예의가 바르고 상대를 존중하는 마음가짐이 몸에 배어 있다. 반칙과 불의에 타협하지 않는 원칙주의자의 면모도 강하다. 지방소멸이라는 국가적 위기 앞에 지역 균형 발전으로 승부수를 띄웠다. 충청 연고가 있는 윤석열의 대망론을 저지하고자 더불어민주당의 충청권 인사들이 맞불 차원에서 양승조의 대선출마를 강력히 촉구하고 나섰다. 윤석열이 충청을 위해 그동안 특별히 한 일이 없기 때문에 충청을 잡는 자가 천하를 얻는다. 그가 윤석열 때리기로 충청에서 효과를 거둔다면 여권에는 청신호가 켜진 것이다.

최문순
#번지점프 #불량감자 #넉살 #친근 #서민적 #돈키호테

최문순은 3선의 강원도지사다. 그는 완전히 판을 바꿀 남자, '완판남'을 자신의 브랜드 슬로건으로 내세웠다. MBC 사장 출신으로 소탈하고 친근한 스타일이다. 강원도지사 선거 때 '번지 점프, 율동' 등 톡톡 튀는 캠페인으로 주목을 받은 바 있다. 감자 완판을 비롯해 지역 특산물 홍보에도 앞장서는 등 위트가 있는 정치인이다. 소통에 일가견이 있다. 강원도에서 큰 반향을 일으킨 '강원형 취직사회책임제'를 전국으로 확산하겠다는 공약을 내세웠다. 취직사회책임제는 기업에서 정규직 1명을 고용할 때 월 100만 원씩 1년간 인건비 등을 지원하는 정규직 일자리 취직 지원정책이다. 의원들의 지지세는 미약하나, 튀는 캠페인을 통해 권리당원에게 직접 호소하는 전략을 구사해 파란을 일으키겠다는 구상이다. 인지도가 낮은 것이 약점이다.

19

보수의
인물들

──────── 야권을 대변할 보수 진영의 인물들은 지금 흩어져 각개전투 중이다. 국민의힘 당내에서 대권 레이스를 준비하는 이는 많지 않다. 오히려 당 밖의 주자들이나 지방정부의 수장들이 열심히 뛰는 형국이다. 방송이나 유튜브 등 여러 매체에서 내놓았던 인물평을 바탕으로 보수 성향 인물들의 장단점을 파악하고 야권의 대권 주자가 되기 위한 조건을 조언해본다.

윤석열
#칼잡이 #강직 #정의의사도 #막무가내 #내로남불 #배짱

윤석열은 일명 칼잡이, 정의의 사도로 통했다. 일 잘하는 수사 검사로서 명성을 날렸고 문재인 정부에서 파격적으로 중용됐다. 서울중앙지검장에 이어 검찰총장까지 초고속으로 승진했다. 조국 사태로 집권세력과 틀어진 후 살아 있는 권력을 향해 칼을 빼들다 보니 정권의 눈 밖에 났다. 야당은 정권에 반기를 든 그를 입이 마르도록 극찬했다. 기자들은 연일 그의 일거수일투족을 보도하며 영웅으로 만들었다. 언론이 그의 든든한 뒷배였다. 추미애에게 굴욕적 상황을 당한 적도 있지만 결국은 딛고 이겨냈다. 2020년 국감장에서 '검찰총장은 장관 부하가 아니다'라고 한 발언이 대중의 이목을 끌었고, 대선출마 여지까지 내비치게 된다. 그의 남다른 기개와 배짱이 빛을 발했다. 마땅한 보수의 대권 주자가 없는 상황에서 윤석열은 보수의 구세주였다. 미리부터 대선을 염두에 둔 것처럼 그의 행보는 치밀했다. 총장 사퇴 시기도 절묘했다. 4.7 재보궐선거를 앞두고 LH사태 직후 총장직을 내려놨다. 그는 타이밍을 잡을 줄 안다.

윤석열은 2013년 국정원 댓글 수사팀장이었던 당시 법무부장관 황교안이 '수사에 외압을 행사했다'고 폭로하면서 '나는 사람에게 충성하지 않는다'는 명언을 남겼다. 그런 그가 험난한 대선 여정에 뛰어들었다. 공정과 정의의 기치를 들고 정면 돌파하겠지만 난관이 적지 않다. 검찰의 선택적 수사, 선택적 공정 논란에 대해 해명해야 할 것이다. 술 접대 검사에 대한 관대한 처분 등 검찰의 제 식구 감싸기 행태에도 입장을 내놓아야 한다. 술 접대가 사실로 드러나면 사과하기로 약속하고도 차일피일 미뤘기에 비판의 강도는 더 거세질 것이다. 또한 그와 배우자, 장모 등 윤석열 일가에 대한 각종 의혹이 스모킹건이 되고 있다. 장모의 구속이 끝이 아니라 시작일 수도 있다는 점이 부담 요인이다. 보수 언론도 윤석열 대망론으로 상징되는 〈플랜 A〉를 지우는 모양새다. 이를 극복하려면 의혹에 대해 진솔하게 밝히고 책임있는 자세를 보여줘야 한다.

윤석열은 승부사 기질을 타고났다. 내놓는 메시지마다 힘이 있다. 절제되고 정교하다. 행보는 거침이 없고 조직 장악력이 뛰어나다. 측근을 잘 챙기는 전형적인 보스 타입으로, 남성들이 선호할 스타일이다. 시골 어르신들까지 모르는 이가 없을 정도로 대중성도 확보했다. 그러나 정치 초년생이 정치현안과 정책 준비를 하려면 최소 몇 개월은 걸린다. 설익은 밥을 내놓았다가는 된서리 맞기 십상이다.

국민의힘에 섣부르게 합류하는 것은 위험하다. 하책이다. 민심 경청 투어를 하며 외곽에서 시민들과 충분히 접촉한 후 국민 여론을 수렴해 입당 여부를 판단해도 늦지 않는다. 대선판에서는 지지도가 판을 좌우한다. 지지율만 높으면 '윤석열 중심성'은 확보된다. 문제는 참신성을 잃어서는 안 된다는 점이다. 정치신인이 낡은 정치 냄새를 피워서는 안 된다. 중원에서 힘을 축적한 다음 국민의힘에 입당하든지 아니면 야권 후보단일화의 길에 나서야 한다.

윤석열이 대선을 완주할 수 있을지 회의적으로 바라보는 대중도 적지 않다. 반기문, 고건의 중도 낙마에 대한 학습효과가 대중의 머릿속에 남아 있다. 정치 초년생에게 대권은 감당하기 무거운 자리다. 그러나 윤석열은 관료조직에서 화초처럼 성장한 사람이 아니다. 검찰조직에서 풍파를 겪으며 단련된 사람이다. 고건, 반기문과는 다를 수 있다. 자신의 성과로 쌓아 올린 지지도는 아니지만 지지구조가 약하지 않다. 정권의 대항 축으로 형성된 지지인 만큼 보수 진영의 대체재가 없다면 급락하지는 않을 것이다.

다만 이재명과의 양자대결에서 10%p 이상 밀리는 상황이 지속되거나 검증의 벽에서 큰 난관에 부딪히면 급속히 무너질 가능성도 배제할 수 없다. 정책과 미래의제에 대한 콘텐츠가 약해 TV토론회에서 고전할 가능성도 있다. 대선은 회고적 투표보다 전망적 투표 성격이 강하다. 정책 능력이 크게 뒤처지면 대중은 그가 대통령감이 아니라고 판단하고 등을 돌릴 수 있다. 정치는 종합예술이며, 사람을 살리는 일이다. 서비스 마인드가 몸에 배어 있지 않은 정치인은 대선을 뛰기 버겁다. 윤석열은 과연 별의 순간을 잘 잡은 것인가, 아니면 신기루처럼 사라질 것인가? 답은 그가 얼마나 준비되어 있느냐에 달렸다.

20대 대통령이 되려면 윤석열은 무엇을 해야 할까? 첫째는 기존 정치세력에 휘둘리지 말고 독자적인 힘을 최대한 키워야 한다.

둘째는 공정과 정의로 승부하려면 자신 주변의 비리의혹에 대해 엄정해야 한다. 셋째는 서민의 고단한 삶에 대한 이해를 높여야 한다. 넷째는 정부혁신을 과감하게 들고나오는 개혁가가 되어야 한다.

홍준표
#노회함 #순발력 #안하무인 #꼰대 #말싸움 #홍카콜라

입담으로 홍준표를 당해낼 정치인은 없다. 복잡한 현안을 알아듣기 쉽게 비유를 들어 설명하는 능력을 타고났다. 가끔 막말로 지탄을 받지만 그의 말에는 위트가 있다. 정치는 말로 하는 직업이고, 정치인은 기가 세야 한다. 말싸움이나 기싸움에서 지면 그걸로 끝이다. 그런 면에서는 홍준표가 단연 군계일학이다. 그의 언변은 사람을 홀리는 재주가 있고 순발력 또한 좋아서 상대의 주장을 단숨에 무력화한다. 그가 만든 유튜브 〈홍카콜라〉가 대박이 난 이유다. 반면에 그를 싫어하는 이도 많다. 고집불통, 안하무인 등의 태도와 자세, 도덕성 결여를 못마땅해한다. 그는 비호감도가 높은 정치인 중 하나다. 19대 대선 때의 '돼지발정제', 'TV토론의 오만한 태도'가 비호감도를 높였다.

올해 5월 초 국민의힘 내부에서 그의 복당을 둘러싸고 반대의 목소리가 나오자 그는 페이스북에 이런 글을 남겼다. "나라가 혼란에 빠졌다. 노마지지老馬之智(늙은 말의 지혜)의 역량이 필요한 때다." 자신과 같은 노장의 지혜가 필요하다고 피력한 것이다. 결국 그는 원하던 복당에 성공했다. 집권을 위한 그의 역할은 분명 존재한다. 그의 입을 억지로 틀어막으면 오히려 분란만 커진다. 윤석열을 제외하고 홍준표 만큼 대선 지지율이 나오는 야권 후보도 없는 게 현실이다. 여권 후보들을 매섭게 공격하는 데도 홍준표의 입이 필요하다.

홍준표는 김종인과 사이가 매우 껄끄럽다. 그의 복당을 한사코 막아온 김종인이 대선판을 좌지우지하는 행태를 강하게 견제할 것이다. 하지만 그의 칼끝은 김종인이 아니다. 바로 윤석열이다. 윤석열을 잡아야 홍준표의 시대가 열린다. 그도 '모래시계 검사'로 한때 명성을 날렸다. 검사들의 속성을 잘 안다. 대선배로서 윤석열의 약점을 훤히 꿰뚫고 있지 않을까? 때론 강하게 몰아치고 때론 어르면서 윤석열과의 싸움판을 키워갈 것이다. 자신과 라이벌구도가 형성되면 그걸로 상황이 종료됐다고 볼 것이다. 홍준표는 냉철하고 집요하다. 빈틈을 주지 않는다. 한번 물면 놓지 않는 스타일이다. 흥미진진한 싸움이 펼쳐질 것이다.

만약 윤석열 없이 유승민, 원희룡, 안철수, 최재형 등과 국민의힘 대선 경선을 한다면 홍준표의 승리 가능성이 적지 않다. 지지율도 밀리지 않고, 지지층의 응집력도 강하다. 캠페인에도 능숙하다. 유승민, 원희룡, 안철수는 합리적인 이미지가 강점이지만 상대적으로 유약한 느낌이 든다. 강한 아버지상을 선호하는 보수 진영의 유권자들이 좋아할 스타일은 아니다. 또한 '윤석열 대체재'로 불리는 최재형은 윤석열처럼 정치 초년생이고 사정기관의 수장인데 중도 사퇴했다는 약점이 있다. 홍준표가 상대하기 쉬운 유형이다. 홍준표와 캐릭터가 유사한 윤석열이 흔들리면 홍준표에게 기회가 올 수 있다. 그런 면에서 홍준표는 나머지 후보들과 대비된다. 강점을 누릴 수 있다.

20대 대통령이 되려면 홍준표는 무엇을 해야 할까? 첫째는 20대와 30대 남성층이 좋아하는 의제를 이슈화해야 한다. 둘째는 초·재선 의원 가운데 지지의원 10명 이상을 확보해 중진 꼰대 이미지를 극복해야 한다. 셋째는 돌봄 영역에서 파격적인 정책을 내놓고 젊은 주부들의 반발 강도를 낮춰야 한다. 길은 멀리 있지 않다.

유승민
#합리적 #경제 #소신 #샤이 #소인배 #배신자

유승민은 '경제는 진보, 안보는 보수'를 평소 소신으로 갖고 있다. 위스콘신대학교 경제학박사 출신으로, 경제를 잘 알고 똑똑하며 소신이 있다는 평가를 받았다. 박근혜 정부 원내대표 시절 국회 본회의장에서 한 그의 연설은 백미였다. "증세 없는 복지는 허구임이 입증되고 있다. 반성한다"거나 '중中부담·중中복지' 목표를 제시하고 재벌의 개혁 동참을 호소하는 등 '여당판 제3의 길'을 제안했다. 이 연설로 그는 대중에게 합리적 보수주의자로 칭송받았지만 박근혜 대통령과는 매우 껄끄러운 사이가 됐다. 그 후 친박 세력에게 탄압을 받았다. 결국 20대 총선에서 공천 파동을 겪으며 새누리당을 탈당했지만 대구 동구을에서 무소속으로 출마해 당선됐다. '진박' 논란을 벌이며 공천 과정에서 오만했던 새누리당은 1당의 지위를 더불어민주당에 내주었는데, 당시 여당 붕괴의 도화선이 된 것이 바로 유승민이었다.

탄핵 후 바른정당을 만들어 19대 대선 후보로 나섰다가 6.8%의 표를 얻었다. 이후 그의 위상이 추락했다. 안철수와도 호흡이 맞지 않고 겉돌았다. 리더다운 모습을 보여주지도 못했다. 그가 주축이었던 바른정당과 바른미래당은 대중에게 울림을 주지 못했고, 소수정당의 한계를 뛰어넘지 못한 채 막을 내렸다. 연이은 제3지대의 실패로 그의 차세대 리더 이미지는 약화됐다. 대구 출신이면서도 '박근혜 배신자'라는 주홍글씨가 따라다녀 고향에서의 지지도도 높지 않다. 점잖고 수줍음이 많은 그의 스타일은 영남보다는 수도권에서 더 먹힌다. 그런 이유로 2018년 서울시장 선거에 출마하라는 권유가 있었지만 그는 사양했다.

문재인 정권 출범 이후 그는 현 정권을 매섭게 비판했다. 원색적인 표현도 과거에 비해 크게 늘어났다. 정부의 일자리정책에 대해 "국민세금으로 공무원을 늘리고 공공부문 일자리 81만 개를 늘리는 문재인식 해법은 혁신을 가로막고 나라를 망치는 길이다"라고 강도 높게 비판했다. 일자리 해법으로 '디지털혁신인재 100만 양병'을 주장하고 나섰다. 이재명과 정세균이 주장하는

'기본소득'이나 '신생아 1억 적립' 정책에 대해서도 날을 세우고 있다.

유승민의 힘은 합리성에 있다. 급진적인 정책이나 과격한 주장은 그의 이미지에 도움이 되지 않는다. 합리성을 벗어나는 순간 그의 존재 가치는 떨어진다. 당내에서도 그를 리더로 인정하고 마음으로 따르는 이가 많지 않다. 친화력이 떨어지고 통 큰 이미지가 적다. 두루두루 아우를 수 있는 포용력, 이견이나 차이를 조율하고 하나로 모아나가는 설득의 리더십을 보완해야만 유승민의 콘텐츠가 빛을 발할 수 있다. 이준석의 등장으로 유승민의 주가도 올라가고 지지율도 상승세다. 이준석은 유승민 계파다. 만약 이준석의 인기가 지속된다면 유승민의 지지세가 크게 꿈틀거릴 수 있다.

20대 대통령이 되려면 유승민은 무엇을 해야 할까? 첫째는 '합리적 보수'의 대표인물로 포지셔닝을 해야 한다. 좌우 극단적인 주장과 맞서 싸워야 한다. 둘째는 정책과 국가비전이 부각될 수 있는 경선방식을 관철시켜야 한다. 셋째는 자신의 고향인 대구에서 인정받는 지도자가 되어야 한다. 그래야 바람이 분다.

최재형
#원칙주의자 #입양 #감사원장 #뜬금포 #정치초년생 #대체재

문재인 정부의 감사원장 출신이다. 경남 창원 출신으로 서울대

법학과를 나와 30년 넘게 판사를 지냈다. 강단있는 원칙주의자로 알려져 있다. 최근 보수 진영에서 윤석열 낙마를 대비해 이른바 〈플랜B〉로 '최재형 띄우기'에 나서고 있다. 그는 인생 스토리가 남다르다. 소아마비를 앓은 친구를 업어 등교시키고 아들 둘을 입양해서 키웠다. 아버지는 한국전쟁 해전에 참전했다. 훌륭한 인품과 훈훈한 인생 스토리를 갖췄다는 평가가 많다. '월성원전1호기 감사' 과정에서 여권과 척을 지면서 윤석열과 함께 보수 진영의 추앙을 받았다. 최재형은 윤석열처럼 정치 초년생이다. 정치적 리더십은 물론이고 정책 능력도 검증된 바 없다.

그는 7월 중순 전격적으로 국민의힘에 입당했다. 타이밍을 잘 잡았다. 정치적 진로에 있어 모호한 스탠스를 보이고 있는 윤석열의 행보와 대조되면서 대중의 눈을 사로잡았다. 윤석열의 지지율이 하락 국면이었기에 언론의 조명과 국민의힘의 반응은 뜨거웠다. 정무적인 자문 그룹도 잘 갖춘 듯하다. 하지만 김종인의 말처럼, 최재형도 밖에 있을 때는 야당의 뜨거운 구애가 있었지만, 막상 당에 들어가면 여러 대선 주자 중 하나일 뿐이다. 특별한 예우가 있을 수 없다.

얼마 지나지 않아 홍준표 등의 공격이 이어질 것이다. 국정을 담당할 능력이 있는지, '대통령 감인지'에 대한 혹독한 검증을 이겨내야 한다. 과연 준비돼 있을까? TV토론회에서 버틸 수 있을까? 윤석열이 조기 낙마하더라도 같은 정치 초년생인 최재형에게 기회가 돌아갈 것 같지는 않다. 정치 경험이 있는 인사에게 더

눈길이 갈 것이다. 대선판의 주역은 몇몇 언론과 명망가들이 군불을 땐다고 되는 게 아니다.

안철수
#미래 #혁신가 #좌고우면 #간철수 #페이스메이커 #선거꾼

정치학자들은 이구동성으로 안철수가 연구대상이라고 말한다. 안철수가 홀연히 정치에 뛰어든 지 10년이 됐다. 의사 출신인 그는 컴퓨터 바이러스 백신 개발 프로그래머이자 벤처기업 CEO, 대학 교수 등 다방면에서 출중한 능력을 뽐내며 세상에 이름을 알렸다. 사회적으로 성공한 그가 새정치의 깃발을 들고 2011년 혜성처럼 등장했다. 당시 서울시장 후보 자리를 박원순에게 전격적으로 양보하면서 '안철수다움'이 회자됐고 깊은 울림을 줬다. '안철수 신드롬'이 불었지만 그뿐이었다. 그의 정치인생은 다사다난했다. 2012년 대선 도전, 2016년 국민의당 창당, 2017년 대선 도전, 2018년 서울시장 도전, 2021년 서울시장 보궐선거 도전. 그는 어느새 실패의 아이콘이 됐다. 새정치는 희화화됐고, 제3지대의 무력감만 확인해줬다.

　잇단 아픔을 겪으면서도 그는 좌절하지 않고 끊임없이 도전하고 있다. 끝인 줄 알았는데, 또다시 일어서고 전진한다. 순진한 인상과는 다르게 끈질긴 구석이 있다. 차기 대선에 출마하지 않겠다고 이미 서울시장 보궐선거에서 약속도 했다. 그러나 이를

곧이곧대로 받아들일 대중은 없다. 정치에 입문한 이래로 모든 선거에 나섰던 그이기에 결국 대권 장도에 나설 것이다. 이에 대해 그는 '지금 머릿속에 대선출마는 없다'고 하면서도 정권 교체를 위한 야권 대통합에서 '페이스메이커'든 '문지기'든 역할을 할 생각이라고 밝혔다.

정치권에서는 '5%의 법칙'이 있다. 지지율이 5%가 되면 대권 도전이 가능하고, 정치판을 언제든지 흔들 수 있다는 것이다. 가히 틀린 말이 아니다. 안철수는 최근 지지율 하락을 겪고 있지만 5% 내외의 확고한 지지층을 가지고 있는 몇 안 되는 정치인이다. 그는 중도를 표방하고 제3지대에 둥지를 틀었다. 시간이 흐르고 선거에 연전연패하면서 그의 정치세력은 점점 쪼그라들었지만 중간지대에 포지셔닝을 하다 보니 정계 개편 때나 선거 때마다 늘 주목받는 대상이 됐다.

기성정치에 환멸을 느끼는 이들에게 그는 등대와 같은 존재다. 변화와 혁신, 미래 이미지가 있다. 그래서 4차 산업혁명 등 미래 산업에 관심이 많은 사람들이 안철수를 따른다. 20대에서는 여전히 인기가 높다. 4.7 서울시장보궐선거에서 후보단일화를 일궈내 '신뢰의 정치인'이라는 자산도 얻었다. 그가 대선 고지를 밟으려면 국민의힘 안으로 들어가는 수밖에 없다. 잇단 실패와 4.7 재보궐선거 때 오세훈과의 단일화, 국민의힘과의 합당 추진으로 제3지대의 상징성이 약화됐고, 정체성이 훼손됐기 때문이다. 더 늦기 전에 호랑이굴 속에 들어가 호랑이를 잡는 수밖에 없다. 과거 김영삼의 길을 걸어가야 한다. 설령 윤석열이 국민의힘에 입당하더라도 안철수도 국민의힘에 들어가 그 안에서 싸우는 것이 낫다. 흥행 판이 벌어진 곳에서 승부를 봐야 한다. 지금처럼 제3지대에 있다가는 대선을 움켜쥘 기회가 더 멀어질 수 있다. 다만 콘텐츠를 보강하고 식상해진 자신의 이미지를 바꿨을 때 가능성이 열릴 것이다.

20대 대통령이 되려면 안철수는 무엇을 해야 할까? 첫째는 국민의힘과의 통합 과정에서 밀리면 안 된다. 실리를 챙겨야 한다. 둘째는 보수의 혁신을 강력하게 주장해야 한다. 보수의 혁신가로 자처해야 한다. 셋째는 나 홀로 집권은 불가하다. 지지의원 10명 이상은 확보해야 한다.

오세훈
#달변 #임기응변 #엘리트 #기사회생 #무상급식 #100m미남

오세훈은 윤석열 조기 낙마에 대비한 카드다. 만약 윤석열이 검증 국면에서 낙마하면 야권 입장에서는 본선 경쟁력이 가장 높은 인물을 차출해야 한다. 홍준표, 유승민, 안철수, 원희룡보다는 오세훈 카드가 더 낫다고 보는 시각이 있다. 다만 서울시장 오세훈이 대선에 등판하려면 경선 레이스 전에 윤석열의 지지율이 크게 흔들려야 하고, 본인의 대선 지지율이 10%가량 나와야 비로소 가능하다. 윤석열이 건재하면 대선에 뛰어들 명분이 없기 때문이다. 그의 대선 도전은 대중에게 과욕으로 비칠 수 있다. 자칫하면 '욕심꾸러기' 프레임에 빠질 수 있어 고심이 깊어질 수밖에 없다. 서울시장에 당선된 지 얼마 지나지 않아 당의 호출이 있을 때에만 대선에 나설 수 있다. 겉으로야 대선출마를 부인하지만 속으로는 대선을 호시탐탐 노리고 있다고 봐야 한다.

오세훈에 대해 서울시민의 평가만 좋다면 오세훈 대선 카드는 충분히 검토할 만하다는 것이 당내 분위기다. 서울시장 임기는 2022년 6월이지만 대선이 3월에 예정되어 있으므로 국민의힘은 2021년 11월에 대선 후보를 결정해야 한다. 이러한 상황을 의식해서인지 오세훈은 서울시장에 당선된 후 의욕적으로 업무를 수행하고 있다. 대규모 재건축·재개발 단지 가격이 급등하는 등 부동산정책이 들썩거리자 토지거래 허가구역으로 지정했다.

유치원 무상급식도 빠르게 추진하겠다고 밝히며 자신의 아킬레스건을 보완하는 일에도 박차를 가하고 있다. 하지만 그렇게 잘나가는 듯하다, 최근 뜻밖의 암초를 만났다. 코로나19 4차 대유행의 진원지가 서울로 밝혀지면서 방역 고삐를 느슨하게 한 오세훈의 책임론이 거론되고 있기 때문이다. 대선에 뛰어들 명분을 찾기 어려운 상황이 펼쳐진 것이다. 오세훈은 달변이고 영리하다. 판단력도 좋다. 하지만 가슴으로 정치한다는 느낌이 잘 들지 않는 유형이다. 말이 앞서다 보니 진정성이 잘 전달되지 않는다는 약점도 있다. 전형적인 100m 미남 스타일이다. 만약 오세훈이 야권 단일후보로 본선 무대에 나가고 더불어민주당에서 이재명이 나선다면 대선은 서울시와 경기도 두 지방정부를 책임진 인물들의 대결구도가 된다. 누가 지방정부를 더 잘 이끌었는지도 평가 요소 가운데 하나가 될 것이다.

원희룡
#소신 #수재 #당돌함 #무모한 도전 #아옛날이여 #남원정

원희룡은 사법시험에 수석 합격해 검사로 활동한 바 있다. 한나라당 소신파의 상징인 '남원정'의 한 사람인 그는 똑똑하고 바른말 잘하는 개혁적인 인물이다. 30대에 일찍이 국회에 입성한 후 승승장구하며 내리 3선 반열에 올랐다. 43세 나이에 '40대 기수론'을 내걸고 2007년 대선 경선에서 이명박, 박근혜와 맞섰다. 당돌한 도전이었다. 이후 2011년 서울시장 후보 경선 탈락과 당대표 출마 낙선, 2012년 총선 불출마 등으로 시련을 겪었지만 고향인 제주에 내려가 제주특별자치도지사 재선에 성공했다.

그의 대권 도전은 2007년 대선에 이어 두 번째다. 그는 일찌감치 2022년 지방선거 불출마를 선언하며 배수진을 쳤다. 다만 원희룡의 대권 도전에 대해 제주도민의 전폭적인 지지가 뒤따라야 하는데 그 정도의 열기는 느껴지지 않는다. 그의 제주도정에 대한 평가도 찬반이 엇갈리는 상황이다. 이 부분이 대권 도전에 큰 부담으로 작용할 수 있다.

그는 당내 인사의 탄핵 부정과 사면 발언을 접하고 위기감을 느꼈다고 한다. 그는 당을 살리려면 혁신적인 마인드가 필요하다고 강변한다. 자신의 강점으로 통합 정서, 인간성, 마인드를 꼽는다. 차기 리더십은 통합의 리더십이 되어야 한다며 이번 대선은 변동성이 매우 높은 선거가 될 것이라고 예측했다. 자신이 설 자리가 있다는 것이다. 중앙정치와 지방정부를 모두 경험한 그가 어떤 미래의제를 내놓을지 궁금하다.

하태경
#순발력 #이슈메이커 #추진력 #이대남 #좌충우돌 #변절자

3선 의원으로 유승민, 이준석 등과 함께 정치를 했다. 거침없는 입담의 소유자다. 논쟁적 사안에 대한 싸움을 즐기며 이슈 포착 능력이 뛰어나다. 과거 학생운동 전력이 있다. 그는 보수정당의 주류와는 다른 목소리를 줄곧 내왔다. 20대 남성들의 불만을 대변해오면서 존재감을 키웠다. 공약으로 세종시 수도 이전을 들고 나왔다. 돌파력이 좋고 논리적이나 좌충우돌하는 경우도 적지 않아 안정감이 떨어지고 가볍다는 지적을 받는다. 청년층을 비롯해 개혁보수층의 지지를 바탕으로 세몰이에 나선다는 복안이다. 이슈몰이에 성공하면 이준석 현상의 수혜자가 될 수도 있다. 하지만 하태경은 보수의 주류 정서와는 동떨어져 있어 그들의 지지를 획득하는 것이 당면한 과제다.

20

제20대
대통령

—————— 수가재주 역가복주 水可載舟亦可覆舟. 물은 배를 띄울 수도 있지만 배를 뒤집을 수도 있다. 임기 1년인 서울·부산시장 보궐선거 이후 정치권 상황은 급변했다. 2021년 4월이 1년 뒤 다가올 20대 대통령 선거의 풍향을 읽는 데 분수령이 된 것은 분명하다. 그만큼 4.7 재보궐선거가 낳은 파장은 매우 크다. 잘나가던 여권이 휘청거리고 있다. 최근 연전연승 속에 선거 패배를 맛보지 못해서 충격이 컸던 탓인가? 큰 격차 탓에 당혹감이 배가된 것인가? 지금의 여론 지형상 정권에 대한 심판 여론이 상당 기간 지속될 수밖에 없게 됐다. 언론 환경이 야당에 절대적으로 유리한 상황에서 대중의 시선도 자연스럽게 여권에서 야권으로 쏠리

고 있다.

　문재인 정부 출범 이후 여권이 처음 맞이하는 위기의 순간이다. 태도와 정책, 사람에 이르기까지 과감하게 쇄신할 수 있느냐, 혁신을 통해 시민의 삶을 개선하고 희망을 불어넣어 줄 수 있느냐가 위기 극복의 판단기준이 될 것이다. 돌이켜보면 문재인 정부 출범 후 집권 4년 차까지 대통령 지지도(대통령의 직무수행 평가)가 역대 대통령에 비해 높았던 비결은 전국동시지방선거와 총선 등 두 번의 선거에서 야당에 연거푸 압승한 것이 결정적이었다. 대중은 정부의 발목을 잡고 자신의 과오를 반성하지 않는 야당에 회초리를 들었던 것이다. 선거 승리가 국정 안정을 이끈 주된 동력이었다.

　20대 총선, 19대 대선, 7회 전국동시지방선거, 21대 총선 등 네 번의 선거를 거치며 진보의 우위는 분명해졌다. 기울어진 운동장이라고 평가받을 정도였다. 지난 수년은 가히 더불어민주당의 전성시대였다. 잇단 선거 승리로 정치지형이 보수 우위에서 진보 우위로 급격하게 변모했다. 연전연승을 거두며 그들의 호언대로 더불어민주당의 20년 장기집권도 점쳐졌다.

　그런데 대선을 앞둔 4.7 재보궐선거에서 더불어민주당이 참패하며 여권은 충격에 휩싸였고, 20대 대선은 '시계제로'의 상태에 빠져들었다. 무능과 위선, 오만에 대한 냉엄한 심판이었다. 여권 지지층 일부가 와해됐고, 중도층이 이탈해 야권의 주장에 힘을 보태면서 격차가 크게 벌어졌다. 중도층의 이탈은 이미 예고된 것이었다.

대중은 여권에 마음을 닫은 채 표로써 응징했다. 여기에 '이준석 현상'까지 불어 닥쳤다. 그러나 이준석 호가 순항할 지는 두고 봐야 한다. 당대표라는 중책이 주는 무게가 가볍지 않고 스타일 정치를 넘어 정치 본질에 대해 이준석이 얼마나 준비되어 있는지도 예단하기 어렵다. 공정한 경선관리, 국민의당 통합 문제, 윤석열 입당 문제 및 비리의혹 대응, 정책현안에 대한 입장 정리 등 난관이 도사리고 있다. 이준석 자신이 주창한 경쟁주의와 할당제 반대에 대한 논란을 잠재울 내공이 있는지도 두고 볼 일이다. 젠더갈등에 대한 분열적 사고 역시 갈등을 야기할 소지가 있다. 암초가 많다. 어쨌든 30대 리더의 어깨에 보수정당의 미래가 걸려 있는 것만큼은 분명하다.

이준석의 등장으로 이번 대선 과정에서는 진영 간의 이념대결 보다는 정책대결 양상이 강화될 것 같다. 여야 모두 중원을 의식한 실용적인 정책 접근이 늘어날 듯하다. 여권으로서는 문재인 대통령이 굳건히 버티고 있는 점이 가장 든든한 요소다. 역대 최고의 지지율을 보이는 데다 집단면역, 경제호조 등이 예상되어 정국 주도권을 끝까지 유지할 것으로 보인다. 이 때문에 대선을 앞두고 야권이 매섭게 정권을 비판하겠지만 정권심판론의 강도는 그리 높지 않을 것으로 보인다. 정권심판 정서는 4.7 재보궐 선거에서 이미 표출되어 견제심리는 다소 누그러진 상황이다. 따라서 20대 대선은 세력선호도가 엇비슷한 가운데, 인물선호도에서 결판날 가능성이 높다고 전망할 수 있다.

여권은 유능한 민생대책 보이고, 야권은 인물경쟁력 키워야

이제 대중의 모든 시선이 20대 대선으로 모이고 있다. 과연 지금의 여론 지형이 2022년 3월 9일까지 이어질까? 이번 보궐선거처럼 야권의 일방적 우위는 없을 것이라고 단언한다. 여야 간 팽팽한 접전이 될 것이다. 왜 그럴까?

첫째, 대선까지 시간이 많이 남았다. 여권이 재정비를 통해 반전을 꾀할 물리적 시간이 충분하다. 둘째, 야권의 정치지형이 복잡하고 윤석열의 대선 가도가 순탄하지만은 않을 거라는 판단이다. 셋째, 대선은 회고적 투표보다는 전망적 투표 성격이 짙다. 대선 후보의 인물경쟁력과 비전 제시가 중요하다. 이런 점을 고려할 때, 대권 레이스는 이번 보궐선거 분위기와는 사뭇 다른 상황에서 펼쳐질 것이다.

보궐선거의 참패가 대선 가도에서 더불어민주당에 오히려 약이 될 수 있다. 충격이 큰 만큼 여권이 대대적인 쇄신에 나설 환경이 만들어졌기 때문이다. 만약 한 자릿수나 근소한 차이로 졌다면 어땠을까? 책임 전가에 내부 갈등만 커졌을 것이다. 상처가 곪아 살이 썩고 있는데도 모른 채 지나쳤거나 시늉만 낸 채 '도돌이표 더불어민주당'이 될 가능성이 높지 않았을까? 그런 면에서는 석패보다 완패가 더 낫다. 위기의식이 높아져야만 전화위복이 될 수 있다. 뼈를 깎는 혁신의 결의 없이는 민심 이탈의 근본 이유를 마주할 용기나 각오가 생기지 않을 테니까. 원인 진단이 정확해야 처방을 기대할 수 있다.

민심을 있는 날 것 그대로 경청해야 한다. 현장 속에서 답을 찾아내야 한다. 부동산 해법도 마찬가지다. 부동산정책의 부작용을 해소시킬 기회를 맞이하게 된 것이다. 내로남불 형태도 호된 질책을 받았기에 더 이상 발붙이기 어려울 것이다. 만약 여권이 패배를 반면교사 삼아 국정쇄신에 나서고 민심을 다시 얻는다면 대선을 앞두고 예방주사를 제때 맞은 것이다. 보궐선거가 효자 노릇을 톡톡히 한 셈이다. 대선까지 재정비할 시간은 충분하다. 의석수가 압도적인 만큼 국회 내에서 민생정책, 개혁법안 처리를 주도하며 정국을 리드할 수 있다. 백신 확보도 숨통이 트였다. 문재인 정부에서 더불어민주당은 중앙정부, 지방정부, 의회권력까지 장악한 막강한 세력이다. 더 나은 세상을 만들 수 있는, 변화를 주도할 힘을 가지고 있다.

코로나19 상황에서 대한민국은 위기와 기회를 모두 맞이하고 있다. 대외적인 위상은 크게 향상되고, 선진국 반열에 성큼 다가섰다. 하지만 코로나19 팬데믹의 장기화로 대중은 지쳐 있고 삶의 고단함과 불안한 미래에 근심과 걱정이 가득하다. 그런 면에서는 위기다. 대중은 힘을 가진 만큼 더불어민주당이 해결해달라고 요구하는 것이다. 이 물음에 응답해야 한다. 여당이 주어진 권한을 제대로 사용한다면 민심도 그에 부응할 것이다.

여당이 모처럼 웃고 있다. 흥행을 걱정했던 당내 대선 경선에 청신호가 들어왔기 때문이다. 예비 경선부터 박진감이 살아나면서 대중의 이목을 집중시켰다. 선거인단 참여 열기도 뜨겁다. 당 지지율도 오르고, 당의 활기가 살아나고 있다. 다만 상호 경쟁이 치열해진 만큼 경선 후유증에 대한 우려 역시 커지고 있다.

여권 못지않게 야권도 풀어내야 할 과제가 산적해 있다. 윤석열은 정치 경험이 없는 정치 초년생이다. 대중적 인기와 지지는 높지만 도덕성 및 대선 후보로서의 자질 검증이라는 넘어야 할 과제 또한 만만치 않다. 야권 내에서는 윤석열을 제외하고 대선 지지도가 높은 인물이 없다. 국민의힘 소속 인물들은 예외 없이 힘을 쓰지 못하고 있으며, 인물 경쟁력에서 여당보다 열세다. 정권 교체 여론이 높지만 '국민의힘 비호감도' 역시 높다. 야권 내 정치지형도 복잡하다. 윤석열, 홍준표, 안철수, 김종인, 김동연 이들 모두를 한 그릇에 담기가 쉽지 않은 상황이다. 홍준표는 대선시계가 흘러갈수록 '윤석열 때리기'의 강도를 점차 높여갈 것이다.

대선에서 살아남으려면 어쩔 수 없다. 전쟁터에서 이기려면 남을 밟지 않고서는 불가능하다. 홍준표의 파상적인 공세를 막아낼 배짱과 저력이 윤석열에게 있을지 의문이다. 박근혜 측의 구원 등 윤석열이 국민의힘에 참여하는 데 장애물이 있지만 뛰어넘을 수 있는 정도다. 윤석열을 제외하고 정권을 되찾아올 적임자가 현재로써는 없으므로 신주류가 노골적으로 배척하지는 않을 것이다. 하지만 윤석열 입장에서는 태극기부대, 친박 세력도 신경 쓰이지만 국민의힘에 곧장 들어가면 '정치검사'라는 딱지가 붙을까 봐 염려될 것이다. 정치적 의도로 편향된 수사를 했다는 의심이 확산될 것이고, 이런 족쇄를 안고 대선을 뛰어야 한다는 점이 걸릴 것이다.

하지만 상황이 급변했다. 이준석의 등장으로 야당에 대한 국민적 기대가 커져 국민의힘과 척을 지고 홀로서기가 쉽지 않아졌다. 김종인의 러브콜에 윤석열이 응하지 않고 시일이 흐르면서 신당 추진의 동력 또한 약화됐다. 지지율도 하락세다. 윤석열은 현재 공수처의 수사 대상이다. 향후 검증국면에서 당의 보호막이 필요하다고 여길 듯하다. 제3지대에서 정치세력화한 후 보궐선거 방식의 '단일화 이벤트'를 재현하여 야권단일후보가 되는 길을 갈 가능성이 이전보다 크게 줄어 8월께 국민의힘에 입당할 것으로 보인다. 그에게는 불가피한 선택이다.

윤석열이 검증 국면에서 흔들린다면 기회는 홍준표, 최재형, 안철수, 유승민, 오세훈 등에게 돌아간다. 현재 국민의힘 내부에는 자강파인 신주류와 윤석열, 최재형의 영입을 주장했던 구주류 주축의 영입파 그리고 독자 행보를 고수하는 홍준표 세력이 존재한다. 경선 룰과 관련해 세력 간의 대립과 반목이 치열해질 것이다.

야권은 긴장을 늦춰서는 안 된다. 이번 4.7 재보궐선거에 야권이 잘해서 이긴 것이 아닌 만큼 정권심판 하나만 믿고 가다가는 전쟁에서 지는 낭패에 처할 수 있다. 국민의힘 정치적 특성상 탄핵, 사면을 놓고 내부에서 언제든 갈등이 터져 나오며 표류할 수도 있다. 과거로 회귀하는 것 아니냐는 우려가 있다는 점을 늘 명심해야 한다. 야권이 안심할 수 없는 이유다.

총선이나 보궐선거 등은 회고적 투표 성격이 강한 반면에 대선은 전망적 투표가 주를 이룬다. 현 정권에 대한 심판, 응징 성격이 회고적 투표이고 전망적 투표는 미래비전 등 차기 정권에 대한 기대를 중시하는 투표 행태다. 향후 대한민국의 5년을 이끌 리더를 뽑는 선거이기 때문이다. 현직 대통령에 대한 국정수행평가(지지율)가 20%대로 내려가지 않는 한 회고적 투표보다는 전망적 투표 성격이 강하다. 만약 대선 무렵에 문재인 대통령의 국정 긍정평가가 40% 초반 대를 기록하고 정치적 지지도가 40% 후반대에서 형성된다면 여권 후보의 당선 가능성이 더 높다고 봐야 한다.

여야 모두 상황의 흐름을 꿰뚫어 볼 줄 알아야 하고 사전에 대비해야 한다. 기회는 시대정신에 답을 내놓는 세력에게 주어진다. 정당이나 대선 후보, 언론들은 여론의 표층表層이 아닌 심층深層을 읽을 줄 알아야 한다. 보궐선거 패배에 낙담하고 네 탓 공방만 벌인 채 시간을 허비한다면 여당은 기회를 영영 잡지 못할 것이다. 보궐선거 승리에 도취해 자만에 빠져 정부 때리기에만 열중한다면 대중은 야당도 외면할 것이다. 정치는 생물이다. 누가 지혜롭게, 간절하게 움직이느냐의 싸움이다. 지금의 문제,

미래의 문제를 해결하는 데 온 힘을 모으고 낮은 자세로 경청하는 세력이 결국 2022년 3월 9일에 웃을 것이다.

양강구도 속에서 야권의 재구성 가능성

대권 레이스에서 벌어질 일은 변화무쌍하고 가변성이 많기에 어느 누구도 20대 대선의 향배를 쉽사리 예측할 수는 없다. 여야 모두 미래를 대비하기 위해서는 철저한 복기가 먼저다. 이번 4.7 재보궐선거를 통해 민심의 기저가 무엇인지를 냉철히 짚어봐야 한다. 민심의 도도한 흐름을 읽어내는 세력이 대선에 한발 앞서 갈 수밖에 없다.

이번 4.7 재보궐선거는 선거 원인제공자인 여권이 '선거 책임론'에서 자유로울 수 없었다. 시종일관 끌려다닐 수밖에 없었다. 단임 대통령제 임기 후반의 보궐선거에서 여권이 이기기는 매우 어렵다. 야권이 절대적으로 유리한 조건에서 맞이한 선거였다. 예측할 수 없는 재앙은 없다는 '하인리히 법칙'처럼 여권에 불리한 전조가 오래전부터 쌓이고 있었다. 한마디로 집권세력의 예고된 패배였다.

2020년 하반기부터 중도층과 무당파의 국민의힘 동조화 현상이 뚜렷해졌다. 주요 정치현안에 대해 중도층의 다수가 야당의 주장에 힘을 실어준 지 오래다. 2020년 연말에 불거진 윤석열 검찰총장 직무배제 및 징계 건에 대해 사법부가 윤석열의 손을 들어준 이후부터 안정론보다는 견제론 쪽이 여론의 우위를 점하기 시작했다. 2021년 새해 벽두에 터져 나온 이낙연의 '사면론'은 정권의 비판 정서를 더 심화했다. 4월 재보궐선거가 있기 두 달 전부터 안정적 국정을 위해 여당 후보가 당선되는 게 좋다는 '국정안정론'보다 정부여당을 심판하기 위해 야당 후보가 당선되는 게 좋다는 '국정심판론'이 크게 앞섰다. 이미 민심의 기저는 야권 쪽으로 기울어져 있었다. 일부 조사에서는 대통령의 국정수행 평가 역시 2021년 초반부터 30%대를 밑돌았다. 이런 상황에서도 박영선이 새로움을 장착해 2월 말까지는 야권 후보들과 대등한 싸움을 전개했다. 후보 개인기로 근근이 버틴 결과다.

하지만 3월로 접어들자마자 시계추가 야권 쪽으로 급격히 쏠렸다. 3월 2일 LH사태의 등장, 4일 윤석열의 총장직 사퇴, 중도 소구력이 있는 오세훈의 국민의힘 경선 역전승, 당청 인사들의 임대료 논란, 백신 접종 지연 및 확보 난항 우려와 확진자 증가, K-방역 논란 확산, 오세훈-안철수 단일화 성사 등이 이슈가 됐다. 그 시점에 이미 승부는 결정됐다. 오세훈, 박형준 후보에 대한 거짓말, 도덕성에 대한 각종 의혹이 제기됐으나 보궐선거 판세에 영향을 주지는 못했다.

4.7 재보궐선거 결과와 이준석의 등장으로 네 가지 특징이 나타났다. 첫째, 정권 교체 욕구가 커졌다는 점이다. 모처럼 보수의 봄이 왔다. 보수매체와 야당의 목소리에 잔뜩 힘이 들어가 있다. 둘째, 윤석열-이재명 양강구도가 더 굳어졌다는 점이다. 이 흐

름은 상당 기간 지속될 것이다. 셋째, 정부여당의 국정기조 변화다. 비판받은 정책과 내로남불, 인사 방식에 대한 쇄신이 뒤따를 수밖에 없다. 질서 있는 재정비와 혁신을 이뤄낼 수 있을지가 핵심이다. 김부겸 총리, 이철희 정무수석, 김한규 정무비서관, 25세 박성민 청년비서관 기용은 대통령의 인사 방식이 달라졌다는 신호탄이다. 오세훈-박형준 시장과 오찬을 한 것도 눈에 띄는 변화다. 타이밍이 좋았고 여론도 긍정적이다. 넷째, 야권 세력의 재편이 본격화되고 있다는 점이다. 국민의힘과 국민의당의 통합문제, 윤석열 입당 및 제3지대 가능성 등 이슈가 쌓이고 야권 내부가 복잡하다. 이제 20대 대선을 향한 긴 레이스가 펼쳐진다. 숱한 고비를 넘기고 누가 과연 살아남을까? 결국 혁신에서 앞서는 세력이 대선을 거머쥘 것이다. 여야 모두 풀어야 할 과제가 많다.

여권 – 운동장 넓게 쓰고 마스크 벗게 해줘야 한다

더불어민주당이 재집권에 성공하려면 무엇을 준비하고 대비해야 할까? 첫째, 운동장을 넓게 써야 하고 공정 이미지를 복원해야 한다. 개혁적인 인사를 포함해 중도성향의 인사들을 적극 끌어안아야 한다. 청년, 기업인, 전문가, 스토리가 있는 생활인 등 인재영입에 발 벗고 나서야 한다. 당내에 2030 청년을 대변하는 이도 있고 소상공인 대변가, 스타트업 대변가, 어르신 대변가도 응당 있어야 한다. 당직이나 대선 기획단에 외부 전문가를 발탁해 권한을 줘야 한다. 내로남불 형태가 더 이상 발붙이지 못하도록 엄격한 기율을 세우고 온정주의와 싸워야 한다. 문제를 일으킨 자는 지위고하를 막론하고 읍참마속의 심정으로 쳐내야 한다.

둘째, 대선 전까지 마스크를 벗게 해줘야 한다. 국민에게 일상을 돌려줘야 한다. 현 시기 가장 큰 민생과제는 코로나19 탈출이다. 만약 정부가 4차 대유행의 고비를 잘 넘긴다면 안정적인 백신 확보와 순조로운 접종 진행으로 정부의 목표대로 2021년 9월에 1차 접종 70% , 11월이면 집단면역이 달성될 가능성이 높다. 시작은 늦었지만 백신 접종률이 가파르게 오르고 있어 집단면역 기준으로도 세계 상위에 올라설 것으로 보인다. 대선 전까지 마스크를 벗고 일상으로 돌아갈 수 있다면 대통령의 지지율은 크게 반등하고 여당의 대선 승리 가능성도 높아질 전망이다.

셋째, 부동산 시장을 안정화하여 비판 강도를 낮추는 일이다. 집값 하향 안정화를 이뤄내야 한다. 공급 확대 및 청약제도 개선, 대출규제 완화 등을 통해 청년, 신혼부부, 생애 첫 주택구입자 등 무주택자의 어려움을 덜어주되, 중산층의 정서를 감안해 세 부담 속도조절 등도 함께 고려해야 한다. 중산층과 서민 모두가 만족할 수 있는 보완책을 마련해야 한다. 중산층을 적으로 돌리면 집권은 불가능하다. 지혜로운 접근이 필요한 이유다. 유능함을 인정받는 일은 부동산 문제를 푸는 것에서 시작돼야 한다.

넷째, 경선 흥행은 키우되 후유증은 최소화해야 한다. 이재명의 당내 독주가 길어지는 것은 경선 흥행에 도움이 되지 않는다.

국민의 관심이 경선에서 멀어지면 이재명 본인에게도 득보단 실이 많다. 또한 독주하다 보면 야당이나 더불어민주당 경쟁 후보들로부터 집중 포화를 받을 수밖에 없다. 그렇기에 여러 후보가 도전장을 내밀고 선의의 경쟁을 펼치는 과정이 필요하다.

흥행 요소를 키워 경선을 뜨겁게 만들어야 한다. 다만 이재명과 맞서는 인물을 당이 인위적으로 띄워 지지를 끌어올리려 해서는 안 된다. 대선 후보들에게 맡겨두면 된다. 경선 후유증을 최소화하려면 당 후보가 누가 되든 더불어민주당 지지층의 지지를 온전히 흡수할 수 있는 토양이 마련되어야 한다. 새 지도부가 판을 깔고 분위기를 조성해야 한다. 공정하게 경선을 치르게 하고 치열하게 싸우게 하되 적정선을 넘지 않도록 관리하고 대선 후보들이 따르도록 강제해내야 한다. 욕설과 비방은 자제하도록 만들어 후보 지지층 간의 반목과 갈등이 커지지 않도록 노력해야 한다.

야권 – 윤석열, 이준석, 김종인, 안철수가 살아야 한다

국민의힘 등 야권이 정권 교체에 성공하려면 무엇을 준비하고 대비해야 할까? 첫째, 윤석열이 대권 수업을 제대로 받도록 준비시켜야 한다. 정치 경험은 없지만 윤석열의 정무적 감각은 괜찮은 것으로 보인다. 메시지에서 간결함과 힘이 느껴진다. 다만 국가비전 및 국내외 현안을 이해하는 일은 단기간에 해결되지 않는다.

책을 보고 전문가의 이야기를 듣는다고 자신의 것이 되지 않는다. 수많은 실전 경험 속에서 머리로, 몸으로 습득되는 것이다. 여기에는 절대적 시간이 필요하다. 검증을 고려할 경우 정책 준비를 충분히 한 다음 등판하는 것이 유리할 것이다. 이런 주문에 화답하듯 지난 6월 다소 뒤늦게 정치에 입문했지만 추상적인 답변과 국정 비전 없이 '반문재인'만 주장하고 있어 야권의 고민이 깊어지고 있다.

둘째, 대안세력으로 인식되도록 분위기를 조성해 수권정당 이미지를 강화해야 한다. 정부를 견제하되 협조할 사안에 대해서는 조건 없이 협조해야 한다. 백신 확보 문제 등으로 정부를 과도하게 비판한다면 국민에게 또다시 외면받을 수 있다. 태극기부대 등 극우세력의 관리도 중요하다. 국민의힘 등 보수세력이 집권하면 무엇이 달라질 수 있는지 비전을 제시하고 국민을 설득해야한다. 중도층에게 과거로 돌아가는 것이 아닌 미래로 가는 길이라는 확신을 심어주려면 정치현안에 대한 입장을 낼 때 중도층이 어떻게 반응할지 늘 신경 써야 한다.

셋째, 이준석 마케팅에 주력하되 김종인, 홍준표, 안철수를 잘관리하고 적절히 활용해야 한다. 이들 모두 이슈메이커다. 우호적인 언론 환경의 이점을 극대화하려면 이슈가 적절히 생산되어야 한다. 빅마우스 활용이 그래서 중요하다. 이슈 경쟁에서 도태되는 세력은 집권할 수 없다. 야권에서 윤석열을 제외하고 최대의 이슈메이커는 단연 이준석이다. 홍준표의 입도 무시할 수 없다. 하지만 리스크가 커 당의 고민이 깊어질 우려가 있다.

또한 김종인을 무시해서는 안 된다. 대선판을 주도하고 싶어 하는 그를 계속 방치하다가는 제1야당이 고사될 것 같고, 맞대응 하자니 상당한 출혈이 예상되니 국민의힘의 선택이 쉽지 않다. 다행히 김종인과 이준석의 사이가 좋아 김종인의 친정집 때리기 는 최근 줄어들었다. 그래서 이준석은 김종인을 선대위원장으로 모시겠다고 천명했다. 그의 경험이 필요하기도 하고, 그를 외곽 에 두면 분란의 소지가 더 커진다는 것을 익히 알고 있기 때문이 다. 김종인 관리는 대권 레이스 내내 골칫거리가 될 것으로 보인 다. 김종인은 윤석열, 금태섭, 김동연을 앞세워 본인 중심의 신당 을 꿈꿨다. 그러나 김종인의 노욕은 좌초되고 있다. 윤석열이 김 종인과의 선을 그었기 때문에 동력이 생기지 않아서다. 이 때문 에 김종인은 윤석열에 대한 험담을 쏟아낸 것이다. 김종인 관리 는 이제 이준석의 몫이다.

넷째, 윤석열의 낙마를 대비해야 한다. 야권의 최대 고민은 윤 석열 외에 마땅한 인물이 없다는 것이고, 윤석열이 검증 국면에 서 혹시나 탈락하지 않을까 하는 일말의 불안감이다. '내로남불' 프레임에 걸려 '공정·정의' 주도권을 야권이 가져가는 데 장애 가 될 수 있다. 제1야당 입장에서는 윤석열의 영입에 매달리는 것보다 당내 대선 후보를 키우는 자강이 먼저다.

윤석열이 끝내 국민의힘에 들어오지 않는다고 하더라도 홍준 표, 유승민, 원희룡, 안철수, 최재형, 오세훈 모두 경선에 참여하게 만들어 경선판을 키워야 한다. 윤석열을 입당시키려면 국민의 힘 대선 경선 룰을 하루빨리 확정 지어야 한다. 외부 인사에게 불리하지 않을 경선 룰을 채택해야만 윤석열도 움직일 수 있다. 양측의 입당 관련 힘겨루기의 본질은 경선 룰을 둘러싼 신경전으로 보인다.

김종인이 총애하는 김동연도 출마 준비를 하고 있다. 김동연은 경제능력의 강점을 내세워 제3지대에서 자리를 잡을 것이다. 김동연은 야권 쪽에 가까운 인물로 비치고 있지만, 여도 야도 아닌 중립적 스탠스를 유지할 공산이 크다. 만약 김동연이 5% 지지율을 갖고 있다면 아무도 그를 무시하지 못한다. 김동연은 대선 정국에서 존재감을 높인 후 다음 서울시장을 노릴 듯하다. 이 때문에 여·야 경선 과정을 지켜보며, 경선 후유증이 큰 진영의 후보와 단일화를 추진할 가능성도 있다. 그런 면에서 야권보다는 여권의 최종 후보와 단일화 가능성이 더 높을 것으로 보인다. 여권보다는 야권의 정치지형이 복잡하고 내부 균열 가능성이 높다. 이런 불안 요소도 있지만 단일화, 통합 등 캠페인 역동성이 큰 점은 장점이다.

사면론은 여권의 대선 전략상 도움이 될까? 박근혜, 이명박이 사면을 받아 석방된다고 해도 박근혜 입장에서 윤석열과 척을 지지 않으려 할 것이고 오히려 정권 교체에 앞장설 가능성이 높다. 이런 이유로 전직 대통령 사면론은 야권의 분열로 이어지지도 않고 '공정'이라는 정신만 훼손되어 청년층이 이반하는 등 여권에 전혀 도움이 되지 않는다. 사면은 대통령의 고유 권한이지만 사면을 하더라도 서두르지 말고 대선을 마친 직후에 하는 게 현실적이다.

20대 차기 대통령은 누가 될 것인가

최근 차기 리더에 대한 심층 여론을 청취해보면 도덕성보다는 능력을 중시하는 현상이 발견되고 공정하고 정의로운 인물을 선호하는 경향이 감지된다. 지금의 위기를 극복하려면 돌파력과 추진력, 치밀함을 골고루 갖추어야 한다고 주문한다. 그리고 부동산 문제에 대한 식견과 해법을 가진 사람에게 눈길이 쏠린다고 말한다. 스윙층이 많은 2030 청년세대의 마음을 얻을 수 있는 사람인가도 중요한 요인이다. 누가 부동산 문제에 일가견이 있을까? 누가 2030 청년세대의 마음을 얻을 수 있을까?

이준석의 스타일 정치를 앞세워 새로운 변화를 주도하고 있는 국민의힘은 대중의 경제적 욕망을 자극하면서 '새로움과 낡음'의 대결구도로 대선을 끌고 가려 할 것이다. 하지만 '이준석 리스크'가 쌓여가고 신상품 윤석열의 상품성이 떨어지면서 기성정치와 차별화를 무기로 내세우고자 했던 야권의 전략에 차질이 빚어지고 있다. 반면 더불어민주당은 집권 프리미엄을 살려 정책 중심의 '유능과 무능' 대결구도로 맞받아치려고 할 것이다.

7월 민주당 대선 예비 경선이 시작되면서 20대 대선 경쟁의 막이 올랐다. 앞서가던 윤석열, 이재명 모두 공교롭게 대선 레이스 초반에 상대 후보와 언론의 집중 견제를 받으며 고전하고 있다. 이는 선두주자가 감내해야 할 숙명이다. 윤석열의 상황은 이재명에 비해 심각하다. 지지율 하락 흐름이 예사롭지 않다. 가족의 각종 의혹 제기로 본인의 트레이드마크인 공정과 정의가 훼손됐다. '내로남불' 프레임에 걸려들었다. '반문재인'을 주장하며 강경 보수층에 초점을 두다 보니 중도층이 멀어지기 시작했다.

신비감이 열어지고 가족의 도덕성 논란으로 젊은 여성층이 빠르게 돌아서고 있다. 지지율이 유지되어야만 3지대의 길을 걸어갈 수 있는데, 그 동력이 점차 약화되고 있어 그의 선택지가 좁아졌다. 국민의힘 입당이 늦어질수록 그의 어려움은 배가 될 것이다.

윤석열 못지않게 이재명도 최근 위기에 처했다. 이재명은 예비경선 과정에서 난타당하며 본인의 색깔을 잃어버렸다. 본선 전략상 '사이다'를 버리고 '국밥' 포지셔닝을 선택했으나 손해를 봤다. 전략 미스다. 해묵은 이슈나 여배우 스캔들 논란이 재부상했고 '바지발언'의 부적절성으로 2030 여성층의 반발에 직면했다. 이낙연의 지지도 상승의 공간을 열어줬다. 젊은 여성층의 마음을 되돌리는 일은 경선을 통과하더라도 본선에서 풀어야 할 큰 숙제거리가 됐다. 아울러 이재명은 대한민국이 선진국 대열에 올라선 만큼 문재인 정부에 대한 계승과 혁신의 안배를 잘 가져가야 한다.

아직까지는 이재명과 윤석열의 팽팽한 라이벌구도가 현재 형성되고 있다. '역량' 이미지면에서는 이재명이 윤석열을 앞서고 있으나 지지율은 엎치락뒤치락하고 있다. 대권 레이스 도중에 부침이 있겠으나 둘 다 강고한 지지층이 버티고 있어 쉽사리 흔들리지 않을 듯하다.

다만 이재명의 지지도는 도덕성 논란에도 불구하고 성과에 기반해 다년간 쌓아올린 특성이 있는 반면, 윤석열의 지지도는 정권심판 정서에 기초해 단기간 가파르게 상승해왔다. 이재명과 달리 윤석열은 자질 논란이 일고 있어 앞으로 어떻게 준비하고 위기에 대처하느냐에 따라 지지율 변화가 클 수 있다. 두 사람의 캐릭터가 비슷하다 보니 서로가 상대하기 편하다고 생각할 수도 있다. 민주당 경선이 흥미진진하게 펼쳐지고 있다.

예비경선을 거치며, 이낙연의 지지도가 크게 상승하면서 이재명과 이낙연의 양강 구도가 형성되고 있다. 잔뜩 웅크려있던 이낙연의 공격적 본능이 깨어나면서 그의 발군의 표현력과 전달력이 토론회에서 빛을 발했기 때문이다. 그가 경선 흥행의 효자 노릇을 한 셈이다.

더불어민주당에는 결선투표제라는 제도가 있어 1위 후보가 과반을 얻지 못했을 때 결선투표제가 실시된다. 이재명에 맞서 이낙연, 정세균의 전략적 연대도 이뤄질 수 있다. 물론 지역별 순회 경선 과정에서 지지율이 낮을 경우 중도 포기하는 후보가 나올 가능성이 커 결선투표제의 실효성이 크진 않지만, 과반 없이

1~2위 후보의 격차가 박빙인 상황에서 결선투표제가 실시된다면 대역전극이 일어나지 말라는 법도 없다. 다만 3위 이하의 득표로 결선투표에서 탈락한 경선 후보를 지지한 사람들이 결선투표 시 반反이재명 대표주자인 이낙연에게 몰표를 줄 것이라는 생각은 현실성이 떨어진다. 이낙연의 본선 경쟁력이 이재명보다 우위에 있을 때나 가능한 일이고, 1~2위 후보 간의 득표율 격차가 5%p 이내로 접어들었을 때나 역전이 가능하다. 그렇지 못하다면 그들의 표심은 이재명 지지와 반이재명 이낙연 지지로 반분될 것이다.

권리당원에서 지지가 높은 추미애의 도전도 흥미로울 것 같다. 추미애의 표는 이재명의 표와 상당 부분 겹친다. 개혁 성향이 강한 지지층으로 선거 막판 사표 심리가 발동될 가능성이 있다. 반면 정세균의 표는 이낙연의 표와 정서적으로 가깝다. 때문에 후보자 간 단일화가 안 되더라도, 유권자 간 단일화가 이루어질 가능성이 남아 있다.

야권에서는 윤석열 낙마 시 홍준표와 유승민을 주목해야 한다. 둘 다 대선 재수생이다. 홍준표 입장에서도 이번 대선이 마지막 기회다. 윤석열이 국민의힘 경선에 참여하지 않는 한, 홍준표와 유승민의 대결 가능성이 높다. 오세훈은 출마 타이밍을 잡기 어렵고 최재형은 '정치 초년생' 프레임을 극복하기 어려울 듯하다. 결국 기존 인물 중에서 야권의 최종 주자가 나올 가능성이 여전히 높아 보인다.

검증 국면이나 단일화 국면에서 윤석열, 최재형을 코너로 몰아넣고 휘청거리게 만들 역량이 있는 야권 내 유일한 인물은 홍준표다. 윤석열, 최재형이 그의 거침없는 공세를 과연 막아낼 수 있을까? 설령 막아낸다 해도 내상을 깊게 입은 채 본선 링에 오르는 것이나 다름없다. 다만 이 과정에서 홍준표의 비호감이 강화된다면 유승민이 그 수혜를 입게 될 것이다. 유승민은 이준석의 직간접적인 도움을 기대할 것이다. 다만 그의 약점인 '리더다움'을 단기간에 보여줄 수 있을지가 관건이다.

선거는 인물, 구도, 정책에서 갈린다. TV토론회 등을 통해 인물의 우위가 입증될 것이다. 구도는 세력선호도, 즉 어떤 정치세력에게 호감을 갖고 있는지가 중요하다. 일대일구도인지, 다자구도인지 이 부분도 핵심 변수다. 현직 대통령에 대한 평가도 영향을 미친다. TV광고, 온라인 유세 등 선거 캠페인을 펼칠 때 누가 주도권을 잡고 가는 지에 달려 있다.

앞서 제시한 과제를 현명하게 풀어나갈 세력과 후보에게 미래가 있을 것이다. 대중은 현 정권이 남은 임기 동안 심기일전하여 집권세력으로서 제대로 일해주길 바란다. 더불어민주당이 중앙정부, 지방정부, 의회권력을 잡고 있는 데다 코로나19 팬데믹 극복이 국민 개개인의 생명과 안전에 직결되어 있기 때문이다. 그런 점에서 다음 대선의 키는 여권에 있다. 여권이 쇄신할 수 있느냐, 없느냐의 싸움이다.

그동안 여권이 야당 복을 많이 누렸다. 하지만 이준석의 등장으로 상황이 달라졌다. 이제는 필히 혁신해야 한다. 민심이 천심이다. 민심을 얻으면 정권 재창출의 기회를 얻고, 민심을 잃으면 정권 교체의 비운에 처할 것이다. 20대 대선은 19대 대선과는 달리 살얼음판 대선이 될 확률이 높다. 일련의 정황을 고려할 때 18대 대선처럼 초박빙 승부가 예상된다. 한 표라도 더 얻으려면 순간순간 최선을 다해야 한다. 진인사대천명盡人事待天命이다.

—————— "예측할 수 없는 재앙은 없다."

하인리히 법칙의 명제다. 1930년대 초 미국의 한 보험회사에 근무하던 허버트 하인리히Herbert Heinrich는 수많은 산업재해를 분석하다 매우 흥미롭고 유의미한 사실과 규칙을 발견했다. 이른바 1:29:300의 법칙이다. 1건의 대형사고가 발생했을 경우 이미 그 전에 같은 원인으로 29건의 소소한 사고들이 발생했고 또 그 전에는 이미 300여 건의 사고 징후가 있었다. 확률적으로 보면 300건의 징후는 90.9%, 소소한 사고는 8.8%, 대형사고는 0.3%의 가능성으로 발생한다. 하인리히의 법칙에 따르면 대형사고는 우연 혹은 운명적으로 발생하는 것이 아니라 필연적으로 발생한다. 필연은 대형사고가 일어나기 전, 그와 연관된 소소한 사고들과 수많은 전조, 징후들로 시그널을 보낸다. 대형사고가 임박했음을 알려주는 시그널이다. 대형사고는 이렇듯 예측 가능하기 때문에 사전에 충분히 방지할 수 있다. 돌이킬 수 없는 대형사고를 막으려면 돌이킬 수 있을 때 대비해야 한다. 그러나 징후를 시그널로 받아들이고 해석하는 눈 밝은 이들의 통찰은 현실 세계에서는 대개 외면받거나 무시당하기 일쑤다. 눈부신 기술의 발전에도 여전히 대형사고가 끊이지 않고 일어나는 이유다.

여론조사는 어떤 사건이나 사안의 징후를 파악하는 작업이다. 여론조사 결과는 대중의 속내를 알려주는 민심의 바로미터이자 시그널이다. 정치는 민심과 함께 간다. 민주주의 사회에서 민심을 거스르는 정치는 설 자리가 없다. 선거와 투표가 바로 그 기제다. 그래서 민심을 읽어내는 여론조사가 중요하다. 여론이 중요한 것이 비단 정치 세계뿐이겠는가. 자신의 인생이나 사회생활에서도 위너가 되려면 대중 심리 파악 능력을 반드시 갖춰야 한다. 상대를 알고 나를 아는 것, 즉, 독심讀心을 발판으로 득심得心과 표심票心을 얻는 이가 위너가 될 수 있다.

여론조사는 과거사, 과거의 일을 다루고 해석하는 일이다. 이미 벌어진 일 혹은 벌어질 가능성이 있는 일에 대한 대중의 인식을 파악하는 것이 조사다. 아직 아무도 모르는 미래의 일을 단순히 묻는 것으로는 알 수 없다. "누가 대통령이 될 것인가?"라는 질문도 과거에 벌어진 일을 근거로 미래의 가능성을 묻는 것이다. 조사는 축적된 데이터와 과학적 근거를 이용해 과거를 거울 삼아 현재를 인식하고 미래를 예측하는 일이다. 표본오차도 발생한다. 조사가 미래를 완벽하게 예언할 수는 없는 것이다. 그것은 조사의 영역이 아니다. 조사는 다만 그 전조와 징후들을 보여주고 해석하며 가능성을 예측할 뿐이다.

한국 사회에서 정치만큼 역동적인 분야도 없다. 그만큼 급박하게 돌아가는 영역이 없다. 완승과 완패 사이의 시간적 거리가 1년도 채 되지 않는 현실이 한국의 정치에서는 언제든 재현된다. 국회의원 경험이 전무한 30대 청년이 다선의 중진의원 후보들을 누르고 제1야당의 당대표가 되는 파란이 일어나기도 하고, 대선 주자의 반열에 올라갔다가 하루아침에 주저앉는 비운이 펼쳐지기도 한다. 정치의 세계에서는 절대선도 절대악도 존재하지 않는다. 대중에게는 영원한 여당도 영원한 야당도 없다. 영원한 승자도 영원한 패자도 없다. 그만큼 변동성이 크다 보니 정치에 대한 대중의 신뢰가 낮은 것이 한국 정치의 현실이다. 그렇다고 정치를 경멸하며 멀리할 수는 없다. 처칠은 "정치를 경멸하는 대중은 경멸받을 수준의 정치밖에 갖지 못한다"고 말했다. 아무리 정치가 혼탁하고 실망스럽더라도 정치를 외면하거나 멀리해서는 안 된다. 더 나은 세상을 만들수 있는 희망이 정치에 있음을 기억해야 한다.

정치적 사안과 사건들이 급박하게 진행되다 보니 책을 엮는 내내 어려움이 많았다. 글을 쓰고, 책을 내는 속도가 현실 정치의 속도를 따라잡기 힘들었다. 그럼에도 최대한 작금의 정치 현실을 반영하고 분석해서 통찰하는 눈을 잃지 않으려 노력했다.

세상사 모두 마찬가지겠지만 정치에서 승리하려면 절박함이 있어야 한다. 승리에 대한 간절함, 목마름이 있어야 한다. 배고픈 자가 먹이를 찾고, 목마른 자가 우물을 파듯 승리를 갈구하는 자가 이긴다. 우리는 당신이 지금 위너가 될 준비가 되어 있는지 묻는 것으로 이 책을 마치려 한다. 당신은 지금 위너가 될 준비가 되어 있는가? 당신은 지금 목말라 있는가? 당신은 지금 간절한가? 강한 자가 이기는 것이 아니라 간절한 자가 이긴다. 그가 진정한 위너다.